A essência dos ensinamentos de Buda

Dados Internacionais de Catalogação na Publicação (CIP)
(Câmara Brasileira do Livro, SP, Brasil)

Nhat Hanh, Thich, 1926-
    A essência dos ensinamentos de Buda : transformando o sofrimento em paz, alegria e libertação / Thich Nhat Hanh ; tradução de Maria Goretti Rocha de Oliveira. – Petrópolis, RJ : Vozes, 2019.

    "As Quatro Nobres Verdades, o Nobre Caminho Óctuplo e outros ensinamentos budistas".
    Título original: The heart of the Buddha's teaching : transforming suffering into peace, joy, and liberation.
    Bibliografia.

    7ª reimpressão, 2024.

    ISBN 978-85-326-6119-7

    1. Budismo – Doutrinas 2. Quatro Nobres Verdades 3. Transformação pessoal 4. Vida espiritual I. Título.

19-25321   CDD-294.34

Índices para catálogo sistemático:
1. Budismo : Ensinamentos   294.34
2. Budismo : Reflexões   294.34

Maria Alice Ferreira – Bibliotecária – CRB-8/7964

Thich Nhat Hanh

A essência dos ensinamentos de Buda

Transformando o sofrimento em paz, alegria e libertação

As Quatro Nobres Verdades, o Nobre Caminho Óctuplo e outros ensinamentos budistas

Tradução de Maria Goretti Rocha de Oliveira

EDITORA VOZES

Petrópolis

© 1998, 2015 by Unified Buddhist Church, Inc.
Tradução publicada mediante acordo com Harmony Books, um selo da Crown Publishing Group, uma divisão da Penguin Random House LLC.

Tradução realizada a partir do original em inglês intitulado *The Heart of the Buddha's Teaching. Transforming Suffering into Peace, Joy, and Liberation.*

Direitos de publicação em língua portuguesa – Brasil:
2019, Editora Vozes Ltda.
Rua Frei Luís, 100
25689-900 Petrópolis, RJ
www.vozes.com.br
Brasil

Todos os direitos reservados. Nenhuma parte desta obra poderá ser reproduzida ou transmitida por qualquer forma e/ou quaisquer meios (eletrônico ou mecânico, incluindo fotocópia e gravação) ou arquivada em qualquer sistema ou banco de dados sem permissão escrita da editora.

CONSELHO EDITORIAL

Diretor
Volney J. Berkenbrock

Editores
Aline dos Santos Carneiro
Edrian Josué Pasini
Marilac Loraine Oleniki
Welder Lancieri Marchini

Conselheiros
Elói Dionísio Piva
Francisco Morás
Gilberto Gonçalves Garcia
Ludovico Garmus
Teobaldo Heidemann

Secretário executivo
Leonardo A.R.T. dos Santos

PRODUÇÃO EDITORIAL
Aline L.R. de Barros
Jailson Scota
Marcelo Telles
Mirela de Oliveira
Natália França
Otaviano M. Cunha
Priscilla A.F. Alves
Rafael de Oliveira
Samuel Rezende
Vanessa Luz
Verônica M. Guedes

Editoração: Elaine Mayworm
Diagramação: Sheilandre Desenv. Gráfico
Revisão gráfica: Nilton Braz da Rocha / Nivaldo S. Menezes
Capa: Érico Lebedenco

ISBN 978-85-326-6119-7 (Brasil)
ISBN 978-0-7679-0369-1 (Estados Unidos)

Este livro teve sua primeira edição em português pela Editora Rocco em 2001.

Este livro foi composto e impresso pela Editora Vozes Ltda.

Sumário

Figuras, 7

Parte I – As Quatro Nobres Verdades, 9
  1 Entrando no coração de Sidarta Gautama, o Buda, 11
  2 O primeiro discurso do Darma, 14
  3 As Quatro Nobres Verdades, 17
  4 Compreendendo os ensinamentos de Buda, 20
  5 Será que tudo é sofrimento?, 27
  6 Parar, acalmar, repousar e curar, 32
  7 Tocando nosso sofrimento, 37
  8 Realizando o bem-estar, 51

Parte II – O Nobre Caminho Óctuplo, 59
  9 Visão Correta, 63
  10 Pensamento Correto, 71
  11 Atenção Correta, 76
  12 Fala Correta, 98
  13 Ação Correta, 109
  14 Diligência Correta, 115
  15 Concentração Correta, 121
  16 Sustento Correto, 130

Parte III – Outros ensinamentos budistas fundamentais, 137
  17 As Duas Verdades, 139
  18 Os Três Selos do Darma, 150
  19 As Três Portas da Libertação, 167
  20 Os Três Corpos de Buda, 178

21 As Três Joias, 183
22 As Quatro Mentes Imensuráveis, 191
23 Os Cinco Agregados, 199
24 Os Cinco Poderes, 208
25 As Seis Paramitas, 217
26 Os Sete Fatores do Despertar, 241
27 Os Elos do Surgimento Simultâneo Interdependente, 248
28 Entrando em contato com o Buda interno, 278

Parte IV – Discursos, 283

29 Discurso sobre o Girar da Roda do Darma [Dhamma Cakka Pavattana Sutta], 285
30 Discurso sobre o Grande Quarenta [Mahacattarisaka Sutta], 290
31 Discurso sobre a Visão Correta [Sammaditthi Sutta], 297

Índice, 303

Figuras

1 As Quatro Nobres Verdades e O Nobre Caminho Óctuplo, 19
2 Os Doze Giros da Roda do Darma, 40
3 A interligação dos Oito Elementos do Caminho, 70
4 As Seis Paramitas, 218
5 Sementes da Atenção Plena, 235
6 O Entrecruzamento dos Dez Elos quando condicionados pela mente deludida, 276
7 Dez Elos – Os dois aspectos do Surgimento Interdependente, 277

Parte I

As Quatro Nobres Verdades

1
Entrando no coração de Sidarta Gautama, o Buda

Sidarta Gautama, o Buda, não era um deus. Ele era um ser humano como você e eu, e sofria exatamente como nós sofremos. Se nos dirigirmos ao Buda de coração aberto, ele vai nos olhar com os olhos cheios de compaixão e dizer: "Como há sofrimento em seu coração, você pode entrar no meu coração".

O laico Vimalakirti disse: "Estou doente porque o mundo está doente. As pessoas sofrem, por isso tenho que sofrer". Esta afirmação também foi feita por Buda. Então, por favor, não pense que porque você está infeliz, porque há dor em seu coração, você não pode se aproximar de Buda. É exatamente porque há dor em seu coração que a comunicação é possível. O seu sofrimento e o meu sofrimento são condições básicas para entrarmos no coração de Buda e para Buda penetrar nossos corações.

Por 45 anos, Buda disse muitas e muitas vezes: "Tudo o que ensino diz respeito ao sofrimento e à transformação do sofrimento". Quando admitimos e reconhecemos o nosso próprio sofrimento, Buda – que significa o Buda dentro de nós – olhará para aquele sofrimento, descobrirá o que o provocou e prescreverá um curso de ação capaz de transformá-lo em paz, alegria e libertação. Sofrimento é o meio que Buda usou para libertar-se e tem sido o meio pelo qual nós também podemos nos tornar livres.

O oceano de sofrimento é imenso, mas se mudar de direção, você poderá avistar a terra firme. A semente de sofrimento dentro de você pode ser forte, mas não espere até não ter mais sofrimento para se permitir ser feliz. Quando uma árvore do seu jardim está doente, você tem que cuidar dela. Mas não deixe de apreciar todas as árvores saudáveis. Mesmo enquanto há dor em seu coração, você pode desfrutar de muitas maravilhas da vida: o lindo pôr do sol, o sorriso de uma criança, as inúmeras flores e árvores. Sofrer não basta. Por favor, não fique aprisionado em seu próprio sofrimento.

Se você já experimentou passar fome, sabe que ter comida é um milagre. Se sofreu passando frio, sabe a preciosidade do calor. Quando você já experimentou sofrimento, sabe apreciar os elementos do paraíso que estão presentes. Mas se somente permanecer em sofrimento, você não vai perceber o paraíso. Não ignore seu sofrimento, mas não se esqueça de desfrutar as maravilhas da vida para o seu próprio bem e em benefício de muitos seres.

Quando eu era jovem, escrevi este poema. Eu adentrei o coração de Buda com um coração profundamente ferido:

Minha juventude,
uma ameixa verde.
Os seus dentes deixaram nela as suas marcas.
As marcas dos dentes ainda vibram,
e me lembro sempre,
sempre me lembro delas.

Desde que aprendi a amar você,
a porta de minha alma ficou totalmente aberta
aos ventos das quatro direções.
A realidade pede mudança.
O fruto da consciência já está maduro
e a porta nunca mais poderá ser fechada.

*O fogo consome este século
e as montanhas e florestas carregam sua marca.
O vento uiva em meus ouvidos,
enquanto o céu inteiro treme violentamente na tempestade de neve.*

*As feridas do inverno repousam em silêncio,
ainda sentindo falta da espada congelada,
inquieta, dando voltas pra cima e pra baixo,
em agonia, a noite toda*[1].

Cresci num tempo de guerra. Havia destruição em toda parte: crianças, adultos, valores, todo um país. Quando eu era jovem, sofria muito. Uma vez que a porta da consciência tenha sido aberta, você não pode mais fechá-la. As feridas da guerra, dentro de mim, ainda não foram todas curadas. Há noites em que me deito acordado e envolvo todo o meu povo, meu país e todo o planeta com minha respiração consciente.

Sem sofrimento, você não pode crescer. Sem sofrimento, você não pode conseguir a paz e a alegria que merece. Por favor, não fuja do seu sofrimento. Abrace-o e o aprecie. Dirija-se ao Buda, sente-se com ele e lhe mostre sua dor. Ele vai lhe olhar com bondade amorosa, compaixão e total atenção e lhe mostrar formas de você abraçar o seu sofrimento e examiná-lo profundamente. Com compreensão e compaixão, você será capaz de curar as feridas em seu coração e as feridas do mundo. Gautama, o Buda, chamou o sofrimento de uma Verdade Sagrada, porque o nosso sofrimento tem a capacidade de nos mostrar o caminho da libertação. Abrace o seu sofrimento e deixe-o revelar para você o caminho da paz.

---

1 "The Fruit of Awareness is Ripe" ["O fruto da consciência está maduro"]. In: *Call me by my True Names*: The Collected Poems of Thich Nhat Hanh. Berkeley: Parallax Press, 1993, p. 59.

2
O primeiro discurso do Darma

Sidarta Gautama tinha 29 anos quando deixou sua família em busca de uma maneira de pôr fim ao sofrimento dele e dos outros. Estudou meditação com muitos professores e, depois de 6 anos de prática, sentou-se sob a árvore bodhi[2] e jurou não se levantar até que estivesse iluminado. Ele permaneceu sentado a noite inteira e quando a estrela d'alva despontou, teve uma descoberta profunda e se tornou um Buda, repleto de compreensão e de amor. Buda Gautama passou os quarenta e nove dias seguintes desfrutando a paz da sua realização. Depois disso, caminhou lentamente pelo Deer Park [Parque dos Cervos] em Sarnath para compartilhar sua compreensão com os cinco ascetas com quem havia praticado antes.

Quando os cinco homens viram Sidarta chegando, sentiram-se incomodados. Pensavam que ele os tinha abandonado. Mas como estava com uma aparência tão radiante, eles não puderam resistir em lhe dar as boas-vindas. Lavaram-lhe os pés e lhe ofereceram água pra beber. Buda disse: "Queridos amigos, eu compreendi profundamente que nada pode existir exclusivamente por si só, e que tudo tem que coexistir com tudo o mais. Compreendi que todos os seres têm o dom da natureza do despertar". Ele quis continuar falando, mas os monges não sabiam se acreditavam nele

---
2 *Ficus religiosa*, um tipo de figueira sagrada [N.T.].

ou não. Então Buda questionou: "Eu já menti para vocês?" Como eles sabiam que não, concordaram em receber seus ensinamentos.

Então, Buda ensinou as Quatro Nobres Verdades da existência do sofrimento, da criação do sofrimento, da possibilidade de restaurar o bem-estar e o Nobre Caminho Óctuplo que conduz ao bem-estar. Enquanto ouvia os ensinamentos, brotou em Kondañña, um dos cinco céticos, uma visão imaculada das Quatro Nobres Verdades. Buda percebeu aquilo e exclamou: "Kondañña compreende! Kondañña compreende!" e, daquele dia em diante, Kondañña foi chamado de "Aquele que compreende".

Buda então declarou: "Queridos amigos, humanos, deuses, brâmanes, monásticos e maras[3], enquanto testemunhas, eu lhes digo que se eu não tivesse experimentado diretamente tudo o que disse a vocês, eu não proclamaria ser uma pessoa iluminada, livre do sofrimento. Como identifiquei, eu mesmo, o sofrimento, compreendi o sofrimento, identifiquei as causas do sofrimento, removi as causas do sofrimento, confirmei a existência do bem-estar, obtive o bem-estar, identifiquei o caminho que leva ao bem-estar, indo até o fim do caminho e alcancei total libertação; eu agora proclamo para todos vocês que sou uma pessoa livre". Naquele momento a Terra estremeceu, e as vozes dos deuses, dos humanos e de outros seres vivos disse, através de todo o cosmos, que uma pessoa iluminada tinha nascido no planeta Terra, e tinha girado a *Roda do Darma*: o caminho da compreensão e do amor. Este ensinamento está registrado no *Dhamma Cakka Pavattana Sutta* [*Discurso sobre o Girar da Roda do Darma*][4]. Desde então, 2.600 anos se passaram

---
[3] Mara personifica os obstáculos internos às práticas, o oposto da natureza búdica em cada pessoa.
[4] *Samyutta Nikaya* V, 420. Cf. p. 285 para o texto inteiro deste discurso. Cf. ainda: *O grande giro da Roda do Darma* [*Taisho Revised Tripitaka* 109] e *Os três giros da Roda do Darma* [*Taisho* 110]. O termo "discurso" – *sutra* em sânscrito, e *sutta* em páli, que são as antigas línguas veiculares dos cânones budistas – significa um "ensinamento" dado por Buda Gautama ou algum dos seus discípulos iluminados.

15

e a Roda do Darma continua a girar. Depende de nós, da atual geração, manter a roda girando para a felicidade de muitos.

Três pontos caracterizam este sutra. O primeiro é o ensinamento sobre o **Caminho do Meio**. Buda queria que os seus cinco amigos se libertassem da ideia de que a austeridade seria a única prática correta. Ele tinha aprendido, por experiência própria, que se você destruir sua saúde deixará de ter energia para realizar o caminho.

O outro extremo a ser evitado, segundo ele, é indulgenciar nos prazeres sensoriais: ser possuído pelos prazeres dos sentidos, correr atrás de fama, comer sem moderação, dormir demasiadamente ou correr atrás de bens materiais.

O segundo ponto é o ensinamento das **Quatro Nobres Verdades**. Este ensinamento foi de grande valor no tempo de Buda, é de grande valor em nosso tempo, e será de grande valor nos próximos milênios. O terceiro ponto é **o engajamento no mundo**. Os ensinamentos de Buda foram transmitidos não para fugir da vida, mas para nos ajudar a nos relacionar conosco e com o mundo de forma a mais cuidadosa possível. O **Nobre Caminho Óctuplo** inclui a *Fala Correta* e o *Sustento Correto* – que são ensinamentos para as pessoas do mundo que têm que se comunicar umas com as outras e ganhar o seu sustento.

O *Discurso sobre o Girar da Roda do Darma* está permeado de alegria e de esperança. Este ensinamento nos instrui a reconhecer o sofrimento enquanto sofrimento, e a transformar o nosso sofrimento em atenção plena, compaixão, paz e libertação.

3
As Quatro Nobres Verdades

Após realizar o despertar perfeito e completo (*samyak sambodhi*), Buda Gautama teve que encontrar palavras para compartilhar sua descoberta. Ele já tinha a água, mas teve que descobrir jarras para retê-la, como as **Quatro Nobres Verdades** e o **Nobre Caminho Óctuplo**. As Quatro Nobres Verdades são a nata dos ensinamentos de Buda. Ele continuou a proclamar essas verdades até a sua grande passagem (*mahaparinirvana*).

Os chineses traduzem as Quatro Nobres Verdades como "As Quatro Verdades Maravilhosas" ou "As Quatro Verdades Sagradas". O nosso sofrimento é sagrado se nós o acolhermos e o examinarmos profundamente. Caso contrário, não será sagrado de jeito nenhum. Simplesmente nos afogamos no oceano do nosso próprio sofrimento. Por "verdade" os chineses usam os caracteres de "palavra" e de "rei". Ninguém pode contra-argumentar as palavras do rei. Essas Quatro Verdades não é algo a ser discutido. É algo a ser praticado e compreendido.

A Primeira Nobre Verdade é a do sofrimento (*dukkha*). O significado raiz do caractere chinês para sofrimento é "amargo". A felicidade é doce; o sofrimento, amargo. Todos nós sofremos até certo ponto. Sentimos algum mal-estar em nosso corpo e mente.

Temos que identificar e admitir a presença desse sofrimento e entrar em contato com ele. Para fazer isso, pode ser que precisemos da ajuda de um professor e de uma *Sanga*, ou amigos praticantes.

A Segunda Nobre Verdade é a da origem, raiz, natureza, criação ou surgimento (*samudaya*) do sofrimento. Depois de entrar em contato com nosso sofrimento, precisamos examiná-lo profundamente para compreender como foi que ele passou a existir. Precisamos reconhecer e identificar os alimentos materiais e espirituais que temos ingerido e que estão nos causando sofrimento.

A Terceira Nobre Verdade é a da cessação (*nirodha*) da criação do sofrimento, ao nos abstermos de fazer coisas que nos fazem sofrer. Essa é uma notícia boa! Buda não negou a existência do sofrimento, mas ele também não negou a existência da alegria e da felicidade. Se você pensa que o budismo apregoa que "tudo é sofrimento e que não podemos fazer coisa alguma sobre isso", isto é o oposto da mensagem de Buda. Ele nos ensinou a identificar e aceitar a presença do sofrimento em nós e também nos ensinou sobre a cessação do sofrimento. Se não houvesse a possibilidade de cessação do sofrimento, a prática serviria para quê? A Terceira Nobre Verdade é que a cura do sofrimento é possível.

A Quarta Nobre Verdade é a do caminho (*marga*) que nos leva a nos abster de fazer coisas que nos fazem sofrer. Este é o caminho que mais precisamos. Buda o chamou de O Nobre Caminho Óctuplo. Os chineses o traduzem como o "Caminho das Oito Práticas Corretas": visão correta, pensamento correto, fala correta, ação correta, sustento correto, diligência correta, atenção correta e concentração correta[5].

---

5   A palavra "correto(a)", *samma*, em páli, e *samyak*, em sânscrito; é, nessas línguas, um advérbio que significa "da forma correta", "franca" ou "honesta", não tendenciosa ou fraudulenta. A atenção correta, p. ex., significa que existem formas de estar atento que são corretas, justas e benéficas. Estar incorretamente atento significa praticar de maneira errada, fraudulenta ou maléfica. Entrando no Caminho Óctuplo, nós aprendemos formas de praticar que são benéficas, ou a forma "correta" de praticar. Correto e incorreto não são julgamentos morais, nem padrões

Figura 1 As Quatro Nobres Verdades e O Nobre Caminho Óctuplo

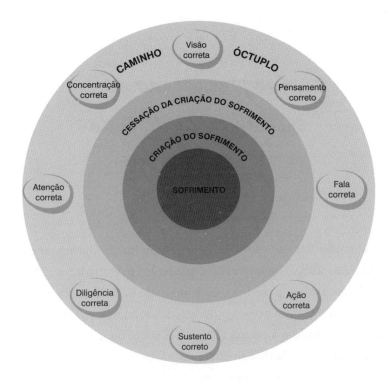

---

arbitrários impostos a partir de fora. É através da nossa própria consciência que descobrimos o que é benéfico ("correto") e o que é prejudicial ("incorreto").

4
Compreendendo os ensinamentos de Buda

Quando estivermos ouvindo uma palestra do Darma ou estudando um sutra, o único trabalho que temos é permanecer abertos. Geralmente quando ouvimos ou lemos algo novo, ficamos comparando aquilo com as nossas próprias ideias. Se for semelhante, nós aceitamos aquilo e dizemos que está correto. Se não for, dizemos que aquilo está errado. Em ambos os casos, nada aprendemos. Se lermos ou ouvirmos com uma mente aberta e um coração aberto, a chuva do Darma penetrará no solo da nossa consciência[6].

A chuva suave da primavera permeia o solo da minha alma.

A semente profundamente alojada na terra por muitos anos apenas sorri [7.]

Quando você estiver lendo ou ouvindo, não se esforce demais. Seja como a terra. Quando a chuva vem, a terra só tem que tornar-se acessível à chuva. Deixe a chuva do Darma entrar e molhar as sementes

---

[6] Na psicologia budista, a nossa consciência está dividida em oito partes, incluindo a consciência mental (*manovijñana*) e a consciência armazenadora (*alayavijñana*). A consciência armazenadora é descrita como um campo onde todo tipo de semente pode ser plantado – sementes de sofrimento, de infortúnio, medo e raiva, e sementes de felicidade e de esperança. Quando essas sementes germinam, elas se manifestam em nossa consciência mental e, quando isso acontece, tornam-se mais fortes. Cf. fig. 5, "Sementes da atenção plena", p. 235.

[7] NHAT HANH, T. "Cuckoo Telephone" ["O telefone cuco"]. In: *Call me by my True Names*, p. 176.

profundamente enterradas em sua consciência. Um professor não pode lhe oferecer a verdade. A verdade já está dentro de você. Você só precisa abrir-se – corpo, mente e coração – para que os ensinamentos dele ou dela possam penetrar em suas próprias sementes de compreensão e iluminação. Se você deixar que as palavras entrem em você, o solo e as sementes farão o resto do trabalho.

▲▲▲▲▲

A transmissão dos ensinamentos de Buda pode ser dividida em três vertentes: o budismo *originário*, o budismo de *muitas escolas*, e o budismo Mahayana. O budismo originário inclui todos os ensinamentos que Buda proferiu em vida. Depois de 140 anos do seu Grandioso Passamento, a Sanga se dividiu em duas escolas: Mahasanghika (que literalmente significa "maioria", uma referência aos que queriam mudanças) e Sthaviravada (que literalmente significa "escola dos mais velhos", uma referência aos que se opunham às mudanças defendidas pelos da Escola Mahasanghika). Passados 100 anos, a Escola Sthaviravada se subdividiu em duas ramificações: Sarvastivada, "a escola que defende que tudo existe"; e Vibhajyavada, "a escola que discrimina". A Escola dos Vibhajyavadianos, apoiada pelo Rei Ashoka, floresceu no Vale do Ganges, enquanto a dos Sarvastivadianos foi para o norte de Kashmir.

Por 400 anos, durante e após o período em que Buda Gautama viveu, os ensinamentos dele só foram transmitidos oralmente. Depois disso, monges da Escola Tamrashatiya ("aqueles que vestem mantos cor de cobre"), no Sri Lanka, uma derivação da Escola Vibhajyavada, pensaram em escrever os discursos de Buda em folhas de palmeira, e passaram-se mais 100 anos para que isso começasse a ser feito. Conta-se que só havia, naquele tempo, um monge que tinha memorizado o cânone inteiro e ele era um tanto quanto arrogante. Os outros monges tiveram que persuadi-lo a recitar os discursos para que pudessem escrevê-los. Quando ouvimos isso, sentimos um pouco de mal-estar por saber que um monge arrogante pode não ter sido o melhor veículo de transmissão dos ensinamentos de Buda Gautama.

Mesmo durante a vida de Buda havia pessoas, como o Monge Arittha, que compreenderam mal os ensinamentos de Buda e os transmitiram incorretamente[8]. Tudo indica que alguns dos monges que memorizaram os sutras no decorrer dos séculos não compreenderam o significado profundo deles, ou, na melhor das hipóteses, esqueceram-se ou mudaram algumas palavras. Consequentemente, alguns dos ensinamentos de Buda foram distorcidos até mesmo antes de serem escritos. Antes de ter alcançado a plena realização do caminho, por exemplo, Buda havia tentado vários métodos para suprimir a mente que não funcionaram. Em um discurso, ele relembra:

> Eu pensava: Por que eu não ranjo os dentes, pressiono a língua no palato, e uso a minha mente para reprimir a minha mente? Então, como um lutador poderia sustentar a cabeça ou os ombros de alguém mais fraco do que ele e, para dominar e coagir àquela pessoa, ele teria que sustentá-la embaixo, o tempo todo, sem relaxar um instante; eu rangia os dentes, pressionava a língua contra o palato e usava minha mente para reprimir a minha mente. Enquanto fazia isso, eu me banhava de suor. Mesmo que força não me faltasse, mesmo que eu me mantivesse plenamente atento, sem esmorecer minha atenção, o meu corpo e a minha mente não estavam em paz, e eu estava exausto por causa dessa luta, embora os sentimentos dolorosos que surgiam em meu corpo não fossem capazes de dominar minha mente[9].

---

8   SUTTA, A. *Discurso sobre o exemplo de uma cobra* (*Majjhima Nikaya* 22). Cf. NHAT HAHN, T. *Thundering Silence*: Sutra on Knowing the Better Way to Catch a Snake [*Silêncio trovejante*: Sutra sobre a melhor forma de capturar uma cobra]. Berkeley: Parallax Press, 1993, p. 47-49.

9   *Mahasaccaka Sutta*; *Majjhima Nikaya* 36.

É óbvio que Buda não está nos dizendo para praticarmos deste jeito. Entretanto, esta passagem foi posteriormente inserida em outros discursos para transmitir exatamente o significado oposto: *Tal como um lutador sustenta a cabeça e os ombros de alguém mais fraco que ele, domina e coage aquela pessoa, sustentando-a embaixo o tempo inteiro, sem relaxar um instante; um monge que medita para interromper todos os pensamentos prejudiciais de desejo e aversão, quando estes pensamentos ainda surgirem, deve cerrar os dentes, pressionar a língua contra o palato, e tentar ao máximo usar sua mente para derrubar e vencer sua mente*[10].

Há outros exemplos em que ensinamentos de Gautama, o Buda, foram inseridos no lugar errado. Por exemplo, o ensinamento sobre os Elos do Surgimento Simultâneo Interdependente [a ser discutido no cap. 27] foi inserido em vários sutras, onde ele não pertence, para explicar o ciclo de nascimento e morte, quando na verdade os sutras tratavam da transcendência de nascimento e morte. Eles foram erroneamente inseridos no *Sutra Katyayanagotra*, ou *Discurso sobre o Caminho do Meio*.

Muitas vezes, precisamos estudar vários discursos e compará-los para entender qual é o verdadeiro ensinamento de Buda. É como ir amarrando pedrinhas preciosas uma junto da outra para fazer um colar. Se virmos cada sutra à luz do corpo geral de ensinamentos, não vamos nos apegar a nenhum ensinamento. Com um estudo comparativo e contemplação profunda do significado dos textos, nós podemos conjecturar sobre qual ensinamento é bem fundamentado e útil à nossa prática e qual provavelmente é uma transmissão incorreta.

No momento em que os discursos de Buda foram escritos em páli, no Sri Lanka, havia cerca de dezoito a vinte escolas, e cada uma delas tinha sua própria edição revisada dos ensinamentos de Buda.

---

10 *Vitakka Santhana Sutta; Majjhima Nikaya* 20. Este mesmo texto foi inserido na versão *Sarvastivada* do discurso de Buda sobre a plena atenção. Nian Chu Jing. *Madhyama Agama* 26, *Taisho Revised Tripitaka*.

Essas escolas não cindiram os ensinamentos de Buda, mas foram como fios de uma única veste. Algumas dessas edições revisadas existem atualmente. O cânone escrito em páli contém a recensão oriunda da Escola Tamrashatiya, e os cânones chinês e tibetano contêm recensões de algumas outras escolas, sendo a Sarvastivada a mais importante. As edições revisadas das escolas Sarvastivada e Tamrashatiya foram escritas quase na mesma época. A primeira foi escrita em páli e a outra em sânscrito. Outras escolas usaram outras línguas indianas e dialetos do prácrito. No Sri Lanka, os sutras escritos em páli são conhecidos como a transmissão do Sul (também chamada de a tradição Mahaviharavasin). Os textos da Escola Sarvastivada, conhecidos como a transmissão do Norte, existem em sânscrito somente de forma fragmentada. Felizmente, eles foram traduzidos em chinês e tibetano, e muitas dessas traduções ainda estão disponíveis. Devemos lembrar que Buda não falava páli, sânscrito ou prácrito. Supõe-se que Buda falava um dialeto local parecido com o páli e alguns acreditam que era o ardhamagadhi, e não há registro de suas palavras em sua própria língua.

Ao compararmos sutras equivalentes dos cânones páli e chinês, podemos ver quais ensinamentos devem ter precedido a divisão do budismo em escolas. Quando os sutras de ambas as transmissões são iguais, podemos concluir que o que elas estão dizendo deve ter existido antes da divisão. Quando as versões diferem, podemos suspeitar que uma ou ambas podem estar incorretas. A transmissão do Norte preservou melhor alguns discursos e a transmissão do Sul preservou melhor outros discursos. Esta é a vantagem de ter duas versões para comparação.

A terceira vertente do ensinamento de Buda, o budismo Mahayana, surgiu no primeiro ou segundo século a.C.[11] Na época das escolas

---

11   Cf. NHAT HAHN, T. *Cultivating the Mind of Love*: The Practice of Looking Deeply in the Mahayana Buddhist Tradition [*Cultivando a mente de amor*: A prática de contemplar profundamente na tradição budista Mahayana]. Berkeley: Parallax Press, 1996.

de budismo havia alguns monges que começaram a viver uma vida completamente divorciada do resto da sociedade. As pessoas laicas se preocupavam somente em fazer oferendas e dar apoio aos monges. Por isso surgiu, naquele tempo, entre os praticantes budistas laicos e monásticos, a ideia de popularizar o budismo. A partir daí brotou a forma de pensar Mahayana, que era um movimento que visava desenvolver as fontes profundas do pensamento budista e revivificar a extraordinária energia *bodhicitta*, a mente de amor, e pôr o budismo de novo em contato com a vida. Este foi o movimento budista mahayanizador.

Essas três vertentes se complementam. Era impossível para o budismo originário se lembrar de tudo o que Buda tinha ensinado, portanto, era necessário que as escolas de budismo e o budismo Mahayana renovassem os ensinamentos que tinham sido esquecidos ou sobreolhados. Como todas as tradições, o budismo precisa se renovar regularmente para permanecer vivo e crescer. Buda sempre encontrou novas maneiras de expressar o seu despertar. Desde o tempo de Buda, os budistas continuaram abrindo novas portas do Darma para expressar e compartilhar os ensinamentos iniciados em Deer Park, Sarnath.

Por favor, lembre-se que um sutra ou uma palestra do Darma não é, por si só ou em si mesmo, um *insight* [*i. e.*, uma compreensão direta e profunda da realidade]. É um meio de apresentar um *insight*, usando palavras e conceitos. Quando usa um mapa para ir até Paris, ao chegar lá você pode guardar o mapa e desfrutar estar em Paris. Se passar o tempo todo com seu mapa, se ficar aprisionado nas palavras e ideias apresentadas por Buda, você deixará a realidade escapar. Buda disse muitas vezes: "O meu ensinamento é como um dedo apontando para a lua. Não confunda o dedo com a lua".

Na tradição do budismo Mahayana, dizem que "se você explicar o significado de cada palavra e frase de um sutra, você calunia os budas dos três tempos – passado, presente e futuro. Mas se desconsiderar uma palavra sequer dos sutras, você se arrisca a proferir palavras de mara"[12]. Os sutras são guias essenciais à nossa prática, mas nós temos que lê-los cuidadosamente e usar a nossa própria inteligência e a ajuda de um professor e de uma Sanga. Depois de ler um sutra ou qualquer texto espiritual, nós devemos nos sentir mais leves, não mais pesados. Os ensinamentos budistas são para despertar o nosso verdadeiro eu, não para meramente adicionar conhecimento à nossa consciência armazenadora.

Às vezes, Buda se recusava a responder uma pergunta que faziam a ele. O filósofo Vatsigotra perguntou-lhe: "O eu existe?" E Buda ficou calado. Vatsigotra insistiu: "Você quer dizer que não existe um eu?" E Buda continuou sem responder. Finalmente, Vatsigotra foi embora. Ananda, o assistente de Buda, ficou intrigado. "Senhor, você sempre ensina que o eu não existe. Por que você não disse isso ao Vatsigotra?" Buda disse a Ananda que não tinha respondido porque Vatsigotra estava procurando uma teoria, não um meio de remover obstáculos[13]. Em outra ocasião, Buda ouviu um grupo de discípulos discutindo se ele tinha dito isso ou aquilo, e ele lhes disse: "Durante 45 anos eu não falei uma única palavra". Buda não queria que os discípulos dele ficassem aprisionados em palavras ou ideias, nem mesmo as dele próprio.

Quando um arqueólogo encontra uma estátua quebrada, convida escultores especializados em restauração para estudar a arte daquele período e restaurar a estátua. Nós devemos fazer o mesmo. Se tivermos uma visão geral dos ensinamentos de Buda, quando uma peça estiver faltando ou tiver sido adicionada, nós temos que reconhecer isso e consertar o dano.

---

12 Cf. nota 3.
13 *Samyutta Nikaya* XIV, 10.

5
Será que tudo é sofrimento?

Se não estivermos atentos à forma como praticamos, podemos ficar propensos a transformar as palavras do nosso professor numa doutrina ou ideologia. Como Buda disse que a **Primeira Nobre Verdade é o sofrimento**, muitos bons alunos dele usaram suas habilidades para provar que, na Terra, tudo é sofrimento. A teoria dos Três Tipos de Sofrimento foi uma dessas tentativas. Não é um ensinamento de Buda.

O primeiro tipo de sofrimento é "a dor do sofrimento" (*dukkha dukkhata*), o sofrimento associado a sentimentos desagradáveis, como a dor de dente, a dor de perder a calma, ou a dor de sentir muito frio num dia de inverno. O segundo tipo de sofrimento é "o sofrimento de coisas compostas" (*samskara dukkhata*). Tudo o que se junta tem que, eventualmente, se separar; portanto, todos os fenômenos compostos são descritos como sendo sofrimento. Mesmo aqueles fenômenos que ainda não se decompuseram, como as montanhas, os rios e o sol, são vistos como sofrimento, pois irão eventualmente se decompor um dia e causar sofrimento. Quando você acredita que todo fenômeno composto é sofrimento, como pode encontrar alegria? O terceiro é "o sofrimento associado à mudança" (*viparinama dukkhata*). O nosso fígado pode estar hoje em boas condições, mas quando envelhecer vai nos causar sofrimento. Sendo assim, não há motivo para celebrar a alegria, uma vez que, mais cedo ou mais tarde, a mesma se transformará em sofrimento. O sofrimento é uma nuvem negra a envolver tudo. Alegria é uma ilusão. Somente o sofrimento é real.

Por mais de 2.000 anos, alunos do budismo têm afirmado que Buda ensinou que todos os objetos de percepção – todos os fenômenos fisiológicos e físicos (mesa, sol, lua), e todos os estados mentais benéficos, prejudiciais e neutros – são sofrimento. Depois de 100 anos da morte de Buda, praticantes já estavam repetindo a fórmula: "Isto é sofrimento. A vida é um sofrimento. Tudo é sofrimento". Eles pensavam que, para compreender direta e profundamente a Primeira Nobre Verdade, tinham que repetir essa fórmula. Alguns comentaristas diziam que se a fórmula não fosse repetida constantemente, a Quarta Nobre Verdade não poderia ser realizada[14].

Hoje, muitas pessoas invocam os nomes de Buda ou fazem práticas semelhantes mecanicamente, acreditando que isso lhes trará *insight* e emancipação. Elas estão aprisionadas em formas, palavras e ideias e não estão usando suas inteligências para receber e praticar o Darma. Pode ser perigoso praticar sem usar a própria inteligência, sem um professor e amigos que possam lhe mostrar as formas de praticar corretamente. Repetir uma frase como "a vida é sofrimento" poderia lhe ajudar a perceber que está prestes a se apegar a algo, mas essa repetição não lhe ajuda a compreender a verdadeira natureza do sofrimento ou revelar o caminho que Buda nos mostrou.

Este diálogo se repete em muitos sutras:

– Monges, os fenômenos condicionados são permanentes ou transitórios?

– Eles são transitórios, Senhor Mundialmente Honrado.

---

14 *Samyukta Agama* 262.

– Se os fenômenos são transitórios, eles são sofrimento ou bem-estar?
– São sofrimento, Senhor Mundialmente Honrado.
– Se os fenômenos são sofrimento, podemos dizer que eles são *self* [i. e., têm autonomia] ou que pertencem ao *self* [à própria pessoa]?
– Não, Senhor Mundialmente Honrado.

Ao lermos isso, poderíamos pensar que Buda estivesse nos oferecendo a teoria de que "todos os fenômenos são sofrimento", que devemos prová-la em nossa vida diária. Mas em outras partes dos mesmos sutras, está dito que Buda somente quer que nós reconheçamos o sofrimento quando o mesmo estiver presente, e que reconheçamos a alegria quando o sofrimento estiver ausente. No tempo em que os discursos de Buda foram escritos, tal visão de que todos os fenômenos são sofrimento deve ter sido amplamente praticada, pois a citação acima aparece mais frequentemente do que o ensinamento sobre a origem do sofrimento e o caminho que leva ao término do sofrimento.

O argumento "transitório, portanto, sofrimento, portanto destituído de *self*" não tem lógica. É claro que se acreditarmos que algo é permanente e autônomo, poderemos sofrer ao descobrirmos que aquilo é transitório e sem autonomia. Mas, em muitos textos, o sofrimento é considerado um dos Três Selos do Darma, ao lado da impermanência e da inexistência do *self*. Dizem que todos os ensinamentos de Buda portam os Três Selos do Darma. É errado colocar o sofrimento no mesmo nível da impermanência e da inexistência do *self*. Impermanência e inexistência de *self* são "universais" e "caracterizam" todos os fenômenos; o sofrimento não. Não é difícil compreender a transitoriedade de uma mesa, ou que a mesa não possui uma identidade autônoma ou independente de todos os elementos que não são mesa, como madeira, chuva, sol, marceneiro, e assim por diante. Mas será que mesa é sofrimento? Uma mesa só nos fará sofrer se atribuirmos à mesma um caráter permanente ou independente. Quando nos apegamos a uma determinada mesa, não é a mesa que nos causa sofrimento, é o nosso apego. Nós podemos concordar que a raiva é transitória, sem autonomia e repleta de sofrimento. Mas é estranho falar sobre uma mesa ou uma flor como se fossem cheias de sofrimento. Buda nos ensinou sobre a impermanência e a inexistência do *self* para nos ajudar a não ficarmos aprisionados aos sinais.

A teoria dos Três Tipos de Sofrimento é uma tentativa de justificar a universalidade do sofrimento. O que resta de alegria na vida? Nós a encontramos no nirvana. Em diversos sutras, Buda ensina que nirvana, a alegria de extinguir completamente nossas ideias e conceitos, é um dos Três Selos do Darma – não o sofrimento. Isto está dito quatro vezes no *Samyukta Agama* da transmissão do Norte[15]. Ao fazer uma citação, ainda que de um outro sutra, Nagarjuna também incluiu nirvana no rol dos Três Selos do Darma[16]. Para mim, fica bem mais fácil imaginar um estado onde não há obstáculos criados pelos conceitos do que entender todos os fenômenos como sendo sofrimento. Espero que os estudiosos e praticantes comecem a aceitar o ensinamento de que todos os fenômenos estão marcados pela impermanência, inexistência de *self* e nirvana, e não se esforcem tanto querendo provar que tudo é sofrimento.

Outra distorção dos ensinamentos de Buda é que todo o nosso sofrimento é causado pelo anseio (desejo intenso). No *Discurso sobre o Girar da Roda do Darma*, Buda disse que o anseio é causa de sofrimento, mas ele disse isso porque o anseio é o primeiro da lista das aflições (*kleshas*). Se usarmos nossa inteligência, poderemos ver que o anseio pode ser uma causa da dor, mas outras aflições como raiva, ignorância, suspeição, arrogância, e visões errôneas podem

---

15 *Samyukta Agama* 262 (*Taisho* 99).
16 *Mahaprajñaparamita Shastra*. Cf. LAMOTTE, É. *Lê Traité de La Grand Vertu de Sagesse*. Louvain, Bélgica: Institu Orientaliste, 1949.

também causar dor e sofrimento. A ignorância, que faz com que as percepções equivocadas surjam, é responsável por grande parte da nossa dor. Para tornar os sutras mais sucintos e, por conseguinte, mais fáceis de serem memorizados, o primeiro item de uma lista era frequentemente usado para representar a lista inteira. Em muitos sutras, a palavra "olhos", por exemplo, é usada para representar todos os seis órgãos dos sentidos[17] e "forma" é frequentemente usada para representar todos os Cinco Agregados (*skandhas*)[18]. Se nós praticarmos identificando as causas do nosso sofrimento, vamos ver que às vezes o sofrimento é causado pelo anseio e, outras vezes, por outros fatores. Dizer que "a vida é sofrimento" é vago demais. Dizer que o anseio é a causa de todo o nosso sofrimento é simplista demais. Nós precisamos dizer: "O ponto de partida deste sofrimento é tal e tal aflição", e depois chamá-la pelo seu verdadeiro nome. Se estivermos com uma dor de estômago, temos que chamá-la de dor de estômago. Se for uma dor de cabeça, temos que chamá-la de dor de cabeça. De que outra forma encontraremos a causa do nosso sofrimento e a maneira de nos curar?

É verdade que Buda ensinou a verdade do sofrimento, mas ele também ensinou a verdade de "estar alegremente presente nos fenômenos como eles são" (*drishta dharma sukha viharin*)[19]. Para termos êxito nesta prática, temos que parar de tentar provar que tudo é sofrimento. Na verdade, temos que parar de tentar provar qualquer coisa que seja. Se tocarmos a verdade do sofrimento com atenção plena, seremos capazes de admitir e identificar o sofrimento específico nosso, e a causa específica dele, e a forma de remover essas causas, pondo fim ao nosso sofrimento.

---

17   Os seis órgãos dos sentidos são: olhos, ouvidos, nariz, língua, corpo e mente.
18   Os Cinco Agregados são os elementos que constituem uma pessoa; são eles: forma, sentimentos, percepções, formações mentais e consciência. Cf. cap. 23.
19   *Samyutta Nikaya* V, 326, entre outros.

6
Parar, acalmar, repousar e curar

A meditação budista tem dois aspectos: *shamata* e *vipashyana*. Temos a tendência de enfatizar a importância de *vipashyana* (contemplar profundamente), que pode nos proporcionar *insights* libertadores dos sofrimentos e aflições. Mas a prática de *shamata* (parar) é fundamental. Se não conseguirmos parar, não podemos ter *insights*.

Nos círculos zen, conta-se uma estória sobre um homem e seu cavalo. O cavalo está galopando velozmente, dando a impressão de que o homem montado nele está indo a algum lugar importante. Outro homem, em pé parado no acostamento da estrada, grita: "Para onde você está indo?" E o primeiro homem responde: "Sei não! Pergunte ao cavalo!" Esta estória também é nossa. Estamos cavalgando, sem saber para onde estamos indo, e não conseguimos frear o cavalo. O cavalo representa a energia do nosso hábito nos puxando enquanto formos impotentes. Estamos sempre correndo, e isso se tornou um hábito. Lutamos o tempo todo, mesmo durante o sono. Estamos em guerra dentro de nós, e podemos facilmente começar uma guerra com os outros.

Temos que aprender a arte de parar. Parar de pensar, parar a nossa energia habitual, parar a nossa deslembrança, as fortes emoções que nos governam. Quando uma emoção nos invade impetuosamente como uma tempestade, não temos paz. Ligamos a televisão e logo depois a desligamos. Pegamos um livro e logo o colocamos de lado. Como podemos interromper esse estado de inquietação? Como poderíamos deter nosso medo, desespero, raiva e anseio? Nós podemos parar através das práticas de respirar, caminhar e sorrir com atenção consciente, e de contemplar profundamente com o intuito de compreender. Quando estamos conscientemente atentos, em contato profundo com o momento presente, os frutos são sempre compreensão, aceitação, amor e desejo de aliviar sofrimento e de trazer alegria.

Mas as energias dos nossos hábitos são, quase sempre, mais fortes do que a da nossa vontade. Falamos e fazemos coisas que não queríamos e depois nos arrependemos de ter feito aquilo. Criamos sofrimento para nós e para os outros, e causamos muitos estragos. Podemos jurar não fazer mais aquilo, mas fazemos aquilo de novo. Por quê? Porque as energias dos nossos hábitos (*vasana*) nos empurram.

Precisamos da energia da atenção plena para identificar e estar presente com a nossa energia habitual a fim de deter o curso da sua destruição. Com atenção plena, temos a capacidade de reconhecer a energia do hábito toda vez que se manifestar: "Olá, minha energia habitual, sei que você está aí!" Se nós apenas sorrirmos para ela, ela perderá muito de sua força. A atenção plena é a energia que nos permite reconhecer a energia do nosso hábito, e que impede de sermos dominados pela energia habitual.

Com a deslembrança acontece o oposto. Bebemos uma xícara de chá, mas sem saber que estamos bebendo uma xícara de chá. Sentamos junto da pessoa amada, mas não reconhecemos a presença dela. Andamos, mas não estamos realmente andando. Estamos noutro lugar, pensando no passado ou no futuro. O cavalo da nossa energia habitual está nos levando junto e somos o seu prisioneiro. Precisamos frear nosso cavalo e retomar o comando da nossa liberdade. Precisamos iluminar tudo o que fazemos com a luz da nossa atenção plena para que a escuridão da deslembrança se esvaia. *A primeira função da meditação shamata é parar.*

Já *a segunda função da meditação shamata é acalmar.* Quando estamos dominados por uma forte emoção, sabemos que pode ser perigoso agir, mas não temos força ou clareza suficientes para nos refrear. Temos que aprender a arte de inspirar/expirar, a fim de interromper nossas atividades e acalmar nossas emoções. Temos que aprender a nos tornar firmes e estáveis como um carvalho, para não sermos arremessados pela tempestade, de um lado para outro. Buda ensinou muitas técnicas, que nos ajudam a acalmar nosso corpo e mente, e a contemplá-los em profundidade. Essas técnicas podem ser sumarizadas em cinco estágios:

1) *Reconhecer* – Se estivermos com raiva dizemos: "Sei que estou com raiva".

2) *Aceitar* – Quando estamos com raiva, não negamos estar com raiva. Aceitamos o que está presente.

3) *Acolher* – Envolvemos nossa raiva nos dois braços, como uma mãe sustenta o seu bebê que chora. Nossa atenção plena abraça nossa emoção, e só isso já pode acalmar nossa raiva e nos tranquilizar.

4) *Contemplar em profundidade* – Quando estivermos suficientemente calmos, podemos contemplar profundamente a fim de compreender o que provocou aquela raiva, o que está causando desconforto ao nosso bebê.

5) *Discernimento* – O fruto da contemplação profunda é a compreensão das várias causas e condições, primárias e secundárias, que fizeram surgir nossa raiva, e que estão fazendo o nosso bebê chorar. Talvez nosso bebê esteja com fome. Talvez o alfinete de segurança da fralda esteja perfurando sua pele. Nossa raiva foi provocada quando nosso amigo falou de uma forma egoísta conosco; de repente, nos lembramos de que ele não está muito

bem hoje porque o seu pai está morrendo. Refletimos dessa forma até que tenhamos alguns *insights* sobre o que causou o nosso sofrimento. Com discernimento, saberemos o que fazer e o que não fazer para mudar a situação.

Depois de acalmar, *a terceira função da meditação shamata é repousar*. Suponha que alguém em pé parado às margens de um rio joga um seixo pra cima, que cai dentro do rio. O seixo se permite afundar lentamente até atingir o leito do rio sem qualquer esforço. Quando tiver chegado ao fundo, o seixo continuará repousando, deixando que a água passe por ele. Quando sentamos em meditação, podemos nos permitir repousar tal como este seixo. Podemos nos permitir submergir naturalmente naquela posição sentada – repousando sem esforço. Nós temos que aprender a arte de repousar e permitir que o nosso corpo e nossa mente repousem. Se estivermos com ferimentos físicos ou mentais, temos que repousar para que eles possam ser curados.

Acalmar nos permite repousar, e repousar é uma precondição para a cura. Quando os animais na floresta se ferem, eles encontram um local para se deitar e repousam completamente por muitos dias. Eles não pensam em comida ou qualquer outra coisa. Eles simplesmente repousam, e conseguem a cura de que precisam. Quando nós, humanos, ficamos doentes, só ficamos preocupados! Procuramos médicos e medicamentos, mas não paramos. Até mesmo quando vamos passar férias na praia ou nas montanhas não repousamos, e voltamos mais cansados do que antes. Temos que aprender a descansar. Deitar não é a única posição de repouso. Durante a meditação sentada, ou andando, podemos muito bem repousar. A meditação não tem que ser um trabalho pesado. Simplesmente deixe o seu corpo e a sua mente descansarem como um animal na floresta. Não lute. Não há necessidade de você alcançar coisa alguma. Estou escrevendo um livro, mas não estou lutando. Também estou descansando. Por favor, leia-o de uma forma alegre e tranquila.

Buda disse: "Meu Darma é a prática da não prática"[20]. Pratique de um modo que não lhe deixe exaurido, mas que dê chance ao seu corpo, emoções e consciência de repousarem. O nosso corpo e a nossa mente têm a capacidade de se curarem se permitirmos que eles descansem.

Parar, acalmar e repousar são precondições para a cura. Se não conseguirmos parar, o curso da nossa destruição vai simplesmente continuar. O mundo precisa de cura. Os indivíduos, as comunidades e as nações precisam ser curados.

---

20 *Dvachatvarimshat Khanda Sutra [Sutra dos quarenta e dois capítulos]. Taisho 789.*

7
Tocando nosso sofrimento

Na versão páli do *Discurso sobre o Girar da Roda do Darma*, Buda disse aos cinco monges:

> Enquanto a compreensão intuitiva e intelectual destas Quatro Nobres Verdades, em seus três estágios e doze aspectos, tal como são, não tiverem sido totalmente realizadas, eu não poderia dizer que alguém neste mundo com os seus deuses, maras, brahmas, reclusos, brâmanes e homens, tenha realizado o despertar supremo. Monges, assim que a compreensão intuitiva e intelectual das Quatro Nobres Verdades em seus três estágios e doze aspectos, tal como eles são, tiverem sido realizadas, eu poderei dizer que neste mundo com os seus deuses, maras, brahmas, reclusos, brâmanes e homens, alguém realizou o despertar supremo.

Na versão chinesa do sutra, Buda disse:

> Monges, a experiência dos três giros da roda relacionada a cada uma das Quatro Verdades faz surgir os olhos da compreensão desperta e, portanto, eu declaro diante dos deuses, espíritos, cavalheiros e brâmanes de todos os tempos que eu destruí todas as aflições e alcancei o pleno despertar.

A roda do Darma foi posta em movimento doze vezes – três vezes para cada uma das Quatro Nobres Verdades. Para compreender as Quatro Nobres Verdades, não só intelectualmente como também vivencialmente, temos que praticar os doze giros da roda.

O primeiro giro se chama "Reconhecimento". Nós sentimos que algo está errado, mas não somos capazes de dizer exatamente o que é. Fazemos algum esforço para fugir, mas não conseguimos. Tentamos negar nosso próprio sofrimento, mas ele persiste. Buda disse que sofrer sem saber que estamos sofrendo é mais doloroso do que o peso suportado por uma mula carregando uma carga inimaginavelmente pesada. Temos que, em primeiro lugar, reconhecer ou admitir que estamos sofrendo e então determinar se o ponto de partida desse sofrimento é de ordem física, fisiológica ou psicológica. Nosso sofrimento precisa ser identificado.

Reconhecer e identificar nosso sofrimento são como o trabalho de um doutor diagnosticando uma doença. Ele nos pergunta: "Se eu pressionar aqui dói?" E nós respondemos: "Sim, este é o meu sofrimento, que surgiu". As mágoas em nosso coração tornaram-se objetos da nossa meditação. Expomos nossas mágoas ao nosso médico, e as mostramos a Buda, que significa dizer que mostramos nossas mágoas a nós mesmos. Nosso sofrimento somos nós e precisamos tratá-lo com carinho e sem violência. Temos que acolher nossos medo, ódio, angústia e raiva. "Meu querido sofrimento, eu sei que você está aí. Estou aqui do seu lado, e vou cuidar de você." Nós paramos de fugir da nossa dor. E com toda a nossa coragem e ternura, admitimos, aceitamos e identificamos nossa dor.

O segundo giro da roda se chama "Encorajamento". Tendo reconhecido e identificado a nossa dor, nós a contemplamos profundamente, pelo tempo que for necessário, a fim de compreender sua verdadeira natureza, ou seja, as suas causas. Depois de ter observado seus sintomas, o médico diz: "Vou analisá-los profundamente. É possível compreender esta enfermidade". Pode ser que ele passe uma semana conduzindo testes e inquirindo sobre o que estivemos comendo, sobre nossas atitudes, como usamos nosso tempo, e assim por diante. Mas ele está determinado a compreender nossa doença.

Nosso sofrimento – seja depressão, doença, um relacionamento difícil ou medo – precisa ser compreendido e, tal como um médico, estamos determinados a compreendê-lo. Praticamos meditação sentados e andando, e pedimos orientação e apoio aos nossos amigos, se tivermos um, e ao nosso professor. Ao fazermos isso, vemos que as causas do nosso sofrimento são passíveis de serem conhecidas, e nos empenhamos ao máximo para ir até as raízes do sofrimento. Nesse estágio, nossa prática ainda pode retroceder (*ashrava*).

O terceiro giro da roda é chamado de "Realização" e pode ser expresso como "Este sofrimento foi compreendido". Nós concluímos os esforços iniciados durante o segundo giro. O médico nos diz o nome e todas as características de nossa doença. Depois de estudar, refletir e praticar a Primeira Nobre Verdade, nós percebemos que deixamos de fugir da nossa dor. Podemos agora chamar o nosso sofrimento pelo seu nome específico e identificar todas as suas características. Só isso já nos traz felicidade, alegria "sem contrariedades" (*anashrava*).

Não obstante, depois de ter diagnosticado nossa doença com sucesso, continuamos por algum tempo a criar sofrimento para nós mesmos. Despejamos gasolina no fogo através de nossas palavras, pensamentos e ações e, muitas vezes nem mesmo percebemos isso.

O primeiro giro da roda da Segunda Nobre Verdade é o "Reconhecimento" de que continuo a criar sofrimento. Buda disse: "Quando algo se formou, temos que reconhecer a presença daquilo e examinar profundamente sua natureza. Ao examinarmos profundamente, descobriremos os tipos de nutrientes que o ajudaram a se formar e que continuam a alimentá-lo"[21]. Ele então elaborou quatro tipos de nutrientes que podem nos levar à felicidade ou ao sofrimento: alimento comestível, impressões sensoriais, intenção e consciência.

---

21 *Samyutta Nikaya* II, 47. Cf. tb. *Sammaditthi Sutta – Discurso sobre a Visão Correta*, p. 297.

Figura 2 Os Doze Giros da Roda do Darma

AS QUATRO NOBRES VERDADES	OS DOZE GIROS
Sofrimento	*Reconhecimento*: Isto é sofrimento. *Encorajamento*: O sofrimento deve ser compreendido. *Realização*: O sofrimento é compreendido.
Surgimento do sofrimento	*Reconhecimento*: Há um caminho ignóbil que levou ao sofrimento. *Encorajamento*: Este caminho ignóbil deve ser compreendido. *Realização*: este caminho ignóbil é compreendido.
Fim do sofrimento (Bem-estar)	*Reconhecimento*: O bem-estar é possível. *Encorajamento*: O bem-estar deve ser obtido. *Realização*: O bem-estar é obtido.
Surgimento do bem-estar	*Reconhecimento*: Há um caminho nobre que leva ao bem-estar. *Encorajamento*: Este nobre caminho deve ser vivido. *Realização*: Este nobre caminho está sendo vivido.

O primeiro nutriente é o alimento comestível. O que comemos ou bebemos pode fazer surgir o sofrimento físico e mental. Devemos ser capazes de distinguir o que é saudável do que é prejudicial. Precisamos praticar a Visão Correta quando estivermos comprando, cozinhando e comendo. Buda deu esse exemplo: Um jovem casal e o filho deles de 2 anos estavam tentando cruzar o deserto quando ficaram sem comida. Depois de terem refletido profundamente, os pais perceberam que para sobreviver teriam que matar seu filho e comer a carne dele. Eles calcularam que se comessem um tanto de carne do bebê por dia e carregassem o resto nos ombros para secar teriam carne até o fim da viagem. Mas toda vez que o jovem casal comia um pedaço de carne do seu bebê, chorava muito mesmo.

Depois de ter contado essa estória, Buda perguntou: "Queridos amigos, vocês acham que o rapaz e a moça saborearam a carne do filho deles?" "Não, Senhor, seria impossível para eles saborear a carne do próprio filho deles." Buda então disse: "Entretanto, muita gente come a carne dos seus pais, filhos e netos sem saber"[22].

Grande parte do nosso sofrimento vem de não nos alimentarmos de forma consciente. Temos que aprender formas de comer que preservem a saúde e o bem-estar do nosso corpo e do nosso espírito. Quando fumamos, bebemos ou consumimos toxinas, estamos consumindo nossos próprios pulmões, fígado e coração. Se tivermos filhos e fizermos essas coisas, estaremos ingerindo a carne de nossos filhos. Nossos filhos precisam de nós para serem fortes e saudáveis.

Temos que examinar em profundidade para compreender como cultivamos nossos alimentos, para que assim possamos nos alimentar de maneira que preserve o bem-estar da nossa coletividade, minimize nosso sofrimento e o sofrimento de outras espécies, e permita que a Terra continue a ser uma fonte de vida para todos nós. Se, ao comermos, destruímos seres vivos ou o meio ambiente, estamos comendo a carne dos nossos próprios filhos e filhas. Temos que juntos examinar isso em profundidade e discutir como comer, o que comer e o que evitar. Esta será uma verdadeira discussão do Darma.

O segundo tipo de nutriente são as impressões sensoriais. Os nossos seis órgãos sensoriais – olhos, ouvidos, nariz, língua, corpo e mente – estão em contato constante (*sparsha*) com os objetos do sentido, e tais contatos se tornam alimentos da nossa consciência. Quando dirigimos pela cidade, nossos olhos veem muitos *outdoors*, cujas imagens penetram nossa consciência. Ao olharmos uma revista, os artigos e propagandas alimentam nossa consciência.

---

22 *Discourse on the Son's Flesh* [Discurso sobre a carne do filho], *Samyukta Agama* 373 (*Taisho* 99). Cf. tb. *Samyutta Nikaya* II, 97.

Propagandas que estimulam nossos anseios por posses, sexo e comida podem ser tóxicas. Se depois de ler um jornal, ouvir um noticiário ou participar de uma conversa, nós nos sentirmos ansiosos ou desgastados, sabemos que estivemos em contato com toxinas. Os filmes alimentam nossos olhos, ouvidos e mentes. Quando assistimos TV, o programa é a nossa comida. Crianças que passam cinco horas por dia assistindo televisão estão ingerindo imagens que regam nelas as sementes negativas de ânsia, medo, raiva e violência. Nós estamos expostos a muitas formas, cores, sons, cheiros, sabores, objetos sensoriais e ideias que são tóxicos e roubam o bem-estar do nosso corpo e consciência. Quando se sentir desesperado, com medo ou depressão, pode ser que você tenha ingerido muitas toxinas através das suas impressões sensoriais. Não é somente as crianças que precisam ser protegidas de filmes violentos e prejudiciais, programas de TV, livros, revistas e jogos. Nós também podemos ser destruídos por esses meios de comunicação.

Se estivermos conscientemente atentos, saberemos se estamos "ingerindo" toxinas de medo, ódio e violência, ou ingerindo alimentos que estimulam compreensão, compaixão e determinação em ajudar os outros. Com a prática da plena atenção, vamos saber se ao ouvir isso, olhar aquilo ou tocar naquilo outro estamos nos sentindo mais leves e cheios de paz. Ou se, ouvir isso, olhar aquilo e tocar naquilo está nos deixando ansiosos, tristes ou deprimidos. Por conseguinte, saberemos com o que devemos entrar em contato e o que evitar. Nossa pele nos protege das bactérias. Os anticorpos nos protegem dos invasores internos. Nós temos que usar aspectos semelhantes da nossa consciência para nos proteger de objetos sensoriais prejudiciais que podem nos envenenar.

Buda ofereceu esta imagem drástica: "Havia uma vaca que tinha uma doença de pele tão terrível que sua pele quase deixou de existir. Ao levarmos a vaca para junto de uma parede ou árvore antigas, todas as criaturas vivas saem de dentro do tronco da árvore, e se agarram no corpo da vaca para sugá-lo. Ao levarmos a vaca para dentro d'água acontece o mesmo. Mesmo quando a vaca está somente exposta ao ar, minúsculos insetos vêm e sugam-na". Então Buda disse: "Esta também é a nossa situação".

Estamos expostos a invasões de todos os tipos: imagens, sons, cheiros, tatos, ideias, e muitas delas alimentam nossos anseios, violência, medo e desespero. A fim de nos proteger, Buda nos recomendou que colocássemos a postos uma sentinela, ou seja, a atenção plena, em cada uma das portas dos nossos sentidos. Use seus olhos búdicos para olhar cada nutriente que você está prestes a ingerir. Se vir que aquilo é tóxico se recuse a olhá-lo, ouvi-lo, saboreá-lo ou tocá-lo. Ingira somente o que você tem certeza que é inofensivo. Os *Cinco Treinamentos da Atenção Plena*[23] podem nos ajudar muito. Devemos nos unir enquanto indivíduos, famílias, cidades e nações para discutir estratégias de autoproteção e sobrevivência. Para sairmos da situação perigosa que nos encontramos, a prática da plena atenção deve ser coletiva.

O terceiro tipo de nutriente é vontade, intenção ou determinação – o nosso desejo de obter qualquer coisa que queremos. A vontade alicerça todas as nossas ações. Se acreditarmos que a maneira de sermos felizes é nos tornando presidente de uma grande corporação, tudo o que fizermos ou dissermos será direcionado à realização desse objetivo. Até mesmo enquanto dormimos, nossa consciência continua trabalhando nisso. Ou suponha que acreditamos que todo nosso sofrimento e o sofrimento da nossa família foram causados por alguém que nos prejudicou no passado. Acreditamos que só vamos ser felizes se prejudicarmos aquela pessoa. Nossa vida está motivada somente pelo desejo de vingança, e tudo o que falamos, tudo o que planejamos, é para punir aquela pessoa.

---

23   Cf. cap. 12 e 13 deste livro, e também NHAT HAHN, T. *For a Future to be Possible*: Commentaries on the Five Mindfulness Trainings. Ed. revisada. Berkeley: Parallax Press, 1998.

À noite, sonhamos com vingança, e pensamos que isso nos libertará da raiva e do ódio.

Todos querem ser felizes, e há em nós uma forte energia nos empurrando em direção daquilo que acreditamos que nos fará felizes. Mas podemos sofrer muito por causa disso. Precisamos compreender que é mais provável que posição social e econômica, vingança, riqueza, fama ou posses sejam obstáculos à nossa felicidade. Precisamos cultivar o desejo de nos libertar dessas coisas para podermos gozar das maravilhas da vida que estão sempre disponíveis: o céu azul, as árvores, nossos lindos filhos. Após três ou seis meses praticando atenção plena ao sentar, andar e examinar em profundidade brota em nós uma visão profunda da realidade, e a capacidade de desfrutar a vida no momento presente nos liberta de todos os impulsos, proporcionando-nos uma real felicidade.

Certo dia, depois de Buda e um grupo de monges terem terminado de almoçar juntos, em plena atenção, um fazendeiro, muito agitado, passou e perguntou a eles: "Monges, vocês viram minhas vacas? Eu não acho que posso sobreviver a tamanho infortúnio". Buda perguntou-lhe: "O que aconteceu?" E o homem respondeu: "Monges, hoje de manhã todas as minhas doze vacas fugiram. E toda a minha plantação de gergelim desse ano foi devorada pelos insetos!" Buda disse: "Senhor, nós não vimos suas vacas. Talvez elas tenham ido na direção oposta". Depois de o fazendeiro ter ido embora naquela direção, Buda se virou para sua Sanga e disse: "Queridos amigos, vocês sabiam que são as pessoas mais felizes da Terra? Vocês não têm vacas, nem plantação de gergelim para perder". Nós sempre tentamos acumular cada vez mais, e pensamos que essas "vacas" são essenciais à nossa existência. De fato, elas podem ser obstáculos que nos impedem de ser felizes. Libere suas vacas para se tornar uma pessoa verdadeiramente livre.

Buda apresentou outra imagem drástica: "Dois homens fortes estão arrastando um terceiro para jogá-lo numa fogueira. Ele não consegue resistir e finalmente é jogado nas brasas acesas". Estes homens fortes, disse Buda, são as nossas próprias vontades. Não queremos sofrer, mas nossas energias habituais, profundamente arraigadas, nos arrastam e nos atiram no fogo do sofrimento. Buda nos aconselhou a examinar em profundidade a natureza das nossas volições para ver se elas estão nos empurrando na direção da libertação, da paz e da compaixão ou na direção do sofrimento e da infelicidade. Precisamos ser capazes de ver os tipos de alimento-intenção que estamos consumindo.

O alimento da consciência é o quarto tipo de nutriente. Existem dois tipos de consciência: a coletiva e a individual. O alimento da consciência quer dizer que nós consumimos a consciência. Existem diversos tipos de alimentos da consciência. Alguns são saudáveis e nutritivos, e outros são tóxicos. Na consciência coletiva há muitos alimentos tóxicos, como a raiva e o desespero. Se nos permitirmos consumir esse tipo de alimento, vamos ser envenenados. Por isso, não devemos ficar perto ou participar de comunidades cheias de ódio e desespero. Precisamos encontrar uma consciência coletiva para conviver que não esteja repleta de ódio e desespero, onde as pessoas que ali vivem passem o dia inteiro pensando compassivamente em ajudar os outros.

A consciência individual também tem toxinas. Os reinos dos infernos, fantasmas faminthos e animais existem em nós. Se quisermos que eles se manifestem, eles podem aparecer imediatamente. Só precisamos pressionar um botão que a Caixa de Pandora se abrirá. Se nos sentarmos ali e permitirmos que o pensamento negativo relacionado às experiências passadas venha à tona, estaremos ingerindo matéria tóxica da consciência. Muitos de nós sentamos e pensamos e, quanto mais pensamos, ficamos com mais raiva, tristeza e desespero.

Entretanto, além das sementes dos deuses, *ashuras*, reinos dos infernos, fantasmas famintos e dos animais, existem em nossa consciência as sementes dos Discípulos Ouvintes, dos Budas Autorrealizados, bodhisattvas e Budas plenamente iluminados. Temos em nossa consciência tantos canais quanto uma televisão de dez canais. Porque não apertar a tecla do canal Buda ou do canal bodhisattva? Sentados sozinhos, pressionamos as teclas dos animais e dos fantasmas famintos e ingerimos a comida que eles produzem, tal como os ruminantes mastigam a ruminação. Experimentamos ódio no passado, e fomos violentados e maltratados. Todos esses eventos ficaram enterrados em nossa consciência e não estamos sendo capazes de transformá-los. Mastigamos a ruminação do nosso sofrimento, do nosso desespero, como as vacas mastigam a grama regurgitada. Toda vez que pensamos sobre ser maltratados, somos maltratados mais uma vez. Embora aquilo não esteja acontecendo de fato agora, tudo tenha terminado. Pensando desse jeito, podemos ser maltratados todo dia, mesmo que nossa infância tenha tido muitos momentos felizes e encantadores. Nós ruminamos nosso ódio, sofrimento e desespero e esses alimentos não são saudáveis.

Nossos passos e respiração conscientes podem interromper o pensamento compulsivo, e nos ajudar a estar em contato com o que há de maravilhoso no momento presente, nutrindo-nos e trazendo de volta a alegria de estar vivo. Quando sabemos permanecer no momento presente e parar de pensar, somos felizes enquanto caminhamos, felizes enquanto sentamos, e felizes enquanto comemos.

Buda apresentou outra imagem terrível para ilustrar esse ponto: "Um assassino perigoso foi capturado e levado diante do rei, e o rei sentenciou-o à morte por esfaqueamento. 'Levem-no ao pátio e cravem trezentas facas amoladas nele.' Ao meio-dia, um guarda deu a notícia: 'Majestade, ele ainda está vivo'. E o rei declarou: 'Esfaqueiem-no mais trezentas vezes!' Ao anoitecer, o guarda de novo disse ao rei: 'Majestade, ele ainda não morreu'. Então o rei deu a terceira ordem: 'Cravem nele as trezentas facas mais afiadas do reino'". Em seguida, Buda disse: "É assim que nós geralmente lidamos com a nossa consciência". Toda vez que ruminamos no passado, é como se estivéssemos nos esfaqueando com uma faca amolada. Nós sofremos e o nosso sofrimento transborda, afetando aqueles à nossa volta.

Quando praticamos o primeiro giro da Primeira Nobre Verdade, reconhecemos o sofrimento enquanto sofrimento. Se estivermos num relacionamento difícil, nós reconhecemos: "Este é um relacionamento difícil". Nossa prática é estar com o nosso sofrimento e cuidar bem dele. Quando praticamos o primeiro giro da Segunda Nobre Verdade, examinamos profundamente a natureza do nosso sofrimento para ver quais foram os tipos de nutrientes com que estivemos o alimentando. Como vivemos nos últimos anos, ou nos últimos meses, que contribuiu para aquele nosso sofrimento? Nós precisamos reconhecer e identificar os nutrientes que ingerimos e observar: "O meu sofrimento aumenta quando eu penso dessa forma, ou falo desse jeito, ou escuto dessa maneira, ou ajo assim". Até que comecemos a praticar a Segunda Nobre Verdade, temos a tendência de acusar os outros pela nossa infelicidade.

Contemplar profundamente requer coragem. Você pode usar um lápis e papel se quiser. Se, durante a meditação sentada, você vir claramente um sintoma do seu sofrimento, escreva-o. Em seguida se questione: "Que tipos de nutrientes estive ingerindo que alimentaram e fortaleceram este sofrimento?" Quando você começa a perceber os tipos de nutrientes que esteve ingerindo, pode ser que chore. Use a energia da sua consciência atenta o dia inteiro para estar realmente presente, acolhendo o seu sofrimento como uma mãe abraça o bebê dela. Desde que você esteja plenamente atento, você pode ficar com a dificuldade por mais tempo. Praticar não significa usar somente a sua própria consciência, concentração e sabedoria. Você também tem que se beneficiar da consciência, concentração e sabedoria do seu professor e amigos espirituais. Tem coisas que até uma criança consegue entender, mas que nós mesmos não conseguimos entender por estarmos aprisionados em ideias. Leve o que você escreveu para um amigo, ou amiga, e peça as observações e *insights* dele ou dela.

Se você estiver determinado a descobrir as raízes do seu sofrimento, e sentar com um amigo para conversar abertamente, você eventualmente as verá com clareza. Mas se guardar seu sofrimento só para você, pode ser que ele cresça dia após dia. O simples fato de descobrir as causas do seu sofrimento já diminui seu fardo.

Shariputra, um dos grandes discípulos de Buda, disse: "Se quando algo acontecer nós olharmos profundamente o cerne da realidade daquilo, vendo suas origens e o alimento que o nutre, nós já estamos no caminho da libertação". Quando somos capazes de identificar nosso sofrimento e de compreender suas causas, vamos ter mais paz e alegria, e já estamos no caminho da libertação.

No segundo estágio da Segunda Nobre Verdade, "Encorajamento", compreendemos com clareza que a verdadeira felicidade só é possível se conseguirmos parar de ingerir os nutrientes que nos causam sofrimento. Se soubermos que o nosso corpo está sofrendo devido à maneira como estamos comendo, dormindo ou trabalhando, nós criamos a coragem de passar a comer, dormir ou trabalhar de maneiras mais saudáveis. Nós criamos a coragem de colocar um fim às causas do nosso sofrimento. É só por meio da forte intenção de agir de outro modo que poderemos manter a roda em movimento.

Atenção plena é a energia que pode nos ajudar a parar. Nós investigamos sobre os tipos de nutrientes que agora estamos ingerindo e decidimos quais continuaremos a comer e quais vamos evitar. Nós sentamos e analisamos junto aos nossos amigos, nossas famílias, e enquanto comunidade. A consciência atenta da ingestão, de como proteger nosso corpo e mente, proteger nossas famílias, sociedade e meio ambiente, todos são tópicos importantes a serem discutidos. Quando direcionamos nossa atenção para o sofrimento, vemos o potencial que temos para sermos felizes. Vemos a natureza do sofrimento *e* o caminho de saída do sofrimento. Foi por isso que Buda chamou o sofrimento de "verdade sagrada". No budismo, quando usamos a palavra "sofrimento", estamos nos referindo ao tipo de sofrimento que pode nos mostrar a saída.

Existem inúmeras práticas da atenção plena que podem nos ajudar a olhar nosso sofrimento de frente – como estarmos plenamente atentos durante os atos de caminhar, respirar, sentar, comer, olhar e escutar. Um passo dado conscientemente pode nos levar à realização profunda de beleza e alegria que existe dentro e em torno de nós. Um grande mestre de meditação do Vietnã do século XIII, chamado Tran Thai Tong, disse: "Com cada passo, você toca o chão da realidade". Se você praticar o dia inteiro o andar consciente e a escuta profunda, estas práticas são as Quatro Nobres Verdades em ação. Quando a causa do sofrimento tiver sido compreendida, a cura será possível. Nós nos comprometemos a nos abster de ingerir alimentos que nos fazem sofrer, e também nos comprometemos a ingerir alimentos saudáveis e integrais.

No terceiro giro da roda da Segunda Nobre Verdade, "Realização", não só nos comprometemos, mas de fato paramos de ingerir os alimentos que criam nosso sofrimento. Algumas pessoas acham que para acabar com o sofrimento você tem que *parar* tudo: corpo, sentimentos, percepções, formações mentais e consciência – mas isso não está certo. O terceiro estágio da Segunda Nobre Verdade pode ser descrito como: "Quando estou com fome, eu como. Quando estou cansado, eu durmo". Alguém que tenha chegado neste estágio tem uma certa leveza e liberdade. O que a pessoa quer fazer está totalmente de acordo com os treinamentos da consciência atenta, e tudo o que faz não causa prejuízos nem para ela mesma nem para os outros.

Confúcio disse: "Aos trinta, eu fui capaz de me sustentar sobre os meus próprios pés. Aos quarenta, não tive mais dúvidas. Aos cinquenta, conheci a ordem do Céu e da Terra. Aos sessenta, pude fazer o que eu queria sem contradizer o caminho". O último dos dez quadros de rebanhos de boi da tradição zen é chamado de "Entrando no mercado de mãos abertas". Você é livre para ir e vir como desejar. Esta é a ação da inação. O sofrimento não surge mais. Este estágio não é algo que você possa imitar. Você tem que alcançar este estágio de realização dentro de si mesmo.

No final do século XIX, no Vietnã, o Mestre Nhat Dinh pediu permissão ao rei para se aposentar como o abade de um templo nacional, para que pudesse ir morar numa cabana nas montanhas e cuidar de sua idosa mãe. Muitos oficiais fizeram oferendas ao mestre e imploraram que ele encontrasse outro templo, mas ele preferiu viver de forma simples, com muita paz e alegria. Um dia, a mãe dele adoeceu e precisava de peixe para comer. Ele desceu até o mercado e pediu um peixe aos vendedores, e carregou o peixe até chegar de volta ao topo da montanha. As pessoas que o viram questionaram: "O que um monge budista está fazendo com um peixe?" Mas alguém com a realização do Mestre Nhat Dinh poderia fazer da forma como quisesse sem contradizer os preceitos. No terceiro estágio da Segunda Nobre Verdade, você só tem que ser você mesmo. A forma não é importante. Mas cuidado! Primeiro tem que haver *insight* genuíno, liberdade genuína.

8
Realizando o bem-estar

Quando estamos com uma dor de dente, sabemos que não ter dor de dente é uma felicidade. Mas depois que a dor de dente passa, deixamos de valorizar o fato de o dente não estar mais doendo. As práticas da plena atenção nos ajudam a reconhecer e apreciar o bem-estar que já existe. Com atenção consciente valorizamos nossa felicidade e podemos fazê-la durar mais tempo. Eu sempre pergunto aos psicoterapeutas: "Por que vocês só conversam sobre sofrimento com seus clientes? Por que não ajudá-los a tocar as sementes de felicidade que também estão presentes?" Os psicoterapeutas precisam ajudar seus pacientes a entrar em contato com a Terceira Nobre Verdade: a cessação do sofrimento. Eu os estimulo a praticar a meditação caminhando e a meditação do chá com os pacientes a fim de regar as sementes de alegria neles.

Por favor, pergunte a si mesmo: "O que nutre minha alegria? O que nutre alegria nos outros? Será que estou nutrindo suficientemente a alegria que existe em mim e nos outros?" Estes questionamentos dizem respeito à Terceira Nobre Verdade. O fim do sofrimento – o bem-estar – está disponível se você souber desfrutar as joias preciosas que você já dispõe. Você tem olhos que podem ver, pulmões que podem respirar, pernas que podem andar e lábios que podem sorrir. Quando estiver sofrendo, examine profundamente sua situação e encontre as condições de felicidade já existentes e disponíveis.

Ao iniciarmos o primeiro estágio da Terceira Nobre Verdade, já dispomos de alguma felicidade, mas não estamos propriamente conscientes disso. Somos livres, mas não sabemos que somos livres. Quando somos jovens, nós somos fortes e saudáveis, mas não apreciamos isso. Mesmo se alguém tentar nos dizer, não conseguimos compreender o que temos. Somente quando estamos com dificuldades de caminhar é que compreendemos como era maravilhoso ter duas pernas saudáveis. O primeiro giro da Terceira Nobre Verdade é o "Reconhecimento" da possibilidade de o sofrimento estar ausente e, a paz, presente. Se estivermos sem paz e alegria neste momento, podemos pelo menos nos lembrar da paz e da alegria que experimentamos no passado, ou observar a paz e alegria nos outros. Compreendemos que *o bem-estar é possível*.

O segundo giro é para nos "Encorajar" a encontrar paz e alegria. Se você quiser jardinar, você tem que se curvar e tocar o solo. Jardinagem é uma prática, não é uma ideia. Para praticar as Quatro Nobres Verdades, você mesmo tem que entrar em contato profundo com as coisas que lhe trazem paz e alegria. Enquanto faz isso, você percebe que caminhar sobre a Terra é um milagre, lavar os pratos é um milagre, e praticar numa comunidade de amigos é um milagre. O maior de todos os milagres é estar vivo. Podemos acabar com o nosso sofrimento só por compreender que não vale a pena sofrer por ele! Quantas pessoas se matam por causa da fúria e do desespero? Naquele momento, elas não enxergam a imensa felicidade que já está disponível. A consciência atenta põe fim a uma perspectiva tão limitada como esta. Buda enfrentou o próprio sofrimento e descobriu o caminho da libertação. Não fuja das coisas desagradáveis para se envolver nas agradáveis. Ponha as mãos na terra. Enfrente as dificuldades e cultive uma nova felicidade.

Um aluno me disse: "Quando vou às festas, vejo que as pessoas parecem estar se divertindo. Mas quando olho por trás das aparências, vejo que muita ansiedade e sofrimento estão ali". No início, sua alegria é limitada, especialmente aquele tipo de alegria que está apenas encobrindo sofrimento. Acolha o seu sofrimento, sorria para ele, e descubra a fonte de felicidade que está exatamente lá dentro dele. Budas e Bodhisattvas também sofrem. A diferença entre eles e nós é que eles sabem como transformar sofrimento em alegria e compaixão. Como bons jardineiros orgânicos, eles não discriminam em favor das flores ou contra o lixo. Eles sabem transformar o lixo em flores. Não jogue fora seu sofrimento. Entre em contato com ele. Olhe-o de frente, e sua alegria se tornará mais profunda. Você sabe que sofrimento e alegria são ambos transitórios. Aprenda a arte de cultivar alegria.

Pratique dessa forma que você chegará ao terceiro giro da Terceira Nobre Verdade, a "Realização" ou compreensão de que sofrimento e felicidade não são duas coisas. Quando você alcança este estágio, sua alegria deixa de ser frágil. É uma alegria verdadeira.

A Quarta Nobre Verdade é a saída do sofrimento. Primeiro a médica examina profundamente a natureza do nosso sofrimento. Depois, confirma que é possível remover nossa dor, e prescreve uma saída. Ao praticarmos o primeiro giro da roda das Quatro Nobre Verdades, nós "reconhecemos" que o Caminho Óctuplo – Visão Correta, Pensamento Correto, Fala Correta, Ação Correta, Sustento Correto, Diligência Correta, Atenção Correta e Concentração Correta – pode nos levar a uma saída do sofrimento, mas nós ainda não sabemos como praticá-lo.

No segundo giro, nós nos "encorajamos", ou nos animamos a *praticar* este caminho. Isso é compreendido através de aprendizagem, reflexão e prática. Enquanto aprendemos, seja lendo, ouvindo ou discutindo, precisamos estar abertos para que assim possamos ver maneiras de pôr em prática o que aprendemos. Se a aprendizagem não for seguida de reflexão e prática, não é uma verdadeira aprendizagem.

Nesse estágio, vemos que o caminho tem tudo a ver com nossas reais dificuldades na vida. Uma prática que não diz respeito ao nosso real sofrimento não é o caminho que precisamos. Muita gente desperta em períodos difíceis de suas vidas, quando compreendem que viver irresponsavelmente tem sido a causa do sofrimento delas, e que transformando seus estilos de vida poderão pôr um fim no sofrimento. A transformação é gradual, mas quando tivermos visto claramente as causas do nosso sofrimento, podemos nos esforçar para mudar o nosso comportamento e acabar com aquele sofrimento. Se estivermos conscientes de que o nosso coração não está funcionando bem e as causas disso são o álcool, o cigarro e o colesterol, nós simplesmente deixamos de ingerir essas coisas. No segundo estágio do caminho, a liberdade aumenta diariamente. O caminho se torna real à medida que colocamos em prática o que aprendemos.

Buda nos aconselhou a identificar os tipos de nutrientes que estiveram alimentando nossa dor, e depois simplesmente parar de ingeri-los. Fazemos o nosso melhor e pedimos ajuda aos nossos irmãos e irmãs. Não podemos esperar que as nossas dificuldades desapareçam por si sós. Temos que fazer algumas coisas e deixar de fazer outras. No momento em que decidimos deixar de alimentar o nosso sofrimento, surge um caminho diante de nós: o Nobre Caminho Óctuplo para o bem-estar. Buda é um médico. Por isso, ele nos convida a levar nosso sofrimento até ele. Nós também somos médicos. Devemos estar determinados a transformar nossas dificuldades para comprovar que o bem-estar é possível. Buda identificou o Nobre Caminho Óctuplo que leva ao bem-estar e nos convenceu de segui-lo. O terceiro giro da roda da Quarta Nobre Verdade é a "Realização" de estar praticando este caminho.

Quando seu instrutor de meditação lhe prescreve um *kung-an* (koan), como, por exemplo, "Qual é o som de uma mão batendo palmas?" ou "Por que *Bodhidharma* veio do Ocidente?", você tem que se questionar: O que isso tem a ver com o meu sofrimento real, a minha depressão, o meu medo ou a minha raiva? Se não tiver algo a ver com esses problemas reais, talvez não seja um caminho que você esteja precisando. Pode ser que seja apenas uma fuga. Pratique seu *kung-an* de uma maneira que o seu sofrimento seja transformado.

"Isso é sofrimento. Esse sofrimento precisa ser visto de forma clara. As raízes desse sofrimento precisam ser totalmente compreendidas. Eu compreendi esse sofrimento. Eu entendi como ele se manifesta. Eu vi o seu conteúdo e suas raízes." Essas práticas não são meras declarações orais. "A compreensão das coisas como elas são" (*yatha bhuta jñana*) emerge da nossa vida e da nossa prática.

Quando o Monge Gavampati ouviu seus colegas monges dizerem: "Qualquer pessoa que vê o sofrimento, vê a criação do sofrimento, o fim do sofrimento e o caminho", acrescentou: "Eu ouvi, com meus próprios ouvidos, Buda dizer: '*Bhikkhus*, quem vê o sofrimento, vê a criação do sofrimento, o fim do sofrimento e o caminho que leva ao fim do sofrimento. Quem vê a criação do sofrimento, vê o sofrimento, o fim do sofrimento e o caminho. Quem vê o fim do sofrimento, vê o sofrimento, a criação do sofrimento e o caminho. Quem vê o caminho que leva ao fim do sofrimento, vê o sofrimento, a criação do sofrimento e o fim do sofrimento'[24]". A interexistência é uma característica importante de todos os ensinamentos de Buda. Ao entrar em contato com um, você entra em contato com todos.

É importante compreender a natureza interexistente das Quatro Nobres Verdades. Ao examinarmos profundamente qualquer uma

---
24 *Gavampati Sutta*; Samyutta Nikaya V, 436.

das Quatro Nobres Verdades, vemos as outras três. Ao contemplarmos profundamente a verdade do sofrimento, compreendemos como aquele sofrimento surgiu. Ao contemplarmos profundamente a verdade do sofrimento, sabemos como pôr fim àquele sofrimento e entrar em contato com o bem-estar. Ao contemplarmos profundamente a verdade do sofrimento, vemos a eficácia do caminho. Ao examinarmos a Primeira Verdade Sagrada, nós vemos contidas nela a Segunda, a Terceira e a Quarta Verdades. As Quatro Nobres Verdades são uma.

Nós precisamos do sofrimento para compreender o caminho. A origem do sofrimento, a cessação de sofrimento e o caminho que leva à cessação do sofrimento, todos são encontrados no âmago do sofrimento. Se estivermos com medo de entrar em contato com o nosso sofrimento, não seremos capazes de realizar o caminho de paz, alegria e libertação. Não fuja. Entre em contato com o seu sofrimento e o acolha. Faça as pazes com o seu sofrimento. Buda disse: "No momento em que você entende como o seu sofrimento se formou, você já está no caminho de libertar-se dele"[25]. Se você compreende o que foi criado e como aquilo passou a existir, você já está no caminho da emancipação.

Vamos reorganizar as Quatro Nobres Verdades. A Terceira Nobre Verdade, que é a "Cessação", significa a ausência de sofrimento, que é a presença do bem-estar. Ao invés de dizer "cessação" nós podemos apenas dizer "bem-estar". Se fizermos isso, nós podemos chamar as Quatro Nobres Verdades de "Nobre Caminho Óctuplo que leva ao Bem-Estar". Desse modo, ao invés de chamar a Segunda Nobre Verdade de "a origem do sofrimento", podemos dizer que há um ignóbil caminho óctuplo que leva ao sofrimento, um caminho das oito práticas equivocadas – visão errada, pensamento errado, fala errada, ação errada, sustento errado, diligência errada,

---

[25] *Samyutta Nikaya* II, 47.

atenção errada e concentração errada. Para beneficiar as pessoas do nosso tempo, nós vamos renumerar as Quatro Nobres Verdades da seguinte forma:

1) **Bem-estar** (tradicionalmente a terceira, "cessação do sofrimento");
2) **Nobre Caminho Óctuplo que leva ao bem-estar** (tradicionalmente a quarta);
3) **Sofrimento** (tradicionalmente a primeira); e o
4) **Ignóbil Caminho Óctuplo que leva ao sofrimento** (tradicionalmente a segunda, "o surgimento do sofrimento").

Se vivermos em conformidade com o Nobre Caminho Óctuplo, cultivaremos o bem-estar e nossa vida se encherá de alegria; bem-estar e admiração. Mas se nosso caminho não for nobre, se houver anseio, ódio, ignorância e medo na forma como estamos vivendo cotidianamente, se estivermos praticando o ignóbil caminho óctuplo, o sofrimento será o resultado natural. A prática é olhar de frente nosso sofrimento e transformá-lo, para que o bem-estar surja. Nós precisamos estudar o Nobre Caminho Óctuplo e aprender formas de colocá-lo em prática na vida cotidiana.

Parte II

O Nobre Caminho Óctuplo

O Nobre Caminho Óctuplo

Quando Buda tinha 80 anos e estava prestes a falecer, um jovem chamado Subhadda veio visitá-lo. Ananda, o acompanhante de Buda, achou que era muito cansativo para seu mestre receber alguém, mas por acaso Buda ouviu o pedido de Subhadda e disse: "Ananda, por favor, convide-o para entrar". Mesmo quando estava perto de morrer, Buda continuava disposto a dar entrevistas.

Subhadda perguntou: "Senhor Mundialmente Honrado, os outros professores religiosos de Magadha e Koshala estão plenamente iluminados?" Buda sabia que lhe restava somente pouco tempo de vida e que se respondesse uma pergunta dessas estaria desperdiçando momentos preciosos. Quando tiver a oportunidade de fazer uma pergunta a um professor do Darma, faça uma pergunta que possa transformar sua vida. E Buda respondeu: "Subhadda, não importa se eles estão totalmente iluminados. A questão é se você quer se libertar. Se quiser, pratique o Nobre Caminho Óctuplo. Toda vez que o Nobre Caminho Óctuplo for praticado, paz, alegria e discernimento estarão presentes"[26]. Buda apresentou o Caminho Óctuplo desde a primeira vez que discursou sobre o Darma, e continuou a ensinar o Caminho Óctuplo por 45 anos, e em sua última fala sobre o Darma dirigida a Subhadda, apresentou o Nobre Caminho Óctuplo: Visão Correta, Pensamento Correto, Fala Correta, Ação

---
26 *Mahaparinibbana Sutta*; *Digha Nikaya* 16.

Correta, Sustento Correto, Esforço Correto, Atenção Correta e Concentração Correta[27].

Arya ashtangika marga ("um nobre caminho de oito ramificações") sugere a natureza interdependente desses oitos elementos do caminho. Cada ramificação contém todas as outras sete. Por favor, use sua inteligência ao aplicar os elementos do Nobre Caminho Óctuplo em sua vida cotidiana.

---

27   Sobre o uso da palavra "correto(a)", cf. nota 5.

9
Visão Correta

A primeira prática do Nobre Caminho Óctuplo é a Visão Correta (*samyag drishti*). A Visão Correta significa, acima de tudo, uma compreensão profunda das Quatro Nobres Verdades: o nosso sofrimento, a origem do nosso sofrimento, o fato do nosso sofrimento poder ser transformado e o caminho da transformação. Buda disse que a Visão Correta significa ter fé e confiança na existência de pessoas que foram capazes de transformar o seu próprio sofrimento. O Venerável Shariputra acrescentou que a Visão Correta significa saber identificar, entre os quatro tipos de nutrientes, quais foram os que ingerimos e que provocaram o surgimento daquilo que veio a ser[28].

Shariputra descreveu a Visão Correta como sendo a habilidade de distinguir entre raízes saudáveis (*kushala mula*) e raízes prejudiciais (*akushala mula*). Em cada um de nós existem sementes ou raízes saudáveis e prejudiciais alojadas nas profundezas da nossa consciência. Se você é uma pessoa leal, é porque as sementes de lealdade estão em você. Mas não pense que a semente da traição também não está em você. Se você viver num ambiente onde sua semente de lealdade é regada, você será uma pessoa leal. Mas se for a sua semente de traição que estiver sendo regada, você será

---

28 Cf. cap. 7. Cf. tb. o "Discurso sobre a Visão Correta", p. 297.

capaz de atraiçoar até mesmo as pessoas a quem ama. Você se sentirá culpado por isso, mas se a semente da traição estiver forte, poderá agir traiçoeiramente.

A prática da plena atenção nos ajuda a identificar todas as sementes alojadas em nossa consciência armazenadora[29] e a regar as que são as mais benéficas. Quando alguém se aproxima de nós, só o fato de ver aquela pessoa nos deixa desconfortável. Mas quando outra pessoa passa caminhando por perto, gostamos dela imediatamente. Existe algo, em cada uma dessas pessoas, que toca determinada semente em nós. Se nós amamos profundamente nossa mãe, mas ficamos tensos toda vez que pensamos em nosso pai, quando virmos alguma moça parecida com nossa mãe vamos naturalmente apreciá-la, e, quando virmos um homem que evoque a memória do nosso pai, é natural que nos sintamos desconfortáveis. Desse modo, podemos "perceber" quais sementes existem em nós – sementes de amor por nossa mãe e sementes de mágoa *vis-à-vis* nosso pai. Quando nos tornamos conscientes das sementes alojadas em nossa consciência armazenadora, não vamos mais nos surpreender com nosso comportamento e o comportamento dos outros.

A semente da Budeidade, a capacidade de despertar e de compreender as coisas como são, também está presente em cada um de nós. Quando nos curvamos de mãos postas e cumprimentamos outra pessoa, nós reconhecemos a semente da Budeidade que existe nela. Quando cumprimentamos uma criança dessa maneira, estamos ajudando-a a crescer lindamente e com autoconfiança. Se você plantar milho, é o milho que vai se desenvolver. Se plantar trigo, é o trigo que vai se desenvolver. Se agir de uma forma benéfica ou saudável, você será feliz. Se agir de forma prejudicial ou doentia, você rega sementes de anseio, raiva e violência dentro de si. A Visão Correta serve para identificar quais são as sementes benéficas e

---

29 Para uma explicação sobre a consciência armazenadora, cf. nota 6.

promover a irrigação dessas sementes. Isso é chamado de "contato seletivo". Precisamos dialogar e compartilhar uns com os outros a fim de aprofundar nossa compreensão desta prática e da prática dos Cinco Treinamentos da Atenção Plena, especialmente o quinto treinamento, sobre os "alimentos" que ingerimos[30].

Na base de nossas visões estão nossas percepções (*samjña*). Em chinês, a parte superior do caractere de percepção significa "marca", "sinal" ou "aparência", e a parte inferior significa "mente" ou "espírito". As percepções sempre têm uma "marca" e em muitos casos esta marca é ilusória. Buda nos alertou para não nos enganarmos com aquilo que percebemos. Ele disse a Subhuti: "Onde há percepção, há decepção"[31]. Buda também ensinou, em muitas ocasiões, que a maioria das nossas percepções são equivocadas, e que a maior parte do nosso sofrimento vem de percepções equivocadas[32]. Temos que nos perguntar muitas e muitas vezes: "Será que estou certo?" Até que vejamos claramente, as nossas percepções errôneas nos impedirão de ter Visão Correta.

Perceber sempre significa perceber *algo*. Nós acreditamos que o objeto da nossa percepção existe fora do sujeito, mas isso não está certo. Ao percebermos a lua, a lua somos nós. Ao sorrirmos para a nossa amiga, a nossa amiga também somos nós, pois ela é objeto da nossa percepção.

Quando percebemos uma montanha, a montanha é objeto da nossa percepção. Ao percebermos a lua, a lua é objeto da nossa percepção. Quando dizemos: "Posso ver minha consciência na flor", isso significa que podemos ver a nuvem, a luz do sol, a terra e os minerais naquela flor. Mas como poderíamos ver nossa consciência numa flor? A flor *é* nossa consciência. A flor é objeto da nossa

---

30   Cf. NHAT HANH, T. *For a Future to be Possible*. Op. cit.
31   Cf. NHAT HANH, T. *The Diamond that Cuts through Illusion*: Commentaries on the Prajñaparamita Diamond Sutra. Berkeley: Parallax Press, 1992.
32   Cf., p. ex.: *The Honeyball Sutra, Majjhima Nikaya* 18.

percepção. É a nossa percepção. Perceber significa perceber algo. A percepção significa o surgimento simultâneo do observador e do objeto percebido. A flor que estamos apreciando é parte da nossa consciência. A ideia de que a nossa consciência esteja fora da flor deve ser descartada. É impossível ter um sujeito sem um objeto. É impossível livrar-se de um e conservar o outro.

A fonte da nossa percepção, do nosso modo de ver, encontra-se em nossa consciência armazenadora. Se dez pessoas observarem uma nuvem, haverá dez percepções diferentes daquela nuvem. Se a nuvem é percebida como um cachorro, um martelo, ou um casaco, isso depende da nossa mente: da nossa tristeza, das nossas lembranças, da nossa raiva. Nossas percepções carregam consigo todos os erros da subjetividade. Então, elogiamos, culpamos, condenamos ou reclamamos dependendo da forma como percebemos.

Mas nossas percepções são construídas a partir das nossas aflições: anseio, raiva, ignorância, visões equivocadas e preconceitos. Se somos felizes ou se sofremos depende muito das percepções que temos. É importante examinar profundamente as nossas percepções e conhecer suas origens.

Temos uma ideia de felicidade. Acreditamos que somente certas condições vão nos fazer felizes. Mas quase sempre é a própria ideia que temos de felicidade que nos impede de ser feliz. Temos que examinar profundamente nossas percepções para nos libertar delas. Assim, o que era uma percepção torna-se um *insight*, uma realização do caminho. Isso não é percepção nem não percepção. É uma visão clara: ver as coisas como elas são.

Nossa felicidade e a felicidade daqueles que estão à nossa volta dependem do grau de Visão Correta de que dispomos. Entrar em contato profundo com a realidade – saber o que se passa dentro e fora de nós – é a forma de nos libertarmos do sofrimento causado por nossas percepções errôneas. Visão Correta não é uma ideologia, um sistema, ou mesmo um caminho. É o discernimento que temos sobre a realidade da vida, um lampejo vivo que nos enche de compreensão, paz e amor.

Às vezes vemos nossos filhos fazendo coisas que sabemos que vão lhes trazer sofrimento no futuro, mas, ao tentarmos dizer isso a eles, eles não nos ouvem. Tudo o que podemos fazer é estimular as sementes da Visão Correta neles, para que assim posteriormente, num momento difícil, eles possam se beneficiar da nossa orientação. Não conseguimos explicar o que é uma laranja para alguém que nunca provou uma laranja. Não importa o quão bem nós a descrevamos, não podemos dar ao outro uma experiência direta. A pessoa tem que prová-la por si mesma. Logo que dissermos uma única palavra, a pessoa já ficou aprisionada. A Visão Correta não pode ser descrita. Só podemos apontar na direção correta. A Visão Correta nem mesmo pode ser transmitida por um professor. Um professor pode nos ajudar a identificar a semente de Visão Correta que já existe em nosso jardim, e pode nos ajudar a confiar na prática, e a entregar essa semente aos cuidados do solo de nossa vida cotidiana. Mas nós somos o jardineiro. Nós temos que aprender a regar as sementes saudáveis que existem em nós para que elas desabrochem em flores de Visão Correta. O instrumento que rega as sementes benéficas e saudáveis é a prática do viver consciente, onde cada respiração, cada passo, é desfrutado em cada momento do nosso dia.

Em um comício pela paz na Filadélfia, em 1966, um jornalista me perguntou: "Você é do Vietnã do Sul ou do Norte?" Se eu respondesse que eu era do norte, ele iria pensar que eu era pró--comunista, e se eu dissesse que era do sul, ele iria pensar que eu era pró-americanos. Então eu disse a ele: "Eu sou do Centro". Eu queria ajudá-lo a largar suas ideias e ter um encontro com a realidade que estava bem ali diante dele. Esta é a linguagem zen. Um monge zen viu um belo ganso voando e quis compartilhar essa alegria com um irmão mais velho que caminhava ao seu lado. Mas, naquele momento, o outro monge tinha se abaixado para tirar um seixo de sua sandália. No momento em que ele olhou pra cima, o ganso já tinha voado pra longe. Ele perguntou: "O que você queria que eu visse?" Mas o monge mais jovem só podia ficar calado. O Mestre Tai Xu disse: "Enquanto você estiver de costas para a árvore, você só conseguirá ver a sombra da árvore. Se quiser encontrar-se com a realidade, você tem que virar-se para o outro lado". O "ensinamento figurativo" faz uso de palavras e ideias. O "ensinamento essencial" é transmitido pela sua forma de viver.

Quando você vem passar um dia em Plum Village, pode ser que tenha uma ideia de Plum Village, mas sua ideia não é realmente Plum Village. Você poderia dizer: "Eu estive em Plum Village", mas de fato você só esteve com sua ideia de Plum Village. Pode ser que sua ideia seja um pouco melhor do que a de alguém que nunca esteve lá, mas continua sendo apenas uma ideia. Sua ideia de Plum Village não é a Plum Village verdadeira. Seu conceito ou percepção de realidade não é a realidade. Ao ficar aprisionado em suas percepções e ideias você se priva da realidade.

Praticar significa ir além das ideias, para que assim você possa alcançar a natureza substancial das coisas. "Nenhuma ideia" é o caminho não conceitual. Enquanto houver uma ideia não haverá realidade, nem verdade. "Nenhuma ideia" significa nenhuma ideia equivocada, nenhum conceito equivocado. Não significa a ausência da consciência atenta. Quando estamos atentos, se algo estiver certo, sabemos que está certo, e quando algo estiver errado, sabemos que está errado.

Enquanto praticamos sentados em meditação, vemos com nossos olhos mentais uma tigela cheia de sopa de tomate, e por isso pensamos que nossa prática está indo mal, pois deveríamos estar atentos à nossa respiração. Mas se estivermos praticando a plena atenção, vamos dizer: "Estou inspirando e pensando na sopa de tomate". Isso já é Atenção Plena Correta. A retidão e o erro não são objetivos, são subjetivos.

Sob a ótica relativa, existem visões erradas e existem visões corretas. Mas se examinarmos mais profundamente, vamos ver que *todas as visões são visões equivocadas*. Nenhuma visão poderá jamais ser a verdade. Ela existe a partir somente de um ponto; por isso é chamada de "ponto de vista". Se nós nos situarmos em outro ponto, vamos ver as coisas de maneira diferente e compreender que a nossa primeira visão não era totalmente correta. O budismo não é uma coletânea de visões. É uma prática que nos ajuda a eliminar as visões erradas. A qualidade de nossas visões sempre poderá ser melhorada. A partir do ponto de vista da realidade suprema, Visão Correta é a ausência de todas as visões.

Quando começamos a praticar, nossa visão é uma vaga ideia sobre os ensinamentos. Mas conhecimento conceitual nunca é suficiente. As sementes da Visão Correta, as sementes da Budeidade existem em nós, mas estão obscurecidas por tantas camadas de ignorância, de aflição e frustração. Temos que praticar nossas visões. E no processo de aprendizagem, de reflexão e prática, nossa visão vai se tornando cada vez mais sábia, baseada numa real experiência nossa. Quando praticamos a Atenção Correta, vemos a semente de Budeidade em todo mundo, inclusive em nós mesmos. Esta é a Visão Correta. Às vezes, a Visão Correta é descrita como a Mãe de Todos os Budas (*prajña paramita*), a energia de amor e de compreensão que tem o poder de nos libertar. Quando praticamos o viver consciente, nossa Visão Correta florescerá, e todos os outros elementos do caminho em nós vão também florir.

Figura 3 A interligação dos Oito Elementos do Caminho

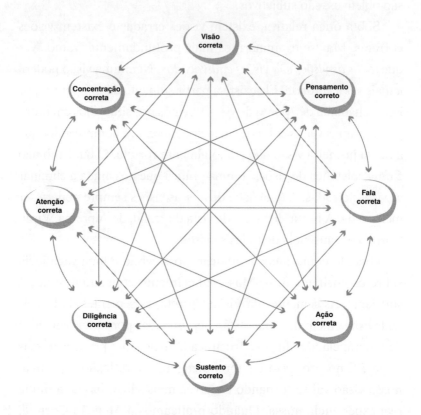

As oito práticas do Nobre Caminho Óctuplo nutrem umas às outras. À medida que nossa visão vai se tornando mais "correta", os outros elementos do Caminho Óctuplo também se aprofundam. A Fala Correta está baseada na Visão Correta, e também nutre a Visão Correta. A Atenção Correta e a Concentração Correta fortalecem e aprofundam a Visão Correta. A Ação Correta tem que estar baseada na Visão Correta. O Sustento Correto clareia a Visão Correta. A Visão Correta é simultaneamente causa e efeito de todos os outros elementos do caminho.

10
Pensamento Correto

Quando a Visão Correta estiver firme em nós, teremos Pensamento Correto (*samyak samkalpa*). Precisamos da Visão Correta alicerçando nosso pensamento. E se nos treinarmos em Pensamento Correto, nossa Visão Correta vai melhorar. É pensando que nossa mente discursa. Pensamento Correto torna a nossa fala clara e benéfica. Como geralmente o pensamento leva à ação, pensar corretamente é necessário para que sejamos guiados no caminho da Ação Correta.

O Pensamento Correto reflete a forma como as coisas são. O pensamento errado nos faz ver as coisas "de forma confusa ou invertida" (*viparyasa*). Mas praticar o Pensamento Correto não é fácil. Geralmente, nossa mente está pensando numa coisa enquanto nosso corpo faz outra. A mente e o corpo não estão unificados. A respiração consciente é um link importante. Concentrados em nossa respiração, reunimos novamente corpo e mente numa totalidade.

Quando Descartes disse "Penso, logo existo", ele quis dizer que podemos provar que existimos pelo fato do nosso pensamento existir. Ele concluiu que porque estamos pensando, nós estamos realmente existindo. Minha conclusão seria o oposto: "Penso, logo deixo de estar presente". Se a mente e o corpo não estiverem unificados, ficamos perdidos e não podemos realmente dizer que estamos aqui. Se praticarmos respirando com atenção, tocando os elementos revigorantes e de cura que já existem dentro e em torno de nós, encontraremos paz e solidez. Respirando conscientemente vamos deixando de nos preocupar com as aflições passadas e ansiedades acerca do futuro. E somos ajudados a estar em contato com a vida no momento presente. Muitos pensamentos nossos são desnecessários. Esses pensamentos são limitados e não carregam muita compreensão com eles. Às vezes, sentimos como se um som de fita cassete estivesse sempre tocando, dia e noite, em nossas cabeças e não conseguíssemos desligá-lo. Nós nos preocupamos, e ficamos tensos e temos pesadelos. Ao praticarmos a atenção plena, começamos a ouvir a fita cassete em nossa mente, e podemos notar se nossos pensamentos são ou não são úteis.

O pensamento tem duas partes: o pensamento inicial (*vitarka*) e o pensamento em desenvolvimento (*vichara*). Um pensamento inicial é algo assim: "Hoje à tarde tenho que entregar um ensaio na aula de literatura". O desenvolvimento desse pensamento seria ficar imaginando se estamos fazendo a tarefa corretamente, se deveríamos lê-la mais uma vez antes de entregá-la, se o professor vai perceber se nós formos os últimos a entregá-la, e assim por diante. *Vitarka* é o pensamento original. *Vichara* é o desenvolvimento do pensamento original.

No primeiro estágio da concentração meditativa (*dhyana*), os dois tipos de pensamento estão presentes. No segundo estágio, nenhum deles existe. Estamos em um contato mais profundo com a realidade, livre de palavras e conceitos. Enquanto caminhava na floresta com um grupo de crianças, no ano passado, eu notei que uma garotinha estava muito pensativa. Finalmente, ela me perguntou: "Vovô monge, qual é a cor da casca dessa árvore?" "É a cor que você vê", eu disse a ela. Eu queria que ela entrasse no mundo maravilhoso que estava ali diante dela. Eu não queria adicionar outro conceito.

Existem quatro práticas relacionadas ao Pensamento Correto:
1) **"Você tem certeza?"** Se há uma corda no seu caminho e você a percebe como sendo uma cobra, surgirá o pensamento baseado no medo. Quanto mais distorcida for sua percepção, tanto mais incorreto o seu pensamento será. Por favor, escreva esta frase: "Você tem certeza?" numa grande folha de papel e a pendure num local onde você possa vê-la frequentemente. Faça esta pergunta para si mesmo muitas e muitas vezes. A percepção equivocada faz surgir o pensamento incorreto e o sofrimento desnecessário.

2) **"O que estou fazendo?"** Às vezes, eu pergunto a um dos meus alunos: "O que você está fazendo?" para ajudá-lo a se libertar de pensamentos acerca do passado ou do futuro, e a retornar ao momento presente. Eu faço esta pergunta para ajudá-lo a *estar* exatamente aqui e agora. Para responder, ele só precisa sorrir. Só um sorriso poderia demonstrar sua verdadeira presença.

Perguntar a si mesmo "O que estou fazendo?" vai lhe ajudar a superar o hábito de querer terminar as coisas rapidamente. Sorria para si mesmo e diga: "Lavar este prato é a tarefa mais importante da minha vida". Ao se perguntar "O que estou fazendo?", reflita profundamente sobre essa questão. Se os seus pensamentos estiverem lhe arrebatando, você precisa que a plena atenção intervenha. Quando você está realmente presente, lavar pratos pode ser uma experiência agradável e profunda. Mas se você lavá-los pensando em outras coisas, você está desperdiçando seu tempo, e provavelmente também não está lavando bem os pratos. Se não estiver presente, mesmo que lave 84.000 pratos, o seu trabalho não terá mérito.

O Imperador Wu perguntou a Bodhidharma, o fundador do zen-budismo na China, quanto mérito ele tinha conquistado por ter construído templos em todo o país. Bodhidharma respondeu: "Nem um sequer". Mas se você lavar um prato com atenção consciente, se construir um pequeno templo enquanto vive profundamente o momento presente – sem querer estar noutro lugar, não se importando com a fama ou o reconhecimento –, o mérito deste ato será ilimitado, e você se sentirá muito feliz. Pergunte-se frequentemente: "O que estou fazendo?" Quando o seu pensamento não estiver lhe levando embora para longe e estiver fazendo coisas com plena atenção, você será feliz e um refúgio para muita gente.

3) **"Olá, energia do hábito!"** Temos a tendência de aderir aos hábitos, mesmo aqueles que nos causam sofrimento. A dependência psicofísica ou vício de trabalhar ("trabalho-holismo") é um exemplo. É possível que antigamente os nossos ancestrais tenham tido que trabalhar praticamente o tempo todo para colocar comida na mesa. Mas, hoje em dia, nossa forma de trabalhar é muito compulsiva e nos impede de termos um contato real com a vida. Pensamos sobre nosso trabalho o tempo inteiro e não temos tempo sequer de respirar. Precisamos encontrar tempo para contemplar as cerejeiras em flor, e beber nosso chá com atenção plena. A nossa forma de agir depende da forma como pensamos, e nossa maneira de pensar depende das nossas energias, dos nossos hábitos. Quando reconhecemos isso, só precisamos dizer "Olá, energia do hábito!", e fazer uma boa amizade com os nossos padrões habituais de pensar e agir. Quando podemos aceitar estes pensamentos arraigados e não nos sentirmos culpados por eles, eles vão perder muito do poder que exercem sobre nós. Pensamento Correto leva à Ação Correta.

4) ***"Bodhichitta"***. Nossa "mente de amor" é o desejo profundo de cultivar compreensão dentro de nós para levar felicidade a muitos seres. É a força motivadora da prática do viver consciente. Com a *bodhichitta* fundamentando nossos pensamentos, tudo o que fizermos ou falarmos ajudará outras pessoas a se

libertarem. O Pensamento Correto também faz com que surja a Diligência Correta.

Buda ofereceu muitos métodos que nos ajudam a transformar pensamentos perturbadores. Um desses métodos é substituir um pensamento prejudicial por um benéfico, que ele chama de "trocar o pino", tal como um carpinteiro substitui um pino podre martelando um novo no lugar[33]. Se estivermos sendo constantemente assaltados por padrões prejudiciais de pensamento, precisamos aprender a mudar o pino e substituir esses padrões por pensamentos salutares. Buda também comparou o pensamento nocivo com uma cobra morta enrolada no seu pescoço. A maneira mais fácil, segundo ele, de evitar pensamentos nefastos é viver em um ambiente saudável, numa comunidade que pratica um modo de vida consciente. Com a ajuda e a presença de irmãs e irmãos do Darma, é fácil manter o Pensamento Correto. Morar num ambiente benéfico é medicina preventiva.

Pensamento Correto é um pensamento que está em concordância com a Visão Correta. É um mapa que pode nos ajudar a encontrar o nosso caminho. Mas quando chegarmos ao nosso destino, precisamos guardar o mapa e entrar inteiramente na realidade. "Pense sem pensar" é uma afirmação bem conhecida no zen. Quando você pratica a Visão Correta e o Pensamento Correto, você habita profundamente no momento presente, onde pode tocar as sementes de alegria, paz e libertação, curar e transformar seu sofrimento, e estar verdadeiramente presente para muitas outras pessoas.

---

33 *Discourse on Removing Distracting Thoughts* [Discurso sobre como remover pensamentos dispersantes], *Vitakkaanthana Sutta, Majjhima Nikaya* 20.

11
Atenção Correta

Atenção Correta (*samyak smriti*) está no âmago dos ensinamentos de Buda. Tradicionalmente, é a sétima no caminho das oito práticas corretas, mas está sendo aqui apresentada como terceira para enfatizar sua grande importância. Quando a Atenção Correta está presente, as Quatro Nobres Verdades e os outros sete elementos do Caminho Óctuplo também estão presentes. Quando estamos plenamente atentos, nosso pensamento é Pensamento Correto, nossa fala é Fala Correta, e assim por diante. Atenção Correta é a energia que nos traz de volta ao momento presente. Cultivar nossa atenção plena significa cultivar o Buda interior, o Espírito Santo.

De acordo com a psicologia budista (*Abhidharma*, "super Darma"), os traços característicos da "atenção" (*Manaskara*) são "universais", o que significa dizer que estamos sempre prestando atenção em algo. Nossa atenção pode ser "adequada" (*Yoniso Manaskara*) quando, por exemplo, permanecemos inteiramente no momento presente, ou inadequada (*Ayoniso Manaskara*) quando, por exemplo, estamos prestando atenção em algo que nos leva para longe do aqui e agora. Um bom jardineiro sabe cultivar flores a partir de resíduos orgânicos. Com Atenção Correta aceitamos tudo sem julgar ou reagir, somos inclusivos e amorosos. A prática é encontrar formas de manter a atenção apropriada ao longo do dia.

A palavra sânscrita para Atenção Correta é *smriti*, que significa "lembrar". Atenção Correta significa lembrar-se de retornar ao momento presente. Em chinês, o caractere de Atenção Correta tem duas partes: a parte superior significa "agora" e, a inferior, "mente" ou "coração". **O Primeiro Milagre da Atenção Plena é viver no presente**, sendo capaz de estar em contato profundo com o céu azul, a flor e o sorriso de nosso filho.

O Segundo Milagre da Atenção Plena é tornar presente também o outro – o céu, a flor, nosso filho. No épico poema vietnamita *O conto de Kieu*, Kieu volta ao apartamento de Kim Trong, o amado dela, e o encontra em sua escrivaninha adormecido com a cabeça deitada sobre uma pilha de livros. Kim Trong escuta o som das passadas de Kieu, mas ainda grogue de sono, pergunta: "Você está realmente aí, ou eu estou sonhando?" Ela responde: "Nós temos agora a oportunidade de vermos um ao outro com clareza. Mas se nós não vivermos profundamente este momento, será como um sonho". Você e a pessoa amada estão aqui juntos. Vocês têm a oportunidade de ver profundamente um ao outro. Mas se não estiverem totalmente presentes, tudo será como um sonho.

O Terceiro Milagre da Atenção Plena é nutrir o objeto da nossa atenção. Quando foi a última vez que você olhou nos olhos do seu amado(a) e perguntou a ele(a): "Quem é você, querido(a)?" Não se satisfaça com uma resposta superficial. Pergunte de novo: "Quem é você que tomou pra si o meu sofrimento como se fosse o seu sofrimento? Tomou pra si minha felicidade como se fosse a sua felicidade; a minha vida e morte como se fossem sua vida e morte? Meu amor, por que você não é uma gota de orvalho, uma borboleta, ou um pássaro?" Pergunte com todo o seu ser. Se você não der a devida atenção à pessoa que você ama, isso é uma espécie de destruição. Se, quando estiverem juntos no carro, vocês estiverem perdidos em pensamentos, um supondo que já sabe tudo sobre o outro, o relacionamento vai morrendo aos poucos. Mas você pode regar, de forma atenta e consciente, a flor que está murchando: "Eu sei que você está aqui, do meu lado, e isso me deixa muito feliz". Com plena atenção, você será capaz de descobrir muitas coisas novas e maravilhosas – as alegrias, os talentos ocultos, as mais profundas aspirações da pessoa amada. Se não praticar atenção apropriada, como pode dizer que ama aquela pessoa?

O Quarto Milagre da Atenção Plena é aliviar o sofrimento dos outros: "Eu sei que você está sofrendo. Por isso, eu estou aqui ao seu dispor". Você pode dizer isso com palavras ou simplesmente pela maneira de olhar para ela. Se você não estiver realmente presente, ou se estiver pensando sobre outras coisas, o milagre de aliviar o sofrimento não poderá acontecer. Quando, em momentos difíceis, você tem um amigo que pode estar realmente presente com você, você sabe que está sendo abençoado(a). Amar significa nutrir o outro com a devida atenção. Quando pratica a Atenção Correta, você e a outra pessoa tornam-se presentes ao mesmo tempo: "Querido(a), eu sei que você está aqui. Sua presença é valiosa pra mim". Se não souber expressar isso quando estiverem juntos, quando ela(e) falecer ou se sofrer um acidente, você vai só chorar, porque antes do acidente acontecer não soube viver realmente feliz juntos.

Quando alguém está prestes a morrer, se você senta constantemente com ele de maneira segura, só isso pode ser suficiente para ajudá-lo a partir sossegado desta vida. Sua presença é como um mantra, um discurso sagrado, que tem um efeito transformador. Quando o seu corpo, fala e mente estão em perfeita unidade, esse mantra terá um efeito antes mesmo de você falar uma palavra. Os primeiros quatro milagres da atenção plena pertencem ao primeiro aspecto da meditação *shamata* – parar, acalmar, relaxar e curar. Quando tiver se acalmado e interrompido a dispersão, sua mente estará unifocada e, você, pronto para começar a examinar em profundidade.

O Quinto Milagre da Atenção Plena é ver em profundidade (*vipashyana*), que também é o segundo aspecto de meditação. Porque está calmo e concentrado, você está realmente presente para ver em profundidade. Você reluz atenção plena no objeto observado, e ao mesmo tempo reluz atenção plena em si mesmo. Você observa o objeto da sua atenção e também vê o seu próprio armazém cheio de pedras preciosas.

O Sexto Milagre da Atenção Plena é a compreensão. Quando compreendemos algo geralmente dizemos: "Eu compreendo". Nós compreendemos algo que não tínhamos entendido antes. Observar e compreender vêm de dentro de nós. Quando estamos plenamente atentos, em contato profundo com o momento presente, nós podemos compreender e ouvir em profundidade, e os frutos são sempre a compreensão, a aceitação, o amor e o desejo de aliviar sofrimento e trazer alegria. Compreensão é a própria base do amor. Quando você compreende alguém, você não consegue deixar de amá-lo ou amá-la.

O Sétimo Milagre da Atenção Plena é a transformação. Quando praticamos a Atenção Correta, entramos em contato com os elementos saudáveis e revigorantes da vida, e começamos a transformar o nosso próprio sofrimento e o sofrimento do mundo. Queremos superar um hábito, como o de fumar, em prol da nossa saúde física e mental. Quando iniciamos a prática, a energia do nosso hábito ainda é mais forte do que a da nossa atenção, por isso não esperamos parar de fumar da noite para o dia. Só precisamos saber que estamos fumando quando estivermos fumando. À medida que continuamos a praticar, examinando profundamente e compreendendo os efeitos que o fumo tem sobre o nosso corpo, mente, família e comunidade, nós nos determinamos a parar de fumar. Isso não é fácil, mas a prática da atenção plena nos ajuda a ver claramente o desejo e os efeitos e, eventualmente, encontraremos um jeito de parar. A Sanga é importante. Um homem que veio a

Plum Village estava há anos tentando parar de fumar, mas não conseguia. Em Plum Village, ele passou o seu primeiro dia sem fumar, pois a energia do grupo era muito forte: "Ninguém está fumando aqui. Por que eu deveria fumar?" Pode ser que leve anos para que a energia do hábito seja transformada, mas, quando conseguimos isso, nós paramos a roda do *samsara*, o ciclo vicioso de sofrimento e confusão que vem continuando por muitas e muitas gerações.

A prática dos Sete Milagres da Atenção Plena nos ajuda a levar uma vida feliz e saudável, transformando sofrimento e produzindo paz, alegria e liberdade[34].

♣♣♣♣♣

No *Discurso sobre os Quatro Sustentáculos da Atenção Plena* (*Satipatthana Sutta*), Buda apresenta quatro objetos para a prática da plena atenção: o nosso **corpo**, os nossos **sentimentos**, a nossa **mente** e os **objetos da nossa mente**. Em muitos países budistas, monges e monjas memorizam este discurso, e o texto é lido para eles no momento em que estão partindo desta vida. É muito proveitoso ler, ao menos uma vez por semana, o *Discurso sobre os Quatro Sustentáculos da Atenção Plena*, e o *Discurso sobre a Consciência Plena da Respiração*[35] juntamente com o *Discurso para se Saber a Melhor Forma de Viver Sozinho*[36]. Talvez você queira guardar esses três discursos ao lado da cama e levá-los consigo quando viajar.

---

34 *Majjhima Nikaya* 10. Em chinês, *Madhyama Agama* 98. Cf. NHAT HANH, T. *Transformation and Healing*: Sutra on the Four Establishments of Mindfulness. Berkeley: Parallax Press, 1990.
35 *Anapanasati Sutta*; *Majjhima Nikaya* 118. Cf. NHAT HANH, T. *Breathe! You are Alive*: Sutra on the Full Awareness of Breathing. Berkeley: Parallax Press, 1996. O *Anapanasati Sutta* já estava disponível no Vietnã desde o século III. O mestre de meditação Tang Hôi, o primeiro patriarca *Dhyana* do Vietnã, escreveu um prefácio para este sutra, que ainda encontra-se disponível no cânone chinês.
36 *Bhaddekaratta Sutta*; *Majjhima Nikaya* 131. Cf. NHAT HANH, T. *Our Appointment with Life*: The Buddha's Teaching on Living in the Present. Berkeley: Parallax Press, 1990.

Os quatro sustentáculos da atenção plena são os alicerces do nosso lugar de moradia. Sem estes alicerces, nossa casa fica abandonada, sem que haja alguém para varrê-la, espaná-la ou arrumá-la. O nosso corpo fica desleixado, nossos sentimentos, cheios de sofrimento, e, nossa mente, com um monte de aflições. Quando estamos verdadeiramente em casa, nosso corpo, mente e sentimentos são um lugar de refúgio para nós mesmos e para os outros.

O primeiro sustentáculo é **a atenção plena do corpo *no corpo***. Tem muita gente que odeia o próprio corpo, e sente como se o próprio corpo fosse um obstáculo, e quer maltratá-lo. Quando a Irmã Jina, uma monja de Plum Village, ensina yoga, ela sempre começa dizendo: "Vamos nos conscientizar do nosso corpo. Inspirando, eu sei que estou aqui em pé no meu corpo. Expirando, eu sorrio para o meu corpo". Praticando dessa forma, renovamos a nossa familiaridade com nosso corpo e fazemos as pazes com ele. No discurso *Kayagatasati Sutta*, Buda expõe métodos que nos ajudam a saber o que está acontecendo em nosso corpo[37]. Observamos de um modo não dual, totalmente presente em nosso corpo, mesmo enquanto o observamos. Começamos por notar todas as posições e movimentos do nosso corpo: ao sentar, sabemos que estamos nos sentando; ao ficarmos em pé, ao andarmos ou nos deitarmos, sabemos que estamos ficando em pé, andando ou nos deitando. Quando praticamos dessa forma, a atenção plena está presente. Esta prática é chamada de "mero reconhecimento".

O segundo método, que Buda nos ensinou, de praticar a plena atenção do corpo no corpo é o de reconhecer cada uma das partes do corpo, desde o topo da cabeça às solas dos pés. Se tivermos cabelos loiros, reconhecemos e sorrimos para isso. Se tivermos cabelos grisalhos, reconhecemos e sorrimos para isso. Nós observamos se nossa testa está relaxada ou se está enrugada. Com atenção plena,

---

37 *Majjhima Nikaya* 119.

entramos em contato com o nosso nariz, boca, braços, coração, pulmões, sangue, e assim por diante. Buda descreveu a prática de reconhecer trinta e duas partes do nosso corpo, fazendo analogia a um fazendeiro que vai até o seu celeiro e traz um grande saco contendo feijões, grãos e sementes; ele coloca o saco no chão, abre-o e, enquanto derrama no chão os feijões, cereais e sementes, ele vai reconhecendo o arroz enquanto arroz, o feijão como sendo feijão, o gergelim na qualidade de gergelim, e assim por diante. Desse modo, reconhecemos nossos olhos como sendo nossos olhos e nossos pulmões como sendo nossos pulmões. Podemos praticar essa contemplação sentados ou deitados. Podemos passar cerca de meia hora explorando nosso corpo dessa maneira com atenção plena. Enquanto observamos cada parte do nosso corpo, sorrimos para ela. O amor e o carinho que essa meditação proporciona pode realizar um trabalho de cura.

O terceiro método que Buda nos ofereceu para praticarmos a atenção plena do corpo no corpo é o de identificar os elementos terra, água, fogo e ar, que compõem o nosso corpo: "Inspirando, eu vejo o elemento terra em mim. Expirando, eu sorrio para o elemento terra em mim". O "elemento terra" diz respeito às coisas sólidas. Quando vemos o elemento terra dentro e fora de nós, compreendemos que realmente não há uma divisão entre nós e o resto do universo. Depois disso, reconhecemos o elemento água que existe dentro e fora de nós: "Inspirando, estou consciente do elemento água no meu corpo". Nós meditamos no fato de o nosso corpo ser mais de 70% composto de água. Em seguida, reconhecemos o elemento fogo, que significa o calor, dentro e fora de nós. Para que a vida seja possível, deve haver calor. Praticando assim, vemos repetidas vezes que os elementos dentro e fora do nosso corpo pertencem à mesma realidade, e deixamos de estar confinados em nosso corpo. Estamos em toda parte.

O quarto elemento do nosso corpo é o ar. A melhor maneira de experimentar o elemento ar é respirar conscientemente: "Ao inspirar, sei que estou inspirando. Ao expirar, sei que estou expirando". Depois de ter falado essas frases, podemos abreviá-las dizendo "inspirando" durante a inspiração, e "expirando" durante a expiração. Não tentamos controlar nossa respiração. Se nossa respiração estiver longa ou curta, profunda ou rasa, apenas respiramos naturalmente e reluzimos atenção plena sobre a respiração. Ao fazer isso, notamos que, de fato, a nossa respiração está naturalmente se tornando mais lenta e mais profunda: "Inspirando, minha inspiração ficou mais profunda. Expirando, minha expiração se tornou mais lenta". Agora praticamos: "Profundamente/Lentamente". Não temos que dispender esforço. Nossa respiração se tornou mais profunda e mais lenta por si só, e simplesmente reconhecemos isso.

Depois você notará que está se sentindo mais calmo e aliviado: "Inspirando, eu me sinto mais calmo. Expirando, eu me sinto mais aliviado". Deixei de lutar e estou "acalmando/aliviando". Em seguida: "Inspirando, sorrio. Expirando, libero" – todas as minhas preocupações e ansiedades. "Sorrindo/Liberando". Somos capazes de sorrir para nós mesmos e liberar todas as nossas preocupações. Há mais de trezentos músculos em nosso rosto, e quando sabemos como inspirar e sorrir, esses músculos podem relaxar. Isso se chama "yoga da boca". Sorrimos e somos capazes de soltar todos os nossos sentimentos e emoções. A última prática é "Inspirando, eu habito profundamente o momento presente. Expirando, eu sei que este é um momento maravilhoso. *Momento presente/maravilhoso presente*". Nada é mais precioso do que viver no momento presente, inteiramente vivo e consciente.

Inspirando, expirando
Profundamente, lentamente
Acalmando, aliviando
Sorrindo, liberando
Momento presente, maravilhoso presente.

Se usar este poema quando estiver sentado ou andando em meditação, você poderá se sentir muito nutrido e curado. Pratique cada verso pelo tempo que desejar.

Outra prática que nos ajuda a estarmos conscientes da nossa respiração é a da contagem. Ao inspirar, conte "um", e ao expirar conte "um" de novo. Em seguida, "dois/dois", "três/três", até chegar em dez. Depois disso, inverta a contagem: "dez/dez", "nove/nove", e assim por diante, até chegar de volta ao "um". Se não se perder, você saberá que tem boa concentração. Caso se perca, recomece a contar do "um". Relaxe, isso é apenas uma brincadeira! Quando tiver conseguido contar até dez, você poderá deixar os números pra lá, se quiser, e simplesmente dizer "inspirando" e "expirando". Respirar conscientemente é uma alegria. Quando eu descobri o *Anapanasati Sutta*, que é o discurso de Buda sobre como respirar conscientemente, eu me senti a pessoa mais feliz da Terra. Esses exercícios foram transmitidos a nós por uma comunidade que vem praticando os mesmos por mais de 2.600 anos[38].

O segundo sustentáculo é **a atenção plena dos sentimentos nos sentimentos**. Os autores do *Abhidharma* listaram cinquenta e um tipos de formações mentais. Os sentimentos (*vedana*) é uma delas. Há um rio de sentimento em nós onde cada gota d'água é um sentimento diferente. Para observar nossos sentimentos, apenas nos sentamos na ribanceira de um rio e identificamos cada sentimento, enquanto passa fluindo e desaparece. Os sentimentos são agradáveis ou desagradáveis ou neutros.

Quando temos um sentimento agradável, pode ser que nos agarremos a ele, e quando um sentimento desagradável surge, podemos ficar propensos a afugentá-lo. Entretanto, em ambos os casos, é mais efetivo retornarmos à nossa respiração e simplesmente observar o sentimento, identificando-o silenciosamente: "Inspi-

---

38 Cf. NHAT HANH, T. *Breathe! You are Alive* [*Respire, você está vivo!*]. Op. cit.

rando, eu sei que um sentimento agradável (ou desagradável) está manifesto em mim. Expirando, eu sei que um sentimento agradável (ou desagradável) está manifesto em mim". Chamar o sentimento pelo verdadeiro nome dele, como "alegria", "felicidade", "raiva" ou "aflição" nos ajuda a identificá-lo e compreendê-lo em profundidade. Muitos sentimentos podem surgir numa fração de segundos.

Se nossa respiração estiver leve e calma — como resultado natural da respiração consciente —, nossa mente e corpo também vão, aos poucos, se tornando leves, calmos e límpidos. Nossos sentimentos não estão separados de nós nem são causados apenas por algo exterior a nós. Nossos sentimentos *somos* nós, e, naquele momento, nós *somos* aqueles sentimentos. Não precisamos nem ficar extasiados nem aterrorizados por eles, e tampouco precisamos rejeitá-los. A prática de não se agarrar ou rejeitar sentimentos é uma parte importante da meditação. Se enfrentarmos nossos sentimentos com carinho, afeição e sem violência, podemos transformá-los num tipo de energia saudável e nutridora. Quando surge um sentimento, a Atenção Correta o identifica; apenas identifica o que existe, e se aquilo é agradável, desagradável ou neutro. A Atenção Correta é como uma mãe. Quando o filho dela está uma doçura, ela o ama, e quando o seu filho está chorando, ela continua a amá-lo. Tudo o que acontece em nosso corpo e mente precisa ser cuidado de forma imparcial. Não lutamos. Dizemos "Olá!" para o nosso sentimento para que possamos vir a nos conhecer melhor. Então, da próxima vez que um sentimento surgir, vamos ser capazes de cumprimentá-lo com mais calma ainda.

Nós podemos acolher os nossos sentimentos, até mesmo os mais difíceis, como a raiva. Raiva é um fogo queimando dentro de nós e que espalha fumaça em todo o nosso ser. Quando estamos com raiva, precisamos nos acalmar: "Inspirando, acalmo minha raiva. Expirando, eu cuido da minha raiva". Logo que uma mãe segura nos braços o bebê chorando, o bebê já sente algum alívio. Ao envolvermos nossa raiva com Atenção Correta, sofremos menos imediatamente.

Todos nós temos emoções difíceis, mas ficaremos exauridos se deixarmos que essas emoções nos dominem. As emoções se fortalecem se não soubermos cuidar delas. Quando nossos sentimentos são mais fortes do que nossa atenção consciente, nós sofremos. Mas se respirarmos conscientemente dia após dia, essa prática se tornará um hábito. Não espere para começar a praticar quando um sentimento já tiver lhe dominado por completo. Pode ser que já seja tarde demais.

O terceiro sustentáculo é a **atenção plena da mente (*chitta*) na mente**. Estar consciente da mente é estar ciente das formações mentais (*chita samskara*). "Formação" (*samskara*) é um termo específico da terminologia budista. Qualquer coisa que seja "formada" ou criada por outra é uma formação. Uma flor é uma formação. Nossa raiva é uma formação – uma formação mental. Algumas formações mentais estão presentes o tempo inteiro e são chamadas de "universais" (contato, atenção, sentimento, percepção e volição). Algumas surgem somente sob certas circunstâncias (zelo, determinação, atenção consciente, concentração e sabedoria). Algumas formações mentais são inspiradoras (benéficas ou salutares) e nos ajudam a transformar nosso sofrimento, e outras são pesadas (doentias ou prejudiciais) e nos aprisionam em nosso sofrimento.

Certas formações mentais às vezes são benéficas e às vezes maléficas, como, por exemplo: a sonolência, o arrependimento, o pensamento inicial e o pensamento em construção. Quando nosso corpo e nossa mente precisam descansar, dormir faz bem. Mas se dormirmos o tempo inteiro, isso pode nos fazer mal. Se ferirmos alguém e nos arrependemos, esse arrependimento é salutar. Mas se o nosso arrependimento se transformar num complexo de culpa que colore tudo o que fizermos no futuro, esse arrependimento pode ser considerado doentio. Quando nosso pensamento nos ajuda a ver com clareza, é benéfico. Mas se nossa mente vive dispersa em todas as direções, esta forma de pensar é prejudicial.

Há muitos aspectos belos de nossa consciência como fé, humildade, respeito próprio, ausência de desejo, ausência de raiva, ausência de ignorância, diligência, bem-estar, cuidado, equanimidade e pacificidade. As formações mentais prejudiciais, por outro lado, são como uma bola de corda emaranhada. Quando tentamos desemaranhá-la, só ficamos mais enrolados no meio dela, até que não conseguimos nos mover. Essas formações mentais, às vezes, são chamadas de aflições (*kleshas*), por causarem dor para nós e os outros. Às vezes, são chamadas de obscurecimentos, porque nos confundem e nos fazem perder o caminho. Às vezes, são chamadas de vazamentos ou contrariedades (*ashrava*), porque são como um vaso rachado. As formações mentais prejudiciais básicas são: a ganância, o ódio, a ignorância, o orgulho, a dúvida e as visões. As formações mentais prejudiciais secundárias, que surgem das formações básicas, são: a raiva, a malícia, a hipocrisia, a malevolência, o ciúme, o egoísmo, o engano, a fraude, a animação perniciosa, o impudor, a arrogância, a estupidez, a agitação, a falta de fé, a indiferença, a negligência, a desmemória, a distração, a desatenção. De acordo com a escola budista Vijñanavada, existem ao todo cinquenta e um tipos de formações mentais, incluindo os sentimentos. Como sentimentos já é o segundo sustentáculo da atenção plena, as outras cinquenta formações caem na categoria do terceiro sustentáculo da atenção plena.

Toda vez que uma formação mental surgir, podemos praticar o mero reconhecimento. Quando estivermos agitados, dizemos simplesmente "eu estou agitado", e a atenção consciente já estará presente. Até que nós reconheçamos agitação como agitação, a agitação nos arremeterá, sem que saibamos o que está acontecendo nem o porquê disso. A prática de estar atento à própria mente não quer dizer que não haja agitação. Significa que, se estivermos agitados, sabemos que estamos agitados. A nossa agitação tem um relacionamento de amizade conosco, e isso é atenção consciente.

Mesmo antes da agitação mental se manifestar em nossa consciência mental, ela já existe, enquanto semente, em nossa consciência armazenadora. Todas as nossas formações mentais estão alojadas em nossa consciência armazenadora na forma de sementes. Alguém faz algo que pode regar nossa semente de agitação e fazer com que a agitação se manifeste em nossa consciência mental. Toda formação mental manifesta precisa ser reconhecida. Se for benéfica, a atenção consciente irá cultivá-la. Se for prejudicial, a atenção consciente vai encorajá-la a retornar à nossa consciência armazenadora e a ficar lá adormecida.

Podemos achar que a nossa agitação é só nossa, mas, ao examinarmos cuidadosamente, vemos que a mesma é uma herança de toda a nossa sociedade e de muitas gerações de ancestrais nossos. A consciência individual é composta de consciência coletiva, e a consciência coletiva é feita de consciências individuais. Essas consciências não podem ser separadas. Ao examinarmos profundamente nossa consciência individual, vamos entrar em contato com a consciência coletiva. Nossas ideias de beleza, de bondade e de felicidade, por exemplo, também são ideias da nossa sociedade. Todo inverno, os estilistas nos mostram a moda da próxima primavera, e nós olhamos suas criações através das lentes de nossa consciência coletiva. Quando compramos uma roupa que está na moda, é porque vemos com os olhos da consciência coletiva. Alguém que mora no alto da Amazônia não gastaria essa quantia de dinheiro para comprar uma roupa dessas. Ele ou ela não iria vê-la como sendo bela de forma alguma. Quando produzimos um trabalho literário, nós o produzimos com a nossa consciência coletiva e com a nossa consciência individual.

Nós geralmente descrevemos nossa consciência mental e nossa consciência armazenadora como duas coisas diferentes, mas a consciência armazenadora é simplesmente a consciência mental num nível mais profundo. Ao examinarmos cuidadosamente nossas formações mentais, podemos ver suas raízes em nossa consciência armazenadora. A atenção plena nos ajuda a examinar profundamente as profundezas da nossa consciência. Toda vez que alguma das cinquenta e uma formações mentais surgir, reconhecemos sua presença, examinamo-la profundamente e compreendemos sua natureza mutante e interdependente. Ao praticarmos isso, nos libertaremos do medo, da tristeza e das labaredas queimando dentro de nós. Quando envolvemos nossa alegria e tristeza e todas as outras formações mentais com atenção plena, mais cedo ou mais tarde veremos suas raízes profundas. Vemos as raízes das nossas formações mentais a cada passo e a cada respiração que damos em estado de consciência plena. A atenção consciente brilha sua luz sobre as nossas formações mentais ajudando-as a se transformarem.

O quarto sustentáculo é a **atenção plena dos fenômenos *(dharmas) nos fenômenos*.** "Fenômenos" significa "objetos mentais". Cada uma das nossas formações mentais tem que ter um objeto. Se estiver com raiva, você tem que estar com raiva de alguém ou de algo, e aquela pessoa ou coisa podem ser chamados de objetos mentais. Quando você se lembra de alguém ou de algo, isso é um objeto mental. Existem cinquenta e um tipos de formações mentais; portanto, existem cinquenta e um tipos de objetos mentais.

Quando estamos atentos a um pássaro cantando, aquele som é um objeto da nossa mente. Quando nossos olhos veem o céu azul, esse é um objeto da nossa mente. Quando olhamos para uma vela, uma ideia ou uma imagem de vela surgem em nossa mente. Aquele objeto de percepção é um sinal *(lakshana)*. Em chinês, o caractere de percepção se compõe de ideogramas para sinal e mente. A percepção é um sinal, uma imagem em nossa mente.

A "investigação dos *dharmas*" (*dharma-pravichaya*) é um dos **Sete Fatores do Despertar** (*bodhyanga*)[39]. Quando estivermos observando *dharmas*, há cinco tipos de meditação que podem nos ajudar a acalmar a mente: (1) contar a respiração, (2) observar o surgimento interdependente, (3) observar a impureza, (4) observar com amor e compaixão[40] e (5) observar os diferentes reinos.

Quais são os diferentes reinos? Primeiro, existem os Dezoito Elementos (*dhatus*): olhos, formas (os objetos da nossa visão), e a consciência que possibilita a visão, que chamamos de consciência ocular; ouvidos, sons e a consciência conectada à audição; nariz, olfato e a consciência conectada ao olfato; língua, paladar e a consciência conectada ao paladar; corpo, tato e a consciência conectada ao tato; mente, objeto mental e a consciência mental. Esses Dezoito Elementos fazem com que seja possível a existência do universo. Se examinarmos profundamente os Dezoito Elementos, e compreendermos a essência e origem deles, nós seremos capazes de ir além da ignorância e dos medos.

No *Bahudhatuka Sutta*[41], o *Discurso sobre os Muitos Reinos*, Buda ensinou que todas as nossas ansiedades e dificuldades vêm da nossa inabilidade de compreender a verdadeira face ou o verdadeiro sinal das coisas, e isso significa que, embora vejamos a aparência dos fenômenos, não conseguimos reconhecer a natureza mutante e interdependente dos mesmos. Se estivermos com medo ou inseguros, a raiz do nosso medo ou da nossa insegurança deve-se

---

39 Os Sete Fatores do Despertar são: atenção plena, investigação dos fenômenos, diligência, alegria, bem-estar, concentração e deixar ir [ou deixar pra lá, tirar algo da mente]. Cf. cap. 26.
40 A Escola Terra Pura substitui esta meditação com a contemplação do Buda Amida. De fato, quando contemplamos Buda Amida, estamos o observando com amor e compaixão, porque todo Buda é a corporificação do amor e da compaixão. O que significa recitar o nome de um Buda? Significa convidar alguém muito querido para entrar em nossa sala de estar. Toda vez que a semente de um Buda estiver em nossa consciência mental, serão plantadas sementes de amor e compreensão. Se convidarmos mara para entrar, mara não plantará essas sementes. Atenção consciente significa, acima de tudo, lembrar-se de que a natureza de Buda existe em nós.
41 *Majjhima Nikaya* 115.

ao fato de que nós ainda não vimos a verdadeira face de todos os *dharmas*. Se nós investigarmos e examinarmos profundamente os Dezoito Elementos, poderemos transformar nossa ignorância e superar o medo e a insegurança.

Um dia, durante a meditação sentada, o Venerável Ananda compreendeu que todas as ansiedades, medos e infortúnios surgiam porque não compreendemos a verdadeira natureza dos fenômenos físicos e psicológicos. Ele depois perguntou a Buda se isso estava correto, e Buda disse que sim, e explicou primeiro a necessidade de se penetrar os Dezoito Elementos.

Ananda então perguntou: "É possível penetrar os Dezoito Elementos de uma outra maneira?" E Buda respondeu: "Sim, nós podemos dizer que existem Seis Elementos". Esses são os Quatro Grandes Elementos (*mahabhuta*): terra, água, fogo e ar, somados ao espaço e à consciência. Todos os fenômenos físicos são compostos desses Seis Elementos. Se observarmos esses Seis Elementos dentro de nós e à nossa volta, nós podemos ver que não estamos separados do universo. Esse *insight* nos liberta da ideia de nascimento e morte.

Então, Buda ensinou Ananda sobre os Seis Reinos – felicidade (*sukha*), sofrimento (*dukkha*), alegria (*mudita*), ansiedade (*domanassa*, em páli), deixar ir (*upeksha*) e ignorância (*avidya*). A felicidade pode ser verdadeira ou ilusória; portanto, nós temos que examinar sua essência e ir além do apego. A verdadeira felicidade irá beneficiar e nutrir a nós mesmos e aos outros. A felicidade ilusória traz prazer temporário e nos ajuda a esquecer nosso sofrimento, mas não traz um benefício duradouro e pode realmente ser prejudicial, como um cigarro ou uma taça de vinho. Quando algo nos faz sofrer, se observarmos profundamente aquilo, podemos compreender que é exatamente o que precisávamos para restaurar nossa felicidade. De fato, o sofrimento é essencial à felicidade. Nós temos que experimentar o sofrimento de sentir muito frio para gostar e apreciar o fato de estarmos aquecidos. Se observarmos em profundidade o reino da alegria, podemos ver se o mesmo é autêntico ou se está simplesmente encobrindo o nosso sofrimento e a nossa ansiedade. Ansiedade, a doença do nosso tempo, vem principalmente da nossa inabilidade de habitar no momento presente.

Deixar ir ou deixar pra lá é uma prática contínua, uma prática que pode nos trazer muita felicidade. Quando uma mulher vietnamita, que fugia de barco do seu país, teve todo o seu ouro roubado em alto-mar, ela ficou tão perturbada que considerou o suicídio. Mas, em terra firme, ela se encontrou com um homem que tinha perdido até as roupas dele num assalto, e vê-lo sorrindo a ajudou muito. O homem tinha realmente deixado aquilo pra trás. Deixar pra lá nos dá liberdade, e liberdade é a única condição para a felicidade. Se, em nosso coração, nós ainda estivermos nos agarrando a qualquer coisa – seja raiva, ansiedade ou posses – nós não podemos ser livres.

Buda ensinou uma outra lista dos Seis Reinos: anseio (*kama*), liberdade do anseio (*nekkhama*)[42], raiva (*vyapada*), ausência de raiva (*avyapada*), injúria (*vihimsa*) e ausência de injúria (*avihimsa* ou *ahimsa*). Se nós examinarmos em profundidade os nossos anseios, veremos que já temos aquilo que desejamos ardentemente, pois tudo já é uma parte de tudo o mais. Este *insight* pode nos levar do reino do anseio para o reino da liberdade. O fogo da raiva queima dia e noite, em nós, causando-nos sofrimento – queima até mais do que a pessoa de quem estamos com raiva. Na ausência da raiva, nós nos sentimos leves e livres. Viver num reino onde não há injúria significa amar. Nosso mundo está cheio de ódio e violência, porque nós não aproveitamos o tempo para nutrir o amor e a compaixão que já existem em nossos corações. Não injuriar é uma prática importante.

---

42 *Nekkhama*, em páli, é uma palavra que não tem equivalente em sânscrito. Não sabemos qual foi a palavra usada nos textos sânscritos originais, já que os mesmos se perderam.

Existem outros três reinos: o reino do desejo, o reino da forma e o reino sem forma. Os reinos da forma e sem forma descrevem certos estados de concentração meditativa. No reino da forma, as coisas materiais são pouco sutis. No reino sem forma, elas são muito sutis. No reino do desejo, as coisas materiais estão presentes em suas formas mais grosseiras e lá os seres humanos não meditam. Esses três reinos são produzidos pela nossa mente. Se nossa mente possui anseio, raiva e injúria, somos como uma casa pegando fogo. Se o anseio, a raiva e a injúria estiverem ausentes de nossas mentes, nós produzimos um lago de lótus límpido e refrescante[43]. Toda vez que praticamos a Atenção Plena Correta é como mergulharmos neste lago refrescante. Se estivermos parados em pé, só temos que saber que estamos em pé parados. Se estivermos sentados, só precisamos saber que estamos sentados. Não temos que adicionar ou retirar coisa alguma. Só precisamos estar conscientes.

Finalmente, Buda ensinou a meditação sobre os Dois Reinos: o reino condicionado (*samskrita*) e o reino incondicionado (*asamskrita*). No reino condicionado existe nascimento, morte, antes, depois, interior, exterior, pequeno e grande. No mundo incondicionado nós não estamos mais sujeitos a nascimento e morte, chegar e partir, antes e depois. O reino condicionado pertence à dimensão histórica. É a onda. O reino incondicionado pertence à dimensão suprema. É a água. Estes dois reinos não estão separados.

Para libertar-se de visões estreitas, alcançar o destemor e a grande compaixão, pratique as contemplações na interdependência, impermanência e compaixão. Sentado em meditação, direcione sua concentração para a natureza interdependente de certos objetos. Lembre-se de que o sujeito do conhecimento não pode existir independentemente do objeto do conhecimento. Compreender

---

43 Em "Universal Door" ["Porta universal"], capítulo do *Sutra do Lótus*, está dito que a atenção consciente do Bodhisattva da Compaixão pode transformar as labaredas que estão prestes a nos queimar em um lago de lótus límpido e refrescante.

significa compreender algo. Ouvir significa ouvir algo. Estar com raiva significa estar com raiva de algo. Ter esperança significa ter esperança em algo. Pensar significa pensar sobre alguma coisa. Sem a presença do objeto de conhecimento não pode haver sujeito. Medite e compreenda a existência inter-relacionada de sujeito e objeto. Enquanto pratica a atenção plena da respiração, respirar *é* mente. Enquanto pratica a atenção plena do corpo, o seu corpo *é* mental. Enquanto pratica a atenção plena dos objetos externos a você, esses objetos são mentais. Portanto, a contemplação da existência inter-relacionada de sujeito e objeto também é contemplação da mente. Todo objeto da mente é a própria mente. No budismo, nós chamamos os objetos da mente de *dharmas*.

A contemplação da interdependência é um olhar profundo em todos os *dharmas* a fim de penetrar a verdadeira natureza dos mesmos, para compreendê-los como uma parte de um grande corpo de realidade e compreender que este grande corpo da realidade é indivisível. Não pode ser cortado em pedaços separados com existências próprias.

O objeto de nossa mente pode ser uma montanha, uma rosa, a lua cheia, ou uma pessoa diante de nós. Nós acreditamos que essas coisas existem fora de nós como entidades separadas, mas esses objetos da nossa percepção *somos* nós. Inclusive os nossos sentimentos. Quando odiamos alguém, nós estamos também nos odiando. O objeto da nossa atenção plena é realmente todo o cosmos. O estado de consciência plena engloba a atenção plena do corpo, dos sentimentos, das percepções, qualquer uma das formações mentais, e todas as sementes adormecidas em nossa consciência. Os quatro sustentáculos da atenção plena contêm tudo o que existe no cosmos. Tudo no cosmos é objeto de nossa percepção, e, como tal, não existe somente fora como também dentro de nós.

Se contemplarmos profundamente o broto de uma árvore, vamos compreender sua natureza. Ele pode ser muito pequeno, mas também é como a terra, porque a folha do botão se tornará parte da terra. Se compreendermos a verdade de algo do cosmos, compreenderemos a natureza do cosmos. Devido à nossa atenção plena, o nosso olhar profundo, a natureza do cosmos se revelará para nós. Não se trata de impormos nossas ideias sobre a natureza do cosmos.

🙠🙠🙠🙠🙠

Sentar e observar a respiração é uma prática maravilhosa, mas não é suficiente. Para que a transformação aconteça, temos que estar praticando a atenção plena o dia inteiro, não somente sentados na almofada de meditação. Atenção plena é Buda. Assim como a vegetação é sensível à luz do sol, as formações mentais são sensíveis à atenção plena. Atenção plena é a energia que pode envolver e transformar todas as formações mentais. Atenção plena nos ajuda a abandonar "percepções de ponta-cabeça" e nos desperta para o que está acontecendo. Quando Thich Quang Duc transformou-se numa tocha humana, pessoas em toda parte do mundo tiveram que reconhecer que o Vietnã era uma terra pegando fogo, e tiveram que tomar uma atitude. Quando praticamos a atenção plena, entramos em contato com a vida, e podemos oferecer o nosso amor e a nossa compaixão para diminuir o sofrimento e fazer brotar alegria e felicidade.

Não se perca no passado. Não se perca no futuro. Não fique aprisionado em sua raiva, preocupações ou medos. Retorne ao momento presente e entre em contato com a vida profundamente. Isto é atenção plena. Não podemos estar atentos a tudo ao mesmo tempo, então temos que escolher, como objeto da nossa atenção plena, o que acreditamos ser mais interessante. O céu azul é maravilhoso, mas o belo rosto de uma criança também é maravilhoso. O essencial é estar vivo e presente para todas as maravilhas da vida, que estão disponíveis.

Em várias palestras, Buda falou sobre o Treinamento Triplo dos preceitos, concentração e discernimento. A prática dos preceitos (*shila*) é a prática da Atenção Plena Correta. Se não praticarmos os preceitos, não estamos praticando a atenção plena. Eu conheço alguns alunos do zen-budismo que acreditam que podem praticar meditação sem praticar os preceitos, mas isso não está certo. O cerne da meditação budista é a prática da atenção plena, e a atenção plena é a prática dos preceitos. Você não consegue meditar sem praticar os preceitos[44].

Quando praticamos a atenção plena, geramos internamente e à nossa volta a energia de um Buda, e esta é a energia que pode salvar o mundo. Um Buda é alguém que vive o dia inteiro em estado de atenção consciente. Nós somos apenas budas por meio expediente. Nós inspiramos e usamos os nossos olhos búdicos para enxergar com a energia da atenção consciente. Quando ouvimos com os nossos ouvidos búdicos, somos capazes de restaurar a comunicação e aliviar muito sofrimento. Quando colocamos a energia da atenção consciente em nossas mãos, nossas mãos búdicas protegerão a segurança e a integridade daqueles que amamos.

Olhe profundamente para suas mãos e veja se o olho de Buda está nela. Nos templos tibetanos, chineses, coreanos, vietnamitas e japoneses, há um bodhisattva com mil braços – é necessário ter este tanto de braços para ajudar os outros – e na palma de cada mão tem um olho. A mão representa ação e o olho representa discernimento e compreensão. Sem compreensão, nossas ações podem causar sofrimento aos outros. Pode ser que estejamos motivados pelo desejo de fazer os outros felizes, mas se não tivermos compreensão, quanto mais fizermos mais confusão podemos criar.

---

[44] Cf. NHAT HANH, T. *For a Future to be Possible* [*Para que um futuro seja possível*]. Op. cit. Cf. tb. o cap. 13.

Somente se for feito de compreensão, o nosso amor será amor verdadeiro. Atenção plena é a energia que traz os olhos de um buda para nossas mãos. Com atenção plena nós podemos mudar o mundo e trazer felicidade para muita gente. Isso não é uma abstração. É possível, para cada um de nós, gerar a energia da atenção plena a cada momento do nosso cotidiano.

12
Fala Correta

"Ciente do sofrimento causado pela fala descuidada e inabilidade de ouvir os outros, eu me comprometo a cultivar a fala amorosa e a escuta profunda para levar alegria e felicidade às outras pessoas e aliviar o sofrimento delas. Sabendo que as palavras podem criar alegria ou sofrimento, estou determinado(a) a falar honestamente, com palavras que inspiram autoconfiança, alegria e esperança. Eu não vou espalhar notícias que não sei se são verídicas, e não vou criticar ou condenar coisas das quais não tenho certeza. Vou me abster de articular palavras que possam causar divisão ou discórdia, ou que possam provocar um rompimento na família ou na comunidade. Estou determinado(a) a fazer todos os esforços para reconciliar e resolver todos os conflitos, por menores que sejam".

Este é o Quarto Treinamento da Atenção Plena[45], e o mesmo oferece uma descrição muito boa da Fala Correta (*samyak vac*).

Atualmente, as técnicas de comunicação se tornaram muito sofisticadas. Não requer tempo algum para que as notícias sejam enviadas de um lado a outro do planeta. Mas, ao mesmo tempo, a comunicação entre as pessoas se tornou muito difícil. Os pais não conseguem conversar com seus filhos e filhas. Os maridos não conseguem conversar com suas esposas, nem parceiros com parceiros. A

---
45 Cf. ibid.

comunicação está bloqueada. Estamos numa situação muito difícil, não somente na relação entre países, como também de pessoa para pessoa. Por isso é muito importante praticar o Quarto Treinamento da Atenção Plena.

A explicação clássica do que significa Fala Correta é esta: (1) **Falar honestamente.** Quando algo é verde, nós dizemos que é verde e não púrpura. (2) **Não falar com uma língua forquilhada.** Nós não dizemos uma coisa para uma pessoa e outra coisa para outra. É claro que podemos descrever a verdade de várias maneiras para ajudar os diversos ouvintes a compreender o que estamos querendo dizer, mas devemos ser sempre leais com a verdade. (3) **Não falar com crueldade.** Nós não gritamos, caluniamos, amaldiçoamos, estimulamos o sofrimento ou criamos ódio. Até mesmo aqueles que têm um bom coração e não querem ferir os outros, às vezes deixam que palavras tóxicas escapem dos seus lábios. Em nossa mente existem sementes búdicas e também muitos estorvos ou formações internas (*samyojana*). Quando falamos algo venenoso, geralmente é devido às energias dos nossos hábitos. Nossas palavras são muito poderosas. Elas podem gerar um complexo em alguém, roubar o propósito de vida daquela pessoa, ou até mesmo levá-la ao suicídio. Não devemos nos esquecer disso. (4) **Não exagerar ou enfeitar.** Não fazemos um drama desnecessariamente, fazendo com que as coisas soem melhor, pior ou mais extremadas do que realmente são. Se alguém estiver um pouco irritado, não dizemos que a pessoa está furiosa. A prática da fala correta é tentar transformar os nossos hábitos para que a nossa fala provenha da nossa semente búdica interna, e não das nossas sementes prejudiciais, malresolvidas[46].

A Fala Correta está baseada no Pensamento Correto. Falar é a forma do nosso pensamento se expressar em voz alta. Nossos

---

46 Cf. *Samyukta Agama* 785 e *Majjhima Nikaya* 117. Cf. tb. NHAT HANH, T. *For a Future to be Possible*. Op. cit.

pensamentos deixam de ser posses privadas nossas. É como se déssemos fones de ouvido para os outros e permitíssemos que eles escutassem a fita de áudio tocando em nossa mente. Certamente há certos pensamentos nossos que não queremos falar, e uma parte da nossa consciência tem que desempenhar o papel de editor. Se expressarmos algum pensamento nosso que achamos que pode ser criticado pelos outros, o editor vai censurá-lo. Às vezes, quando um terapeuta ou um amigo nos faz uma pergunta inesperada, somos provocados a falar a verdade que queríamos esconder.

Às vezes, quando existem blocos de sofrimento em nós, estes blocos de sofrimento podem se manifestar em discursos (ou ações) sem terem atravessado via pensamento. Nosso sofrimento cresceu e não pôde mais ser reprimido, especialmente porque não estivemos praticando a Atenção Correta. Expressar nosso sofrimento pode nos prejudicar e também prejudicar outras pessoas, mas quando não praticamos a Atenção Correta, talvez não saibamos o que está se desenvolvendo dentro de nós. Desse modo, dizemos ou escrevemos coisas que não queríamos ter dito, ou não sabemos de onde vieram nossas palavras. Não tínhamos a intenção de dizer algo que poderia ferir os outros, no entanto falamos essas palavras. Temos toda a intenção de falar somente palavras que resultem em reconciliação e perdão; e, entretanto, dizemos coisas muito indelicadas. Para regar sementes de paz dentro de nós, temos que praticar a Atenção Correta quando estivermos andando, sentados, em pé, e assim por diante. Com Atenção Correta, vemos com clareza todos os nossos pensamentos e sentimentos, e sabemos se este ou aquele pensamento é prejudicial ou está nos ajudando. Quando nossos pensamentos saem da nossa mente em forma de fala, se a Atenção Correta continuar os acompanhando, nós saberemos se o que estamos dizendo é útil ou se está criando problemas.

Escutar profundamente é o fundamento da Fala Correta. Se não conseguimos ouvir com plena atenção, não conseguiremos praticar a Fala Correta. Não importa o que dissermos, não será atencioso, pois estaremos simplesmente expressando nossas próprias ideias, mas não em resposta ao que ouvimos do outro. No *Sutra do Lótus*, somos aconselhados a ver e ouvir com olhos e ouvidos compassivos. Escuta compassiva faz a cura surgir. Quando alguém nos escuta dessa maneira, nós nos sentimos aliviados imediatamente. Um(a) bom(a) terapeuta sempre pratica a escuta compassiva profunda. Temos que aprender a fazer o mesmo para curar as pessoas que amamos e restaurar nossa comunicação com elas.

Quando a comunicação é interrompida, todos nós sofremos. Quando ninguém nos ouve ou nos compreende, nós nos tornamos como uma bomba pronta para explodir. Restabelecer a comunicação é uma tarefa urgente. Às vezes, apenas dez minutos de escuta profunda pode nos transformar e trazer de volta um sorriso aos nossos lábios. A Bodhisattva Kwan Yin é aquela que ouve os clamores do mundo. Ela tem a qualidade de saber ouvir profundamente, sem julgar ou reagir. Quando ouvimos com todo o nosso ser, podemos desativar muitas bombas. Se a outra pessoa sentir que estamos criticando o que estamos ouvindo, o sofrimento dela não será aliviado. Quando os psicoterapeutas praticam a Escuta Correta, seus pacientes têm a coragem de dizer coisas que nunca tinham sido capazes de dizer antes a ninguém. A escuta profunda nutre ambos: quem fala e quem ouve.

Muitos de nós perdemos a capacidade de ouvir e de falar amorosamente com nossos familiares. Pode ser que ninguém seja capaz de ouvir o outro. Então nos sentimos muito solitários até mesmo no seio de nossas próprias famílias. Por isso, temos que ir a um(a) terapeuta, na esperança de que ele(a) seja capaz de nos ouvir. Mas muitos terapeutas também têm sofrimentos profundos dentro deles. Às vezes nem conseguem ouvir tão profundamente quanto gostariam. Portanto, se você realmente ama alguém, treine-se para ser um ouvinte. Seja um terapeuta. Você pode ser o melhor terapeuta para quem ama se souber dominar a arte da escuta profunda e compassiva. Você deve usar também a fala amorosa. Nós perdemos a capacidade de dizer as coisas calmamente. Ficamos irritados com muita facilidade. Toda vez que abrimos a boca, nossa fala se torna azeda ou amarga. Sabemos que isso é verdade. Nós perdemos a capacidade de falar de forma amável. Este é o Quarto Treinamento da Atenção Plena, que é tão crucial para restabelecer relacionamentos pacíficos e amorosos. Se você for malsucedido neste treinamento, não conseguirá restabelecer a harmonia, o amor e a felicidade. Por isso, praticar o Quarto Treinamento é uma grande bênção.

Muitas famílias, casais e relacionamentos se romperam porque nós perdemos a capacidade de ouvir uns aos outros com calma e compaixão. Perdemos a capacidade de falar de maneira calma e amorosa. O Quarto Treinamento é muito importante para que a comunicação entre nós seja restabelecida. Praticar o Quarto Treinamento na arte de ouvir a na arte de falar de forma carinhosa é uma grande bênção. Por exemplo, um membro da família pode sofrer muito e ninguém daquela família foi capaz de sentar-se calmamente para ouvi-lo. Se alguém for capaz de sentar-se calmamente para ouvi-lo com todo o coração, por uma hora, aquela pessoa vai se sentir muito aliviada do seu sofrimento. Se você sofre muito e ninguém foi capaz de ouvir o seu sofrimento, o seu sofrimento permanecerá ali. Mas se alguém for capaz de lhe ouvir e compreender, você se sentirá aliviado depois de estar uma hora juntos.

No budismo, nós falamos da Bodhisattva Avalokiteshvara, Kwan Yin, alguém que possui grande capacidade de ouvir com compaixão e presença verdadeiras. *Kwan Yin* significa aquela que consegue ouvir e compreender o som do mundo, os gritos de sofrimento. Os psicoterapeutas tentam praticar o mesmo. Eles se sentam calmamente com muita compaixão e ouvem você. Ouvir dessa forma significa não julgar, criticar, condenar ou avaliar, mas ouvir com o único propósito de ajudar a outra pessoa a sofrer menos. Se forem capazes de ouvir você dessa maneira por uma hora, você se sentirá muito melhor. Mas os psicoterapeutas têm que praticar para que possam sempre manter a compaixão, a concentração e a escuta profunda. Caso contrário, a qualidade da escuta deles será muito pobre e você não se sentirá melhor após aquela hora de escuta. Você tem que se dedicar à prática de respirar conscientemente para que a compaixão sempre esteja com você. "Eu não estou lhe ouvindo somente porque quero saber o que está dentro de você, ou para lhe dar conselhos. Estou lhe ouvindo porque quero aliviar o seu sofrimento." Isso se chama escuta compassiva. Você tem que ouvir de uma maneira que a compaixão esteja presente em você durante todo o tempo em que estiver ouvindo. Essa é a arte. Se no meio da escuta surgirem irritação e raiva, você não pode continuar a ouvir. Você tem que praticar de uma forma tal, que toda vez que surgirem as energias de irritação e raiva, você possa inspirar e expirar atenta e conscientemente e continuar mantendo a compaixão dentro de si. É com compaixão que você consegue ouvir o outro. Não importa o que a pessoa diga, mesmo que haja muita informação errada e injustiça na maneira de ela ver as coisas, mesmo que ela lhe condene ou culpe, continue sentado muito calmamente inspirando e expirando. Mantenha sua compaixão dentro de si por uma hora. Isso se chama escuta compassiva. Se você conseguir ouvir desse modo por uma hora, a outra pessoa se sentirá muito melhor.

Se sentir que não está conseguindo continuar a ouvir desse modo, peça ao seu amigo: "Querido amigo, será que poderíamos continuar dentro de alguns dias? Eu preciso me refazer. Preciso praticar para que eu possa lhe ouvir dando o melhor de mim". Se você não estiver em forma, não ouvirá da melhor forma possível. Você precisa se empenhar mais nas práticas de andar em meditação, respirar conscientemente, sentar em meditação a fim de restabelecer sua capacidade de ouvir compassivamente. Esta é a prática do Quarto Treinamento da Atenção Plena – treinar-se para ouvir com compaixão. Isso é muito importante, é uma grande dádiva. Nós, às vezes, falamos de forma grosseira e criamos nós internos nos outros. Então dizemos: "Eu só estava dizendo a verdade". Pode ser que seja a verdade, mas se a nossa maneira de falar causa sofrimento desnecessário, não é Fala Correta. A verdade deve ser apresentada de maneira que os outros possam aceitar. Palavras que prejudicam ou destroem não são Fala Correta. Antes de falar, compreenda a pessoa com quem você está falando. Considere cada palavra cuidadosamente antes de dizer qualquer coisa, para que a sua fala seja "correta" tanto na forma quanto no conteúdo. O Quarto Treinamento da Atenção Plena também tem a ver com a fala amorosa. Você tem direito de dizer ao outro tudo o que está no seu coração, desde que você se expresse somente através da fala afetuosa. Se não estiver sendo capaz de falar com tranquilidade, então fique calado neste dia. "Desculpe-me, meu querido, permita-me falar sobre isso com você amanhã ou depois de amanhã. Hoje eu não estou bem. Receio dizer coisas indelicadas. Permita-me falar sobre isso noutro dia." Abra a boca e fale somente quando tiver certeza de que você pode se expressar de forma calma e carinhosa. Você precisa de treino para ser capaz de fazer isso.

No *Sutra do Lótus*, um bodhisattva chamado de Wondrous Sound (som maravilhoso) era capaz de falar com cada pessoa na própria língua dele ou dela. Para alguém que precisasse da linguagem musical, ele usava música. Para os que compreendiam a linguagem das drogas, ele falava em termos de drogas. Cada palavra que o Bodhisattva Wondrous Sound falava estabelecia uma comunicação que ajudava as pessoas a se transformarem. Nós podemos fazer o mesmo, mas isso exige determinação e habilidade.

Quando duas pessoas não estão se entendendo, nós podemos ir até uma e falar de forma positiva sobre a outra, e depois ir para a outra e falar de forma construtiva sobre a primeira. Quando a pessoa

"A" sabe que a pessoa "B" está sofrendo, há muito mais chance de "A" compreender e apreciar "B". A Arte da Fala Correta precisa da Visão Correta, do Pensamento Correto e também da Ação Correta. Cartas escritas são formas de discursos. Pode ser que às vezes seja mais prudente escrever uma carta do que conversar, porque você tem tempo de ler o que escreveu antes de enviá-la. Enquanto lê suas palavras, você pode visualizar a outra pessoa recebendo sua carta e decidir se o que escreveu está convincente e apropriado. Para sua carta ser considerada uma Fala Correta, tem que regar as sementes de transformação na outra pessoa e ativar algo no coração dela. Se alguma frase puder ser malcompreendida ou perturbadora, reescreva-a. A Atenção Plena Correta lhe diz se você está expressando a verdade da forma mais habilidosa possível. Uma vez que sua carta tenha sido enviada, você não poderá tê-la de volta. Portanto, leia atentamente sua carta várias vezes antes de enviá-la. Uma carta como esta vai beneficiar vocês dois.

É claro que você sofreu, mas a outra pessoa também sofreu. Por isso, escrever é uma prática muito boa. Escrever é uma prática de examinar profundamente. Você só envia a carta quando estiver certo de que você a examinou profundamente. Você não precisa acusar ninguém. Apenas precisa mostrar que tem uma compreensão mais aprofundada. É verdade que a outra pessoa sofre, e só isso é digno da sua compaixão. Quando você começa a compreender o sofrimento da outra pessoa, a compaixão surgirá em você, e a linguagem que você usar terá o poder de cura. Compaixão é a única energia que pode nos ajudar a nos conectar com o outro. A pessoa que não tem compaixão alguma dentro de si não poderá ser feliz nunca. Quando você pratica observando a pessoa para quem você vai escrever uma carta, se conseguir compreender o sofrimento dele ou dela, a compaixão brota em você. Logo que a compaixão brotar em você, você já se sentirá melhor, até mesmo antes de terminar a carta. Depois de enviá-la, você se sente ainda melhor, por saber que a outra pessoa vai se sentir bem depois de ter lido sua carta. Todo mundo precisa de compreensão e de aceitação. E agora você tem compreensão para oferecer. Se escrever uma carta como essa, você restaura a comunicação.

Escrever um livro ou um artigo pode ser feito do mesmo jeito. Escrever é uma prática profunda. Mesmo antes de começarmos a escrever, durante o tempo em que estamos fazendo qualquer coisa – jardinando, varrendo o chão – nosso livro ou ensaio já está sendo escrito em nossa consciência. Quando escrevermos um livro, nós devemos escrevê-lo com toda a nossa vida, e não somente durante os momentos em que estivermos sentados diante da nossa escrivaninha. Quando escrevemos um livro ou um artigo, sabemos que nossas palavras vão afetar muitas outras pessoas.

Não temos o direito de simplesmente expressar os nossos próprios sofrimentos se estes trazem sofrimento aos outros. Muitos livros, poemas e canções roubam nossa fé na vida. Os jovens de hoje se contorcem na cama com os seus fones de ouvidos, ouvindo músicas prejudiciais, canções que regam suas sementes de grande tristeza e agitação. Quando praticamos a Visão Correta e o Pensamento Correto, nós colocamos numa caixa todas as nossas fitas e CDs que regam somente as sementes da angústia e deixamos de ouvi-los. Os cineastas, músicos e escritores precisam praticar a Fala Correta para ajudar a nossa sociedade a se mover novamente na direção da paz, alegria e fé no futuro.

Meditar ao telefone é outra prática que pode nos ajudar a cultivar a Fala Correta:

> As palavras podem se deslocar milhares de quilômetros.
> Que minhas palavras possam criar compreensão e amor mútuos,
> que elas sejam tão belas quanto joias,
> tão encantadoras quanto flores[47].

---

47 NHAT HANH, T. *Present Moment Wonderful Moment*: Mindfulness Verses for Daily Living. Berkeley: Parallax Press, 1990, p. 69.

Pode ser que você queira escrever este *gatha* (pequeno poema) num pedaço de papel e colá-lo com fita adesiva próximo ao telefone. Assim, toda vez que você estiver prestes a fazer uma chamada telefônica, coloque a mão no telefone e recite estas palavras. Este *gatha* expressa a determinação de praticar a Fala Correta. Até mesmo enquanto pronuncia essas palavras, sua mente já se torna mais tranquila e com maior clareza pra discernir. A pessoa, para quem você está ligando, vai ouvir o frescor da sua voz e suas palavras vão trazer grande felicidade pra ela, e não causar sofrimento.

À medida que nossa prática meditativa se aprofunda, nós ficamos muito menos aprisionados em palavras. Capazes de praticar o silêncio, somos livres como um pássaro em contato com a essência das coisas. O fundador de uma das escolas vietnamitas do zen-budismo escreveu: "Não me faça mais perguntas. Minha essência não tem palavras"[48]. Para praticar a fala consciente, temos que às vezes praticar o silêncio. Depois podemos examinar mais profundamente para entender quais são as nossas visões e quais são os nós internos que fazem surgir nosso pensamento. Silêncio é um momento de olhar com maior profundidade. Tem momentos em que o silêncio significa a verdade, e este é chamado de "silêncio trovejante". Confúcio disse: "Os céus não falam coisa alguma". Isso também significa que os céus falam muita coisa para nós, mas não sabemos escutá-los. Se escutarmos a partir do silêncio, os cantos dos pássaros e os assobios dos pinheiros ao vento falarão conosco. No *Sutra Sukhavati* está dito que um milagre acontece toda vez que o vento sopra atravessando as árvores enfeitadas de joias. Se escutarmos minuciosamente este som, vamos ouvir Buda ensinando as Quatro Nobres Verdades e o Nobre Caminho Óctuplo. A Atenção Correta nos ajuda a desacelerar e a ouvir cada palavra dos pássaros, das árvores, da nossa mente e fala. Quer estejamos

---

48 Vô Ngôn Thông, d. 826.

falando algo ou respondendo de forma muito impaciente, nós escutamos o que estamos falando. Palavras e pensamentos podem ser fatias. Não podemos apoiar atos destruidores em nosso pensamento ou fala. Se você estiver trabalhando onde é impossível dizer a verdade, é provável que você tenha que mudar de emprego. Se, no seu trabalho, é permitido falar a verdade, por favor, seja grato(a) por isso. Para praticar a justiça social e a não exploração, temos que usar a Fala Correta.

13
Ação Correta

Ação Correta (*samyak karmanta*) significa Ação Correta do corpo. Esta é a prática de tocar o amor e evitar ofensas, é a prática da não violência em relação a nós mesmos e aos outros. O princípio fundamental da Ação Correta é agir sempre de forma atenta e consciente.

A Ação Correta está intimamente relacionada a quatro dos Cinco Treinamentos da Atenção Plena[49]. O Primeiro Treinamento da Atenção Plena nos convida a ter reverência pela vida:

Ciente do sofrimento causado pela destruição da vida, eu me comprometo a cultivar a compaixão e a aprender formas de proteger as vidas das pessoas, dos animais, das plantas e dos minerais. Estou determinado(a) a não matar, a não permitir que outros matem, e a não apoiar – seja em pensamento ou em meu estilo de vida – qualquer ato mortífero no mundo.

Pode ser que nós estejamos matando diariamente pela forma como comemos, bebemos e usamos a terra, o ar e a água. Pensamos que não estamos matando, mas estamos. Agindo de forma atenta, somos ajudados a tomar consciência, para que assim possamos parar de matar, e comecemos a salvar e ajudar.

---

[49] O primeiro, o segundo, o terceiro e o quinto treinamentos. O Quarto Treinamento da Atenção Plena é sobre a Fala Correta, cf. cap. 12.

O Segundo Treinamento da Atenção Plena nos convida a praticar a generosidade:

> *Ciente do sofrimento causado pela exploração, injustiça social, roubo e opressão, eu me comprometo a cultivar a bondade amorosa e aprender formas de trabalhar pelo bem-estar das pessoas, dos animais, das plantas e dos minerais. Vou praticar a generosidade compartilhando o meu tempo, energia e recursos materiais com os que estão realmente necessitados. Estou determinado(a) a não roubar e a não possuir qualquer coisa que deve pertencer aos outros. Respeitarei a propriedade alheia, mas impedirei que pessoas lucrem com o sofrimento humano ou com o sofrimento de outras espécies terrestres.*

Esse treinamento não diz somente para nos abstermos de se apossar do que não é nosso ou de explorar os outros. Ele também nos incita a viver de uma maneira que promova a justiça e o bem-estar social. Temos que aprender a viver de um modo simples, para que não nos apropriemos de uma parte maior do que a do nosso quinhão. Quando fazemos algo para promover a justiça social, isso é Ação Correta.

O Terceiro Treinamento da Atenção Plena trata da responsabilidade sexual:

> *Ciente do sofrimento causado pela má conduta sexual, eu me comprometo a cultivar responsabilidade e aprender formas de proteger a segurança e a integridade dos indivíduos, casais, das famílias e sociedade. Estou determinado(a) a não me envolver em relações sexuais sem amor verdadeiro e um compromisso duradouro. Para preservar a felicidade minha e dos outros, estou determinado(a) a respeitar os meus compromissos e os compromissos dos outros. Farei tudo o que estiver ao meu alcance para proteger as crianças de abuso sexual e impedir que casais e famílias se separem devido à má conduta sexual.*

A solidão não pode ser aliviada simplesmente pelo encontro de dois corpos, a menos que também haja boa comunicação, compreensão e amor. A Atenção Correta nos protege de mais sofrimento, inclusive as crianças. A má conduta sexual gera muito sofrimento. Para proteger a integridade de famílias e indivíduos, nos esforçamos ao máximo para nos comportar com responsabilidade, e incentivamos os outros a fazerem o mesmo. Praticando este treinamento, não só nos protegemos e protegemos aqueles que amamos, como também toda a espécie humana, inclusive as crianças. Quando a Atenção Correta reluz em nosso cotidiano, somos capazes de manter este treinamento de modo contínuo.

A má conduta sexual tem separado muitas famílias. Muito sofrimento tem existido porque as pessoas não praticam sexo com responsabilidade. Uma criança que sofreu abusos sexuais poderá sofrer a vida inteira. Pessoas que foram sexualmente violentadas podem se tornar bodhisattvas, e ajudar muitas crianças. Sua mente de amor pode transformar sua própria dor e tristeza, e você pode compartilhar sua descoberta com os outros. Isso é Ação Correta, que liberta você e aqueles à sua volta. Quando pratica a fim de ajudar os outros à sua volta, você está simultaneamente ajudando a si mesmo.

O Quinto Treinamento da Atenção Plena promove as práticas de comer, beber e consumir conscientemente. Está conectado às Quatro Nobres Verdades e a todos os elementos do Nobre Caminho Óctuplo, especialmente a Ação Correta:

> *Ciente do sofrimento causado pelo consumo inconsequente, eu me comprometo a comer, beber e consumir de forma prudente e refletida a fim de cultivar a saúde física e mental, minha, da minha família e da sociedade. Vou ingerir somente itens que preservem a paz, o bem-estar e a alegria no meu corpo e na minha consciência, e no corpo e consciência coletiva da minha família e sociedade. Estou determinado(a) a não fazer uso de bebidas alcoólicas, nem de quaisquer outros intoxicantes, nem ingerir alimentos e outros produtos tóxicos, como certos programas de televisão, revistas, livros, filmes e conversas. Sei que injuriar o meu corpo ou minha consciência com esses venenos significa atraiçoar meus ancestrais, meus*

pais, minha sociedade e as futuras gerações. Trabalharei para transformar a violência, o medo, a raiva e confusão dentro de mim e da sociedade, fazendo uma dieta em meu benefício e em prol da sociedade. Compreendo que uma dieta adequada é crucial para autotransformação e transformação social.

Ação Correta significa trazer para dentro do nosso corpo e mente somente alimentos que são inofensivos e saudáveis. Nossa prática é comer e beber de forma atenta e cuidadosa, não ingerindo itens que intoxicam nosso corpo, não fazendo uso de bebidas alcoólicas ou de drogas, em benefício nosso, da nossa família e da nossa sociedade. Nós consumimos com plena atenção para que a vida seja possível para todos nós. Praticamos o consumo consciente para proteger nosso corpo e nossa consciência da ingestão de toxinas. Certos programas de televisão, livros, revistas e conversas podem trazer violência, medo e desespero à nossa consciência. Temos que consumir conscientemente para proteger nosso corpo e consciência, e o corpo e consciência coletivos da nossa família e sociedade.

Ao praticarmos não ingerir bebida alcoólica, nós nos protegemos e também protegemos nossa família e sociedade. Certa vez, uma mulher em Londres me disse: "Eu tenho bebido duas taças de vinho por semana nos últimos 20 anos, e isso não tem me causado nenhum mal. Por que eu deveria parar?" Eu disse a ela: "É verdade que duas taças de vinho não lhe prejudicam. Mas você tem certeza de que elas não prejudicam os seus filhos? Pode ser que não tenha as sementes do alcoolismo em você, mas quem sabe se existem sementes do alcoolismo em seus filhos? Se parar de beber, você não estará fazendo isso somente em benefício próprio, mas também em prol dos seus filhos e da sociedade". Ela compreendeu, e na manhã seguinte recebeu formalmente os Cinco Treinamentos da Atenção Plena. Este é o trabalho do bodhisattva, fazer algo não em benefício próprio mas em prol de todo mundo.

Na França, o Ministério da Saúde aconselha as pessoas a não beberem exageradamente. E é anunciado na televisão: "Uma taça é aceitável, mas três convida à destruição". As pessoas querem que você beba com moderação. Mas se não houvesse a primeira taça, como a terceira poderia existir? Não beber a primeira taça de vinho é a forma mais elevada de proteção. Se você se abster da primeira taça estará não só se protegendo como, ao mesmo tempo, protegendo todos nós. Quando consumimos com atenção, nós protegemos nosso corpo, nossa consciência e o corpo e a consciência da nossa família e sociedade. Sem o Quinto Treinamento, como poderíamos transformar a situação difícil da nossa sociedade? Quanto mais consumimos, tanto mais sofremos e fazemos nossa sociedade sofrer mais. O consumo consciente, ao que parece, é a única saída da atual situação, a única forma de interromper a destruição em curso do nosso corpo e consciência, e do corpo e consciência coletivos da nossa sociedade.

Ao contemplarmos profundamente, podemos compreender a natureza inter-relacionada dos Cinco Treinamentos e do Caminho Óctuplo. Nós aplicamos a Atenção Correta para ver se o que estamos comendo, bebendo e consumindo é Ação Correta. A Visão Correta, o Pensamento Correto e a Fala Correta estão presentes quando praticamos o Quinto Treinamento. Os elementos do Nobre Caminho Óctuplo, especialmente a Ação Correta, interpenetram os Cinco Treinamentos da Atenção Plena.

Ação Correta se baseia na Visão Correta, no Pensamento Correto e na Fala Correta, e está muito interligada ao Sustento Correto. Aqueles que ganham a vida manufaturando armas, impedindo que outros tenham a chance de viver, aqueles que destroem o meio ambiente, explorando a natureza e as pessoas, ou produzindo itens que nos intoxicam, podem ganhar muito dinheiro fazendo isso, mas estão praticando o Sustento Incorreto. Temos que estar atentos para nos proteger das ações erradas deles. Se não tivermos

Visão Correta e Pensamento Correto e não estivermos praticando a Fala Correta e o Sustento Correto, mesmo que acreditemos estar indo na direção da paz e da iluminação, nosso esforço pode ser uma ação incorreta.

Um bom professor só precisa observar um(a) aluno(a) andando ou convidando o sino a soar para saber por quanto tempo ele(a) esteve praticando. Você observa a Ação Correta dele(a) e vê todas as coisas contidas naquela ação. Olhando dessa maneira, para qualquer um dos elementos do caminho, você pode avaliar a realização daquela pessoa no que diz respeito ao caminho como um todo.

Há tantas coisas que podemos fazer para praticar Ação Correta. Podemos proteger a vida, praticar a generosidade, comportar-se com responsabilidade e consumir conscientemente. Na base da Ação Correta está a Atenção Correta.

14
Diligência Correta

Diligência Correta (*samyak pradhana*), ou Esforço Correto, é um tipo de energia que nos ajuda a realizar o Nobre Caminho Óctuplo. Se estivermos diligenciando por posses, sexo ou comidas, isso é diligência incorreta. Se trabalhamos continuamente, 24 horas por dia, visando lucro e fama ou para fugir do nosso sofrimento, isso também é diligência incorreta. Vendo de fora, pode até parecer que estamos sendo diligentes, mas isso não é Diligência Correta. Pode-se dizer o mesmo em relação à nossa prática de meditação. Pode aparentar que estamos sendo diligentes, mas se isso nos distancia da realidade ou das pessoas queridas, nossa diligência está incorreta. Quando praticamos meditação, seja na postura sentada ou caminhando, de maneiras que causam sofrimento ao nosso corpo e mente, nosso esforço não é Diligência Correta e não está baseado na Visão Correta. Nossa prática deve ser inteligente e estar baseada na Compreensão Correta do ensinamento. Não é porque praticamos arduamente que podemos dizer que estamos praticando a Diligência Correta.

Tinha um monge da Dinastia Tang, na China, que se empenhava arduamente, dia e noite, praticando sentado em meditação. Ele achava que estava se esforçando mais do que os outros, e se orgulhava muito disso. Permanecia sentado dia e noite como uma rocha, mas o sofrimento dele não se transformava. Um dia um professor[50] perguntou ao monge: "Por que você se esforça tanto para permanecer sentado em meditação?" E o monge respondeu: "Para me tornar um Buda!" O mestre pegou uma telha e começou a poli-la e o monge questionou: "Professor, o que você está fazendo?" E o seu mestre respondeu: "Estou fazendo um espelho". E o monge perguntou: "Como é possível transformar uma telha em um espelho?" E o seu mestre respondeu: "Como você pode se transformar num Buda, pelo fato de estar sentado?"

As quatro práticas geralmente associadas à Diligência Correta são: (1) impedir que brotem as sementes prejudiciais adormecidas em nossa consciência armazenadora; (2) ajudar para que as sementes prejudiciais já brotadas retornem à nossa consciência armazenadora; (3) encontrar formas de regar as sementes benéficas adormecidas em nossa consciência armazenadora e pedir aos nossos amigos para fazerem o mesmo; e (4) nutrir as sementes benéficas que já brotaram, para que fiquem presentes em nossa consciência mental e se fortaleçam. Essas práticas são chamadas de Diligência Correta Quádrupla.

"Prejudiciais" significa não conducentes à libertação ou ao Caminho. Em nossa consciência armazenadora existem muitas sementes que não são benéficas à nossa transformação, e se forem regadas, essas sementes crescerão ainda mais fortes. Quando a ganância, o ódio, a ignorância e visões equivocadas surgirem, se nós as acolhermos com a Atenção Plena Correta, mais cedo ou mais tarde elas perderão força e retornarão para a nossa consciência armazenadora.

Quando as sementes benéficas ainda não tiverem brotado, nós podemos regá-las e ajudá-las a subirem ao nível da nossa consciência mental. Essas sementes de felicidade, amor, lealdade

---
50   Mestre Huairang (667-744).

e reconciliação precisam ser regadas todo dia. Se as regarmos, vamos nos sentir alegres e isso irá estimulá-las a permanecer por mais tempo na consciência mental. Manter as formações mentais benéficas no nível da nossa consciência mental é a quarta prática da Diligência Correta.

A Diligência Correta Quádrupla é nutrida por alegria e interesse. Se a sua prática não lhe proporciona alegria, você não está praticando corretamente. Buda perguntou ao Monge Sona: "É verdade que antes de se tornar monge você era um músico?" Sona respondeu que sim, e Buda lhe perguntou: "O que acontece quando a corda do seu instrumento está muito frouxa?"

– Quando você tocá-la não sairá som, Sona respondeu.

– O que acontece quando a corda está muito esticada?

– Ela vai se partir.

"Na prática do Caminho acontece a mesma coisa", disse Buda. "Mantenha sua saúde. Seja alegre. Não se esforce para fazer coisas que você não pode fazer"[51]. Nós precisamos conhecer os nossos limites físico e psicológico. Não devemos nos forçar para realizar práticas céticas ou nos perder em prazeres sensuais. A diligência correta repousa no Caminho do Meio, entre os extremos da austeridade e da indulgência sensorial.

Os ensinamentos dos Sete Fatores do Despertar[52] também fazem parte da prática da Diligência Correta. Alegria é um fator do despertar e faz parte do cerne da Diligência Correta. Bem-estar, outro Fator do Despertar, também é essencial à Diligência Correta. De fato, não só a Diligência Correta como também a Atenção e Concentração Corretas precisam de alegria e bem-estar. Diligência Correta não significa nos forçarmos a fazer algo. Se tivermos alegria, bem-estar e interesse, o nosso esforço surgirá naturalmente.

---

51   *Vinaya Mahavagga Khuddaka Nikaya* 5.
52   Os Sete Fatores do Despertar são: atenção plena, investigação dos fenômenos, diligência, alegria, bem-estar, concentração e deixar ir. Cf. cap. 26.

Quando ouvirmos o sino nos convidando para meditação andando ou sentada vamos ter energia para participar se acharmos que meditar é algo jubiloso e interessante. Se não tivermos a energia para as práticas de sentar ou andar em meditação, é porque estas práticas não nos trazem alegria ou não nos transformam ou ainda não compreendemos os seus benefícios.

Quando eu quis me ordenar um monge noviço, minha família pensava que a vida monástica seria muito difícil pra mim. Mas eu sabia que esse era o único jeito que eu poderia ser feliz, e persisti. Tendo me tornado noviço, eu me senti tão livre e feliz quanto um pássaro no céu. Quando chegava a hora de recitar sutras, eu sentia como se eu tivesse sido convidado para ir a um concerto. Às vezes, nas noites enluaradas, quando os monges cantavam os sutras em pé diante da lagoa crescente, eu sentia como se estivesse no paraíso ouvindo anjos. Quando eu não podia participar dos cânticos matinais porque eu tinha outra tarefa, só de ouvir as palavras do *Sutra Shurangama* vindo do Salão Buda me deixava feliz. Todos praticavam com interesse, alegria e diligência no Templo Tu Hieu. Não havia esforço forçado, somente o amor e o apoio do nosso professor e irmãos de prática.

Em Plum Village, as crianças participam das meditações sentada e andando e das refeições em silêncio. No início, elas participam só para estar com os amigos que já praticam, mas depois de provarem a paz e alegria da meditação, elas continuam por si sós e por vontade própria. Às vezes, os adultos levam 4, 5 anos praticando o formato externo antes de provarem a verdadeira alegria da prática. Mestre Guishan disse: "O tempo voa como uma flecha. Se não vivermos profundamente, perdemos nossa vida"[53]. Alguém que pode dedicar sua vida à prática, que tem a oportunidade de estar próximo ao

---

53 Extraído de "Encouraging Words". In: NHAT HANH, T. *Stepping into Freedom*: An Introduction to Buddhist Monastic Training. Berkeley: Parllax Press 1977, p. 89-97. Guishan (771-853) foi um dos grandes mestres de meditação da Dinastia Tang.

professor e amigos de prática, tem uma oportunidade maravilhosa que poderá lhe proporcionar grande felicidade. Se nos falta a Diligência Correta é porque nós ainda não encontramos um método de prática que seja verdadeiro para nós, ou ainda não sentimos uma necessidade profunda de praticar. Uma vida consciente pode ser maravilhosa.

Ao acordar hoje de manhã, sorrio.
Vinte e quatro horas novinhas em folha estão diante de mim.
Comprometo-me a viver plenamente cada momento e olhar todos os seres com olhos compassivos[54].

Recitar este *gatha* pode nos energizar para viver bem o dia. Vinte e quatro horas são um baú de pedras preciosas. Se desperdiçarmos estas horas, desperdiçaremos nossa vida. A prática é sorrir logo que nós acordamos, e reconhecer que neste dia temos a oportunidade de praticar. A decisão de não desperdiçar essa oportunidade é nossa. Quando olhamos para todos os seres com olhos amorosos e compassivos, nós nos sentimos maravilhosos. Com a energia da atenção plena, lavar pratos, varrer o chão ou praticar meditação na postura sentada ou andando, tudo isso é mais do que precioso.

O sofrimento pode nos impulsionar a praticar. Quando estamos ansiosos ou tristes e constatamos que essas práticas nos aliviam, vamos querer continuar praticando. Examinar o sofrimento e compreender o que fez aquele sofrimento surgir requer energia. Mas este discernimento nos levará à compreensão de como pôr fim ao nosso sofrimento e a trajetória necessária para se fazer isso. Quando abraçamos nosso sofrimento, compreendemos suas origens, e vemos que o mesmo pode terminar, pois há um meio. Nosso sofrimento está no centro. Quando olhamos para a compostagem vemos as flores. Quando olhamos para um mar de fogo,

---
54 NHAT HANH, T. *Present Moment Wonderful Moment*, p. 3.

vemos um lótus. O caminho que não foge do sofrimento, mas sim acolhe nosso sofrimento, é o caminho que nos levará à libertação.

Nem sempre é necessário, para nós, lidarmos diretamente com nosso sofrimento. Às vezes, podemos simplesmente permiti-lo repousar inativo em nossa consciência armazenadora, e usamos a oportunidade para entrar em contato com os elementos revigorantes e saudáveis dentro de nós e à nossa volta com atenção plena. Eles vão cuidar da nossa dor, como os anticorpos cuidam dos corpos estranhos que entraram em nosso fluxo sanguíneo. Quando as sementes nocivas se manifestarem, temos que cuidar delas. Quando as sementes nocivas estiverem adormecidas, o nosso trabalho é ajudá-las a dormir em paz e a serem transformadas pela raiz.

Com Visão Correta, vemos o caminho que precisamos seguir e nossa visão nos dá fé e energia. Se nos sentirmos melhor após uma hora andando em meditação, vamos ter a determinação de continuar a prática. Quando compreendemos como a meditação proporciona paz aos outros, vamos ter ainda mais confiança na prática. Com paciência, podemos descobrir as alegrias da vida que estão todas à nossa volta, e teremos mais energia, interesse e diligência.

A prática de viver consciente deve ser alegre e agradável. Se você inspira e expira e sente paz e alegria, isso é Diligência Correta. Se você se reprime, se sofre durante a prática, esta provavelmente não é Diligência Correta. Examine sua prática. Veja o que lhe traz alegria e felicidade contínuas. Tente passar um tempo com uma Sanga, irmãos e irmãs que estão criando um campo energético de atenção plena que pode facilitar sua prática. Trabalhe em conjunto com um professor e um amigo para transformar seu sofrimento em compaixão, paz e compreensão, e faça isso com alegria e tranquilidade. Isso é Diligência Correta.

15
Concentração Correta

Praticamos a Concentração Correta (*samyak samadhi*) para cultivar a mente unifocada. O caractere chinês de concentração significa literalmente "manter o nivelamento", nem muito alto nem muito baixo, nem muito movimentado nem muito inerte. Outro termo chinês usado às vezes para concentração significa "a morada da verdadeira mente".

Existem dois tipos de concentração, ativa e seletiva. Na concentração ativa, a mente habita qualquer coisa que esteja acontecendo no momento presente, mesmo enquanto aquilo muda. Este poema de um monge budista[55] descreve a concentração ativa:

*O vento uiva no bambuzal
e os bambus dançam.
Quando o vento para,
os bambus ficam imóveis.*

O vento vem, e os bambus dão as boas-vindas ao vento. O vento vai, e os bambus deixam o vento ir embora. O poema continua:

*Um pássaro prateado
sobrevoa o lago de outono.
Depois de ele ter passado,
a superfície do lago não tenta
deter a imagem do pássaro.*

---
55 Poema "Ocean of Fragance" ["Fragância oceânica"] do mestre *dhyana* vietnamita Huong Hai.

Enquanto o pássaro paira sobre o lago, o seu reflexo é nítido. Depois dele ter ido embora, o lago continua refletindo as nuvens e o céu com a mesma nitidez. Quando praticamos a concentração ativa, nós damos as boas-vindas a tudo o que vem junto. Não pensamos nem ansiamos por outra coisa. Apenas permanecemos no momento presente com todo o nosso ser. Qualquer coisa que chegar, chegou. Quando o objeto de nossa concentração for embora, nossa mente permanece clara como um espelho d'água.

Quando praticamos a "concentração seletiva", escolhemos um objeto e o sustentamos. Praticamos isso enquanto meditamos, seja na postura sentada ou andando, estejamos sós ou com os outros. Sabemos que o céu e os pássaros existem, mas nossa atenção está focada em nosso objeto. Se o objeto de nossa concentração for um problema de matemática, não assistimos televisão ou conversamos ao telefone. Abandonamos tudo o mais e focamos no objeto. Quando dirigimos, as vidas dos passageiros em nosso carro dependem da nossa concentração.

Não usamos a concentração para fugir do nosso sofrimento. Nós nos concentramos para estarmos realmente presentes. Quando nos concentramos, seja andando, em pé parado ou sentado, as pessoas podem ver nossa estabilidade e tranquilidade. Viver plenamente cada momento faz com que a estabilidade da concentração aconteça naturalmente, e isso, por sua vez, dá origem ao discernimento.

A Concentração Correta conduz à felicidade, e também leva à Ação Correta. Quanto mais elevada a nossa concentração for, tanto maior será a qualidade de nossas vidas. As mães vietnamitas dizem às suas filhas, frequentemente, que quando elas se concentram ficam mais bonitas. Este é um tipo de beleza proveniente de estar habitando o momento presente profundamente. Quando uma moça se move de um modo desatento, ela não aparenta estar cheia de frescor ou à vontade. Embora a mãe não esteja usando as palavras Concentração Correta, ela está estimulando a filha a praticar Concentração Correta. É uma pena que a mãe não estimule também o filho dela a fazer o mesmo. Todos precisam de concentração. Existem nove níveis de concentração meditativa. Os quatro primeiros são os Quatro *Dhyanas*, que são concentrações no reino da forma. Os próximos cinco níveis pertencem ao reino sem forma. Enquanto pratica o primeiro *dhyana*, você ainda pensa. Nos oito níveis seguintes, o pensamento é substituído por outras energias.

As concentrações sem forma também são praticadas em outras tradições, mas quando praticadas fora do budismo, geralmente é no intuito de fugir do sofrimento e não de alcançar a libertação que vem com o *insight* do nosso sofrimento. Quando você usa a concentração para fugir de si mesmo ou da sua situação, esta é uma concentração errada. Às vezes precisamos fugir dos nossos problemas em busca de alívio, mas num determinado momento temos que voltar e enfrentá-los. A concentração mundana procura fugir. A concentração supramundana objetiva a total libertação.

Praticar *samadhi* significa viver profundamente cada momento que nos é dado para viver. *Samadhi* significa concentração. Para estar concentrado, devemos estar atentos, totalmente presentes e conscientes do que está acontecendo. A atenção plena faz surgir a concentração. Quando está profundamente concentrado, você está absorto no momento. Você *se torna* o momento. Por isso, às vezes, *samadhi* é traduzida como "absorção". A Atenção Plena Correta e a Concentração Correta nos elevam acima dos reinos dos prazeres sensoriais e do anseio, e nós nos descobrimos cada vez mais leves e mais felizes. Nosso mundo deixa de ser pesado e grosseiro, o reino dos desejos (*karma dhatu*). Este é o reino da materialidade refinada, o reino da forma (*rupa dhatu*).

No reino da forma, há quatro níveis de *dhyana*. A atenção, concentração, alegria, felicidade, paz e equanimidade continuam a crescer através desses quatro níveis. Depois do quarto *dhyana*, o(a) praticante entra numa profunda experiência de concentração – a dos quatro *dhyanas* sem forma – onde ele ou ela consegue compreender a realidade em profundidade. Aqui, o desejo sensorial e a materialidade revelam suas naturezas ilusórias e deixam de ser obstáculos. Você começa a ver a natureza mutante, destituída de *self* e interligada ao mundo dos fenômenos. Terra, água, ar, fogo, espaço, tempo, inexistência e percepções interexistem. Nada pode existir por si só.

O objeto do quinto nível de concentração é o espaço ilimitado. Quando começamos a praticar esta concentração, tudo parece ser espaço. Mas à medida que aprofundamos nossa prática, vemos que o espaço está composto de, e só existe nos elementos "não espaciais", como a terra, a água, o ar, o fogo e a consciência. Como o espaço é somente um dos seis elementos que compõem todas as coisas materiais, sabemos que o espaço não possui uma existência independente e autônoma. De acordo com os ensinamentos de Buda, nada tem uma identidade autônoma. Portanto, o espaço e tudo o mais interexistem. O espaço interexiste com os outros cinco elementos.

O objeto do sexto nível de concentração é a consciência ilimitada. No início, vemos somente consciência, mas depois vemos que consciência também é terra, água, ar, fogo e espaço. O que é verdadeiro em relação ao espaço também se aplica em relação à consciência.

O objeto do sétimo nível de concentração é a inexistência. Com uma percepção normal, vemos flores, frutos, chaleiras e mesas, e pensamos que eles existem separadamente um do outro. Mas quando observamos com maior profundidade, vemos que o fruto está na flor, e que a flor, a nuvem e a terra estão no fruto. Nós vamos além das aparências externas ou dos sinais, e chegamos à "ausência de sinais". No início, pensamos que os membros da nossa família estão separados uns dos outros, mas depois compreendemos que eles contêm uns aos outros. Você é do jeito que é porque eu sou do jeito que sou. Nós vemos a conexão íntima entre as pessoas, e vamos além dos sinais. Nós costumávamos pensar que o universo continha milhões de entidades separadas. Agora compreendemos "a inexistência de sinais".

O oitavo nível de concentração nem é aquele da percepção, nem aquele sem percepção. Nós reconhecemos que tudo está sendo produzido por nossas percepções, que são, ao menos em parte, equivocadas. Então constatamos que não podemos confiar na nossa antiga forma de perceber, e queremos entrar em contato direto com a realidade. Não podemos deixar de perceber de uma vez por todas, mas pelo menos agora sabemos que perceber significa perceber um sinal. Como deixamos de acreditar na realidade dos sinais, nossa percepção se torna sabedoria. Nós vamos além dos sinais ("nenhuma percepção"), mas não nos tornamos sem perceptibilidade ("sem nenhuma percepção").

O nono nível de concentração é chamado de cessação. "Cessação" aqui significa a cessação da ignorância em nossos sentimentos e percepções, não a cessação dos sentimentos e percepções. A partir desta concentração o lampejo (*insight*) brota. O poeta Nguyen Du disse: "Logo que vemos com os nossos olhos e ouvimos com os nossos ouvidos, nós nos abrimos ao sofrimento". Ansiamos estar num estado de concentração onde não possamos ver ou ouvir coisa alguma, em um mundo onde não haja percepção. Desejamos nos tornar um pinheiro com o vento uivando em nossos galhos, pois acreditamos que um pinheiro não sofre. É natural buscar um lugar sem sofrimento.

No mundo sem percepção, a sétima (*manas*) e a oitava (*alaya*) consciências continuam a funcionar como de costume, e nossa ignorância e formações internas continuam intactas em nossa consciência armazenadora, enquanto se manifestam na sétima consciência. Esta última é a energia da delusão que cria a crença em um *self* (eu) e distingue *self* do outro. Como a concentração sem percepção não transforma as energias do nosso hábito, quando as pessoas emergem daquela consciência o sofrimento delas continua intacto.

Mas quando o meditador alcança o nono nível de concentração, o estágio do *arhat*, *manas* é transformada, e as formações internas adormecidas na consciência armazenadora são purificadas. A maior de todas as formações internas é a ignorância do caráter mutante e destituído de *self* da realidade. Esta ignorância faz surgir a ganância, o ódio, a confusão, o orgulho, a dúvida e visões. Juntas, estas aflições produzem uma guerra da consciência chamada *manas*, que sempre distingue o eu do outro.

Quando alguém pratica bem, o nono nível de concentração resplandece na realidade das coisas e transforma a ignorância. As sementes, que faziam com que você ficasse aprisionado nas ideias de *eu* e *nenhum eu*, são transformadas, *alaya* se liberta das garras de *manas* e *manas* deixa de ter a função de criar um eu. *Manas* se transforma na Sabedoria da Igualdade que consegue ver a natureza interexistente e inter-relacionada das coisas. *Manas* consegue ver que as vidas dos outros são tão preciosas quanto as nossas próprias vidas, porque não há mais discriminação entre eu e o outro. Quando *manas* deixa de dominar a consciência armazenadora, a consciência armazenadora se torna a Sabedoria do Grande Espelho que reflete tudo no universo.

Quando a sexta consciência (*manovijñana*) é transformada, passa a ser denominada de Sabedoria da Observação Maravilhosa. A consciência mental continua observando os fenômenos, depois de ter sido transformada em sabedoria, mas os observa de um modo diferente. Por estar consciente da natureza interexistente de tudo o que observa – a consciência mental vê o um em muitos, vê todas as manifestações de nascimento e morte, do chegar e partir, e assim por diante –, não está aprisionada em ignorância. As primeiras cinco consciências se tornam a Sabedoria da Realização Maravilhosa. Os nossos olhos, ouvidos, nariz, língua e corpo, que antes nos causavam sofrimento, tornam-se milagres que nos levam ao jardim da vacuidade. Desse modo, a transformação de todos os níveis da consciência é realizada como Quatro Sabedorias. Nossa consciência equivocada e percepções equivocadas são transformadas graças à prática. No nono nível de concentração, todas as oito consciências estão funcionando. Percepção e sentimento ainda existem, mas diferentes de antes, pois estão livres de ignorância[56].

Para praticar a concentração em *nenhum self*, toque a natureza interexistente de tudo o que você entra em contato. Isso vai lhe trazer muita paz e alegria e lhe impedirá de sofrer. A prática da concentração em nirvana lhe ajuda a tocar a dimensão suprema da realidade e a se estabelecer nos reinos sem nascimento e sem morte. As concentrações na impermanência, *nenhum self* e nirvana são suficientes para praticarmos a vida inteira. De fato, as três são uma. Ao entrar em contato profundo com a natureza da impermanência, você entra em contato com a natureza do *nenhum self* (interexistência) e nirvana. Uma concentração contém todas as demais concentrações. Você não precisa praticar todas.

No budismo Mahayana, há centenas de outras concentrações, como por exemplo: *Shurangama Samadhi* (Concentração da Marcha Heroica), *Saddharmapundarika Samadhi* e *Avatamsaka Samadhi*. Todas são maravilhosas e importantes. De acordo com o *Sutra do Lótus*, nós temos que viver na dimensão histórica e na dimensão suprema da realidade ao mesmo tempo. Temos que viver profundamente a vida enquanto onda, para que possamos entrar em contato com a essência da água em nós. Nós andamos, olhamos, respiramos e comemos de um modo que tocamos a dimensão absoluta da realidade. Nós transcendemos nascimento e morte e os medos de ser ou não ser, um e muitos.

---

56   Isso está descrito no cap. 27.

Buda não se encontra somente em Gridhrakuta, Pico dos Abutres. Se você ouvisse no rádio que Buda ia reaparecer na Montanha Gridhrakuta e o público fosse convidado a se juntar a ele para andar em meditação, todos os assentos de todos os aviões para a Índia iam ser reservados, e você poderia se frustrar, pois queria ir também. Mesmo que tivesse a sorte de conseguir um assento naquele avião, mesmo assim, é possível que não conseguisse desfrutar a prática de andar em meditação com o Buda. Haveria *tanta* gente, e a maioria dela sem saber praticar respirando conscientemente no aqui e agora enquanto caminha. Para que serviria ir lá?

Observe profundamente suas intenções. Você quer voar para o outro lado do mundo para depois poder dizer que esteve com o Buda? Isso é exatamente o que muita gente quer fazer. Elas chegam num local de peregrinação, incapazes de estarem presentes aqui e agora. Depois de alguns minutos vendo o lugar, saem apressadas para o próximo lugar. Elas tiram fotos para provarem que estiveram ali, e ficam querendo muito voltar pra casa para mostrar as fotos aos amigos. "Eu estive lá. Eu tenho prova. Esta daí sou eu em pé ao lado do Buda." Este seria o desejo de muita gente que fosse lá. Gente incapaz de andar com o Buda. Gente incapaz de viver no aqui e agora. Elas só querem dizer: "Eu estive lá, e essa sou eu em pé ao lado do Buda". Mas não é verdade que elas estiveram lá. E aquele não é Buda. "Estar lá" é um conceito, e o Buda que você vê é uma mera aparência. Você não pode fotografar o Buda real, mesmo que tivesse uma câmara muito cara.

Se não há possibilidade de você viajar para a Índia, por favor, pratique andando em casa, e você realmente consegue segurar a mão de Buda enquanto caminha. Simplesmente ande feliz e em paz que Buda está presente com você. Aquela pessoa que viajou para a Índia e voltou com uma foto que tirou do Buda não viu o Buda real. Você tem a realidade; ela tem apenas um sinal. Não saia correndo em busca de oportunidades para tirar uma foto. Entre em

128

contato com o Buda real. Ele está disponível. Pegue a mão dele e pratique andando em meditação. Quando consegue tocar a dimensão suprema, você caminha com Buda. A onda não precisa morrer para se transformar em água. Ela já é água. Esta é a concentração do *Sutra do Lótus*. Viver profundamente cada momento da vida e, enquanto você caminha, come, bebe e aprecia a estrela d'alva, você entra em contato com a dimensão suprema.

16
Sustento Correto

Praticar o Sustento Correto (*samyak ajiva*) significa encontrar uma forma de ganhar a vida sem transgredir os seus ideais de amor e compaixão. A forma como você ganha a vida pode expressar o seu eu mais profundo, ou pode ser uma fonte de sofrimento para você e os outros. Os sutras geralmente definem Sustento Correto como ganhar a vida sem precisar transgredir nenhum dos Cinco Treinamentos da Atenção Plena. Tais como: não negociar com armas, no tráfico de escravos, no comércio de carne, na venda de bebida alcoólica, drogas ou venenos; ou fazer profecias ou ler a sorte. Monges e monjas devem ter o cuidado de não fazer exigências insensatas aos laicos no que diz respeito aos quatro requisitos de medicamentos, alimentos, vestuário e acomodação, e não viver em condições materiais superiores às necessidades imediatas. Levando consciência para cada momento, procuramos nos dedicar a uma profissão que seja benéfica para os humanos, os animais, as plantas e a terra, ou pelo menos que seja minimamente prejudicial. Nós vivemos numa sociedade onde às vezes é difícil encontrar oportunidades de trabalho, mas se acontecer do nosso trabalho envolver danos à vida, devemos tentar encontrar outro trabalho. Nossa profissão tanto pode nutrir nossa compreensão e compaixão como pode desgastá-las. Devemos estar alertas para as consequências imediatas e de longo prazo resultantes da forma como conseguimos nosso sustento. Muitas indústrias modernas são prejudiciais aos humanos e à natureza, até mesmo as que produzem alimentos. Pesticidas e fertilizantes químicos podem causar muitos danos ao meio ambiente. Praticar o sustento correto é difícil para os fazendeiros. Se não usarem produtos químicos, fica difícil de competirem comercialmente. Este é apenas um exemplo. Enquanto exerce sua profissão ou ofício, observe os Cinco Treinamentos da Atenção Plena. Um trabalho que envolve matança, roubo, adultério sexual, mentira, ou venda de drogas ou de bebidas alcoólicas não é Sustento Correto. Se sua companhia polui rios ou o ar, trabalhar ali não é Sustento Correto. Confeccionar armas ou lucrar com as superstições dos outros também não é Sustento Correto. As pessoas têm superstições, como acreditar que o destino está selado nas estrelas ou nas palmas das suas mãos. Ninguém pode ter certeza do que vai acontecer no futuro. Com a prática da atenção consciente, podemos mudar o destino que os astrólogos do destino predisseram para nós. Além do mais, as profecias podem ser autorrealizáveis.

Compor e realizar trabalhos de arte também pode ser um meio de ganhar a vida. Compositores, escritores, pintores ou artistas cênicos influenciam a consciência coletiva. Qualquer trabalho de arte é, em grande medida, um produto da consciência coletiva. Portanto, todo artista precisa praticar atenção plena para que assim seu trabalho artístico possa ajudar as pessoas que entrarem em contato com o mesmo a praticarem a Atenção Correta. Um rapaz queria aprender a desenhar flores de lótus; ele então procurou um mestre para aprender com ele. O mestre levou-o a um lago de lótus e convidou-o a sentar-se ali. O rapaz viu flores desabrochando no sol à pino e assistiu as flores voltando a ser botões no cair da noite. Na manhã seguinte, ele fez a mesma coisa. Quando uma flor de lótus murchava e suas pétalas caíam na água, ele simplesmente olhava para o caule, o estame e o resto da flor, e depois passava a observar outro lótus. Ele fez isso durante dez dias. No décimo primeiro dia, o mestre perguntou ao rapaz: "Você está pronto?" E ele respondeu: "Vou tentar". O mestre deu a ele um pincel, e mesmo sendo imaturo o estilo do rapaz, o lótus desenhado por ele era belo. Ele tinha se tornado o lótus, e a pintura nasceu de dentro dele. Você poderia ver a simplicidade da técnica, mas tinha uma beleza profunda. Sustento Correto não é simplesmente uma questão pessoal. É o nosso carma coletivo. Suponha que eu seja um professor e acredite que nutrir amor e compreensão nas crianças é uma bela ocupação. Eu me oporia se alguém me pedisse para deixar de ensinar e me tornar, por exemplo, um açougueiro. Mas quando medito na interconexão das coisas, compreendo que o açougueiro não é a única pessoa responsável pela matança dos animais. Nós podemos pensar que a forma de ganhar a vida do açougueiro está errada e a nossa, correta, mas se não comêssemos carne, ele não precisaria matar. Sustento Correto é um assunto coletivo. O meio de ganhar a vida de cada pessoa afeta todas as outras pessoas. Os filhos do açougueiro poderiam se beneficiar do meu ensinamento, e como os meus filhos comem carne, eles têm uma parcela de responsabilidade para com a forma pela qual o açougueiro ganha a vida dele. Suponha que um fazendeiro que vende a carne do seu gado quer receber os Cinco Treinamentos da Atenção Plena. Ele quer saber se tem permissão, à luz do primeiro treinamento referente à proteção à vida. Ele sente que dá ao seu gado as melhores condições de bem-estar possíveis. Ele até mesmo opera em seu próprio matadouro, para que não seja infligida nos animais crueldade desnecessária quando põe fim às suas vidas. Ele herdou seu matadouro do pai e tem uma família para sustentar. Este é um dilema. O que ele deveria fazer? As intenções dele são boas, mas ele herdou dos seus ancestrais a sua fazenda e as energias dos seus hábitos. Toda vez que uma vaca é abatida, deixa uma marca impressa na consciência dele, que vai voltar para ele em sonhos, durante a meditação ou na hora da morte. É Sustento Correto cuidar muito bem das suas vacas enquanto ainda estão vivas. Ele tem o desejo de ser bondoso com suas vacas, e também quer a segurança de uma renda constante para ele e sua família. Ele deve continuar contemplando profundamente e praticando atenção plena com sua Sanga local. À medida que o discernimento dele se aprofundar, vai surgir uma saída para a situação, de ter que matar para sobreviver, em que ele se encontra.

Tudo o que fazemos contribui para o nosso esforço de praticar o Sustento Correto, que é mais do que simplesmente a forma como ganhamos nosso contracheque. Nós não podemos ser 100% bem-sucedidos em ter um Sustento Correto, mas podemos decidir caminhar na direção da compaixão e redução do sofrimento. E podemos tomar a decisão de ajudar a criar uma sociedade onde há mais Sustento Correto do que meio de vida errado.

Milhões de pessoas, por exemplo, ganham seus sustentos na indústria armamentista, ajudando direta ou indiretamente a manufaturar armas convencionais e nucleares. Os Estados Unidos, Rússia, França, Grã-Bretanha, China e Alemanha são os fornecedores dessas armas. Depois as armas são vendidas nos países do Terceiro Mundo onde as pessoas não precisam de armas; precisam sim é de comida. Manufaturar e vender armas não é Sustento Correto, mas todos nós – políticos, economistas e consumidores – somos responsáveis por essa situação. Nós ainda não organizamos um debate nacional sobre esse problema. Nós temos que levar adiante essas discussões, e precisamos criar novos trabalhos para que ninguém precise viver do lucro da fabricação de armas. Seja grato(a) se você pode trabalhar numa profissão que lhe ajuda a realizar o seu ideal de compaixão. E, por favor, viva conscientemente, de forma simples e sã, para assim auxiliar na criação de trabalhos adequados para os outros. Use toda a sua energia se empenhando em melhorar a situação.

Praticar o Meio de Vida Correto significa praticar a Atenção Correta. Toda vez que o telefone toca, ouça-o como um sino de atenção plena. Pare o que estiver fazendo, inspire e expire conscientemente e depois prossiga até o telefone. A forma como você responde ao telefone vai corporificar a forma de vida correta. É necessário discutirmos entre nós formas de praticar atenção plena no trabalho e modo de vida correto. Será que respiramos ao ouvir o telefone tocar e antes de pegá-lo para fazer uma ligação? Será que sorrimos quando estamos cuidando dos outros? Será que andamos conscientemente de uma reunião à outra? Estamos praticando a fala correta? Será que praticamos o relaxamento total e profundo depois de horas de trabalho pesado? Estamos vivendo de um modo que inspira as pessoas a serem mais pacíficas e felizes e a se dedicarem a um trabalho que segue na direção da paz e da felicidade? Essas questões são muito práticas e importantes. Trabalhar de um modo que estimule esse tipo de pensamento e de ação, e que encoraje nosso ideal de compaixão, significa praticar o Sustento Correto.

Se alguém tem uma profissão que causa sofrimento aos seres vivos e oprime os outros, isso vai infectar a própria consciência daquela pessoa, tal como poluímos o ar que nós mesmos precisamos respirar. Muitas pessoas enriquecem por meios desonestos. Depois elas vão aos seus templos ou igrejas fazer doações. Essas doações provêm de sentimentos de medo e de culpa e não do desejo de levar felicidade aos outros e aliviar o sofrimento alheio. Quando um templo ou igreja recebe doações vultosas, os que estão encarregados de receber o dinheiro devem compreender isso, devem dar o melhor de si para ajudar o doador a se transformar, apontando uma saída daquele modo errado de ganhar a vida. Essas pessoas precisam dos ensinamentos de Buda mais do que qualquer outra coisa.

☙☙☙☙☙

À medida que estudamos e praticamos o Nobre Caminho Óctuplo, nós vemos que cada elemento do caminho está contido em todos os outros sete elementos. Também compreendemos que cada elemento do caminho contém as Nobres Verdades do sofrimento, da criação do sofrimento e do fim do sofrimento.

Ao praticar a Primeira Nobre Verdade, nós reconhecemos nosso sofrimento e o chamamos pelo seu nome: depressão, ansiedade, medo ou insegurança. Em seguida, olhamos diretamente para aquele sofrimento a fim de encontrar seu ponto de partida – isso significa praticar a Segunda Nobre Verdade. Essas duas práticas contêm os primeiros dois elementos do Nobre Caminho Óctuplo, que são a Visão Correta e o Pensamento Correto. Todos nós temos a tendência de fugir do sofrimento; mas agora, com a prática do Nobre Caminho Óctuplo, temos a coragem de olhá-lo de frente.

Nós usamos a Atenção Plena Correta e a Concentração Correta para enfrentar corajosamente o nosso sofrimento. A observação profunda, que nos mostra claramente qual a origem do nosso sofrimento, é Visão Correta. A Visão Correta não vai nos mostrar uma única razão do nosso sofrimento, mas camadas e mais camadas de causas e condições: as sementes em nós herdadas dos nossos pais, avós e ancestrais; as sementes em nós que foram regadas por nossos amigos e situações políticas e econômicas do nosso país; e tantas outras causas e condições.

Agora chegou a hora de fazermos algo para diminuir o nosso sofrimento. Uma vez que saibamos o que está alimentando nosso sofrimento, encontramos uma forma de parar de ingerir aquele nutriente, seja um alimento comestível, um alimento das impressões sensoriais, um alimento que recebemos das nossas intenções ou um alimento da nossa consciência. Fazemos isso praticando a Fala Correta, a Ação Correta e o Sustento Correto, lembrando-se de que a Fala Correta também significa ouvir profundamente. Para praticar esses três aspectos, nós tomamos os Treinamentos da

Atenção Plena como um guia nosso. Ao praticar de acordo com os Treinamentos da Atenção Plena, compreendemos que enquanto falamos, agimos ou ganhamos nosso sustento, fazemos isso com Atenção Correta. A Atenção Correta nos permite saber quando falamos algo que não é Fala Correta ou fazemos algo que não é Ação Correta. Quando a Atenção Correta for praticada juntamente com a Diligência Correta, a Concentração Correta vai surgir facilmente, dando surgimento ao discernimento ou Visão Correta. De fato, não é possível praticar um elemento do Nobre Caminho Óctuplo sem praticar todos os outros sete elementos. Esta é a natureza da interexistência, que fundamenta todos os ensinamentos oferecidos por Gautama, o Buda.

Parte III

Outros ensinamentos budistas fundamentais

As Duas Verdades

Na perspectiva budista, existem dois tipos de verdades: a verdade relativa ou mundana (*samvriti satya*) e a verdade absoluta (*paramartha satya*). Através da verdade relativa, entramos pela porta da prática. Reconhecemos a presença da felicidade e a presença do sofrimento, e tentamos ir na direção de uma felicidade maior. Todo dia avançamos um pouco mais naquela direção, e um dia constatamos que sofrimento e felicidade não são "duas coisas".
Um poema vietnamita diz:
> As pessoas falam sem parar sobre os seus sofrimentos e alegrias.
> Mas o que existe para sofrermos ou nos alegrarmos?
> A alegria do prazer sensorial sempre nos leva à dor, e sofrer enquanto praticamos o Caminho sempre nos traz alegria.
> Onde houver alegria, haverá sofrimento.
> Se não quiser ter sofrimento, você tem que aceitar nenhuma alegria.

O poeta está tentando dar um salto para a verdade absoluta sem percorrer o caminho da verdade relativa. Muitas pessoas pensam que, para evitar o sofrimento, elas têm que abandonar a alegria e chamam isso de "transcender a alegria e o sofrimento". Isso não está correto. Se você reconhece e aceita sua dor sem fugir dela, você descobrirá que, embora a dor exista, a alegria também existe. Sem experimentar a alegria relativa, você não saberá o que fazer quando estiver face a face com a alegria absoluta. Não fique aprisionado em teorias ou ideias, como dizer que o sofrimento é uma ilusão ou que temos que "transcender" ambos: o sofrimento e a alegria. Apenas esteja em contato com o que está realmente acontecendo, e você tocará a verdadeira natureza do sofrimento *e* a verdadeira natureza da alegria. Quando alguém está com dor de cabeça, não seria correto chamar a dor de cabeça de ilusória. Para ajudá-la a ir embora, você precisa reconhecer sua existência e compreender suas causas.

Nós entramos no caminho da prática pela porta do conhecimento, proveniente talvez de uma palestra do Darma ou de um livro. Nós prosseguimos ao longo do caminho, e o nosso sofrimento vai diminuindo pouco a pouco. Mas em determinada altura todos os conceitos e ideias devem se render à nossa real experiência. As palavras e ideias só são úteis se forem colocadas em prática. Quando deixamos de discutir assuntos e começamos a praticar os ensinamentos em nossas vidas, em determinado momento constatamos que nossa vida *é* o caminho, e não mais confiamos somente nas formas de práticas. Nossa ação torna-se "nenhuma ação" e nossa prática "nenhuma prática". As fronteiras foram cruzadas, e nossa prática não pode retroceder. Não temos que transcender o "mundo sujo" (*saha*) para alcançar um lugar livre de sujeira chamado nirvana. Sofrimento e nirvana têm a mesma substância. Se jogarmos fora o mundo da sujeira, nenhum nirvana será alcançado.

No *Discurso sobre o Girar da Roda do Darma*, Buda ensina sobre as Quatro Nobres Verdades do sofrimento: a existência do sofrimento, a causa do sofrimento, a cessação do sofrimento e o caminho. Mas no *Sutra do Coração*, o Bodhisattva Avalokiteshvara nos diz que não há sofrimento, nem causa do sofrimento, nem cessação do sofrimento e nem caminho[57]. Seria isso uma contradição? Não. Buda está falando em termos da verdade relativa, e Avalokiteshvara está nos ensinando em termos da verdade absoluta. Quando Avalokiteshvara diz que não há sofrimento, ele quer dizer que o sofrimento é totalmente formado de coisas que não são sofrimento[58]. Se você sofre, ou não, depende de várias circunstâncias. O ar frio pode ser doloroso, mas só se você não estiver bem agasalhado; mas se estiver vestido adequadamente, o ar frio pode ser uma fonte de alegria. O sofrimento não é algo objetivo. Depende muito de como você o percebe. Há coisas que fazem você sofrer, mas que não causam sofrimento aos outros. Há coisas que lhe alegram, mas não trazem alegria aos outros. Buda apresentou as Quatro Nobres Verdades – enquanto verdades relativas – para lhe ajudar a entrar pela porta da prática, mas este não é o ensinamento mais profundo de Buda.

Com o olhar da interexistência, podemos sempre reconciliar as Duas Verdades. Toda vez que vemos, compreendemos e tocamos a natureza da interexistência, nós vemos Buda.

Todos os fenômenos condicionados são mutantes,
são fenômenos sujeitos ao nascimento e à morte.
Quando nascimento e morte não mais existem
o pleno silenciar é alegria[59].

Este poema (*gatha*) foi recitado por Buda pouco antes de morrer. As duas primeiras linhas exprimem a verdade relativa, enquanto a terceira e a quarta linhas exprimem a verdade absoluta. "Todos os fenômenos condicionados" incluem os fenômenos físico, psicológico

---

57   Cf. NHAT HANH, T. *The Heart of Understanding*: Commentaries on the *Prajñaparamita Heart Sutra* [*O coração da compreensão*: comentários sobre o *Sutra do Coração Prajñaparamita*]. Berkeley: Parallx Press, 1988.
58   Cf. p. 144s. para uma explicação mais completa desta sentença. Cf. tb. cap. 18.
59   *Ekottara Agama* 18.

e fisiológico[60]. "Pleno silenciar" significa nirvana, a extinção de todos os conceitos. Quando Buda diz: "O pleno silenciar é alegria", ele quer dizer que pensar, conceituar e falar chegaram ao fim. Esta é a Terceira Nobre Verdade em termos absolutos.

Buda Gautama nos recomenda a recitar as Cinco Lembranças diariamente:

1) Envelhecer é parte da minha natureza. Não há como eu escapar da morte.

2) Adoecer é parte da minha natureza. Não há como eu escapar da doença.

3) Morrer é parte da minha natureza. Não há como eu escapar da morte.

4) Mudar é parte da natureza de tudo o que prezo e de todos os que amo. Não há como eu evitar a minha separação de tudo e todos.

5) Minhas ações são as minhas verdadeiras posses. Eu não posso fugir das consequências das minhas ações. Minhas ações são o fundamento da minha existência.

As Cinco Lembranças nos ajudam a fazer as pazes com os nossos medos de envelhecer, adoecer, ser abandonado e morrer. Estas Cinco Lembranças também são como o soar do sino da atenção plena nos chamando a apreciar profundamente as maravilhas da vida disponíveis no aqui e agora. Mas no *Sutra do Coração*, Avalokiteshvara ensina que não há nascimento e não há morte. Por que Buda nos diz que morrer faz parte da nossa natureza se não há nascimento e não há morte? Porque nas Cinco Lembranças Buda está utilizando, como instrumento, a verdade relativa. Ele sabe muito bem que, em termos da verdade absoluta, não há nascimento e não há morte.

---

60   Fenômenos de forma-condicionada (*rupa-samskara*), como um bule de chá ou uma flor, podem ser vistos com os nossos olhos. Fenômenos mentais-condicionados (*chitta-samskara*), como raiva ou tristeza, são psicológicos.

Quando olhamos para o oceano, podemos ver que cada onda tem um início e um fim. Uma onda pode ser comparada com outras ondas, e nós podemos chamá-la de mais ou menos bonita, grande ou pequena, de longa duração ou de duração menor. Mas se observarmos com mais profundidade, vemos que a onda é feita de água. Ao viver a vida de uma onda, a onda também vive a vida da água. Seria triste se a onda não soubesse que ela é água, e pensasse: "Um dia, eu vou ter que morrer. Este período de tempo é a duração da minha vida, e quando eu chegar na beira da praia, vou voltar à inexistência". Estas ideias vão deixar a onda angustiada e com medo. Nós temos que ajudá-la a eliminar as ideias de *self*, pessoa, ser vivo e tempo de vida se quisermos que a onda viva livre e feliz.

Uma onda pode ser reconhecida pelos sinais de alto e baixo, início ou fim, bonito ou feio. Mas, no mundo da água, não há sinais. No mundo da verdade relativa, a onda se sente feliz quando se avoluma e triste quando deságua. A onda poderia pensar: "Eu sou superior", ou "Eu sou inferior" e desenvolver um complexo de superioridade e de inferioridade. Mas quando a onda toca sua verdadeira natureza – que é ser água –, todos os seus complexos cessarão e ela transcenderá o nascimento e a morte.

Nós ficamos arrogantes quando as coisas vão bem, e temos medo de cair, ou de sentir-se inferior ou inadequado. Mas essas ideias são relativas, e quando chegam ao fim, surge um sentimento de completude e de satisfação. Libertação é a habilidade de ir do mundo dos sinais ao mundo da verdadeira natureza. Nós precisamos do mundo relativo da onda, mas também precisamos tocar a água, a base do nosso ser, para ter paz e alegria verdadeiras. Não devemos permitir que a verdade relativa nos aprisione e nos impeça de tocar a verdade absoluta. Olhando a verdade relativa em profundidade, nós penetramos no absoluto. As verdades relativas e absolutas se entrelaçam. Ambas as verdades, relativa e absoluta, têm um valor.

Sentados no Hemisfério Norte, achamos que nós sabemos qual é a direção que está acima e abaixo. Mas alguém sentado na Austrália não concordará conosco. Acima e abaixo são verdades relativas. Acima do quê? Abaixo do quê? Não há verdade absoluta de qual direção está acima ou abaixo, do que é ser jovem ou ser velho etc. Para mim, a velhice é boa. É agradável estar idoso! Tem coisas que os jovens não conseguem experimentar. Os jovens são como uma fonte de água jorrando do topo da montanha, sempre tentando prosseguir o mais rapidamente possível. Mas quando você se transforma num rio atravessando uma planície, você é muito mais tranquilo. Você reflete muitas nuvens e o lindo céu azul. Ser idoso tem suas alegrias. Você pode ser muito feliz sendo uma pessoa idosa. Quando eu me sento com os jovens monges e monjas, sinto que eles são continuidades minhas. Eu dei o melhor de mim, e agora eles são continuidades do meu ser. Isto significa interser, nenhum eu.

Hoje de manhã, antes de dar uma palestra de Darma, eu estava tomando café da manhã com meu assistente, um noviço encantador. Eu dei uma pausa e disse a ele: "Querido, você vê aquela vaca lá na encosta? Ela está pastando para fazer o meu iogurte, e eu agora estou bebendo iogurte para dar uma palestra de Darma". De certo modo, aquela vaca oferecerá a palestra de Darma de hoje. Enquanto eu bebia o leite da vaca, eu era um filho da vaca. Buda nos recomenda a viver cotidianamente desse jeito: vendo tudo à luz do interser. Assim não seremos aprisionados em nosso pequeno eu. Vamos ver nosso sofrimento e alegria em toda parte. Estaremos livres e não vamos ver a morte como se fosse um problema. Por que deveríamos dizer que morrer é um sofrimento? Nós continuaremos com as próximas gerações. O essencial é ser o melhor que podemos ser enquanto estivermos aqui. Depois continuaremos existindo através dos nossos filhos e netos. Motivados por amor, nós nos investimos nas próximas gerações. Se nascer e morrer é sofrimento, isso depende do nosso discernimento. Com discernimento, nós podemos olhar para todas essas coisas e sorrir para elas. Nós não ficamos mais afetados da mesma forma. Nós surfamos nas ondas do nascimento e morte, e estamos livres do nascimento e morte. O discernimento nos liberta.

Todas as "formações" (*samskara*) são mutantes. Esta folha de papel é uma **formação física** constituída de muitos elementos. Uma rosa, uma montanha, uma nuvem são formações. Sua raiva é uma **formação mental**. Seu amor e a ideia de nenhum eu são formações mentais. Meus dedos e meu fígado são **formações fisiológicas**. Examine o *self* e descubra que ele é formado somente de elementos que não são *self*. Um ser humano é composto somente de elementos não humanos. Para proteger os humanos, temos que proteger os elementos não humanos como o ar, a água, a floresta, o rio, as montanhas e os animais. O *Sutra do Diamante* é o texto mais antigo sobre como respeitar todas as formas de vida na Terra: os animais, a vegetação e também os minerais. Nós temos que descartar a noção de humano como algo que pode sobreviver por si só. Os humanos podem sobreviver somente com a sobrevivência das outras espécies. Este é exatamente o ensinamento de Buda e também o ensinamento da ecologia profunda.

Quando examinamos os seres vivos em profundidade, descobrimos que eles são feitos de elementos que não são seres vivos. Aquilo que chamamos de seres inanimados também estão vivos. As nossas ideias sobre os seres vivos e seres inanimados devem ser descartadas, se quisermos entrar em contato com a realidade.

A quarta noção a ser descartada é a de tempo de vida. Pensamos que só existimos a partir de determinado ponto no tempo até outro ponto no tempo, e sofremos por causa dessa noção. Se examinarmos em profundidade, vamos entender que nunca nascemos e nunca morreremos. Uma onda nasce e morre, é mais elevada ou menos elevada, mais bela ou menos bela. Mas você não pode aplicar essas noções em relação à água. Ao compreendermos isso, o nosso medo desaparece subitamente.

Carregamos dentro de nós um mundo que não nasce e não morre. Mas nunca entramos em contato com ele, pois vivemos somente com nossas ideias. A prática é remover essas noções e tocar a dimensão última – nirvana, Deus, o mundo não nascido e imortal. Por conta das noções que carregamos, somos incapazes de entrar em contato com a dimensão última e vivemos, o tempo todo, sofrendo e atemorizados. Quando a onda vive profundamente sua vida enquanto onda, ela toca a dimensão da água que existe nela, e de repente os seus medos e noções desaparecem, e a onda vive realmente feliz. Antes disso, a felicidade dela era apenas um tipo de curativo, Band-Aid. O maior dos alívios é tocar nirvana, o mundo não nascido e imortal.

A Terceira Verdade Sagrada diz respeito ao bem-estar relativo, que é impermanente. Sua dor de dente é impermanente, mas a sua não dor de dente também é impermanente. Ao praticar o budismo profundo, você descarta todas essas noções e toca o mundo sem nascimento e sem morte. Com este *insight*, você olha, com os olhos de um sábio, para nascimento, morte, velhice, altos e baixos, sofrimento e felicidade e deixa de sofrer. Você sorri, sem medo.

A Quarta Nobre Verdade é a cessação das causas do sofrimento. Quando nós pomos um fim em nosso sofrimento, sentimos uma alegria relativa. Mas quando todos os nossos conceitos de sofrimento e não sofrimento cessam, nós saboreamos uma alegria absoluta. Imagine duas galinhas prestes a serem abatidas, mas que não estão sabendo disso. Uma diz pra outra: "O arroz está muito mais saboroso do que o milho. O milho está um pouco estragado". Ela está falando sobre alegria relativa. Ela não percebe que a real alegria deste momento é a alegria de não ser abatida, a alegria de estar viva.

Quando praticamos as Quatro Verdades Sagradas na dimensão da verdade relativa, obtemos algum alívio. Somos capazes de transformar o nosso sofrimento e restaurar o nosso bem-estar.

Mas ainda estamos na dimensão histórica da realidade. O nível mais profundo da prática é conduzirmos nossa vida cotidiana de modo a entrar em contato com ambas as verdades: a relativa e a absoluta. Na dimensão da verdade relativa, Buda morreu há muitos anos. Mas no reino da verdade absoluta, nós podemos pegar a mão dele e sair juntos caminhando com ele em meditação todo o dia. Pratique de um modo que lhe proporcione o maior dos alívios. A onda já é água. Para entrar no coração de Buda, use os seus olhos búdicos, o que significa o seu discernimento do interexistir. Aproxime-se do coração de Buda no reino da verdade absoluta, e Buda estará presente para você. Ao ouvir o som do sino, escute com os seus ouvidos, e também ouça com os ouvidos dos seus ancestrais, dos seus filhos e dos filhos deles. Escute nas dimensões relativa e absoluta ao mesmo tempo. Você não tem que morrer para entrar no nirvana ou no Reino de Deus. Você só precisa habitar profundamente no momento presente, neste instante mesmo.

O *Sutra Avatamsaka* diz que todos os darmas (fenômenos) permeiam um darma e um darma permeia todos os darmas. Se você se aprofunda em qualquer um dos ensinamentos, vai encontrar todos os outros ensinamentos contidos nele. Se você pratica a contemplação profunda da Primeira Verdade Sagrada, poderá ver o Nobre Caminho Óctuplo revelado. Do lado de fora da Primeira Verdade Sagrada, não pode haver caminho algum, seja sagrado ou profano. Por isso, você tem que abraçar o seu sofrimento, sustentá-lo bem pertinho do peito e olhar profundamente para ele. A saída do sofrimento depende de como você o examina. Por isso o sofrimento é chamado de Verdade Sagrada. Olhe profundamente a natureza do caminho usando os seus olhos búdicos. A verdade do caminho é una com a verdade do sofrimento. A cada segundo, estou no caminho que me leva para a saída do sofrimento, o sofrimento existe para me guiar. Por isso é um caminho sagrado.

Este livro começou com a frase: "Buda não foi um deus. Ele foi um ser humano..." O que significa isso? O que é um ser humano? Se as árvores e os rios não existissem, os seres humanos poderiam estar vivos? Se os animais e todas as outras espécies não existissem, como poderíamos viver? Um ser humano é totalmente constituído de elementos não humanos. Nós devemos nos libertar das ideias de Buda e de seres humanos. Nossas ideias podem ser obstáculos que nos impedem de enxergar Buda.

"Querido Buda, você é um ser humano?" Nós queremos que Buda confirme a ideia que temos dele. Mas ele nos olha, sorri e diz: "Um ser humano não é um ser humano. Por isso podemos dizer que ele é um ser humano". Essas são as dialéticas do *Sutra do Diamante*: "*A* não é *A*. Por isso, *A* é verdadeiramente *A*". Uma flor não é uma flor. Ela é composta só de elementos que não são flor – luz do sol, nuvens, tempo, espaço, terra, minerais, jardineiros, e assim por diante. Uma flor verdadeira contém todo o universo. Se nós retornarmos para sua fonte qualquer um desses elementos que não são flor, não mais haverá flor alguma. Por essa razão, podemos dizer: "Uma rosa não é uma rosa. Por isso, é uma rosa autêntica". Temos que eliminar o nosso conceito de rosa se quisermos tocar a verdadeira rosa.

Nirvana significa extinção – em primeiro lugar, a extinção de todos os conceitos e noções. Os nossos conceitos sobre as coisas nos impedem de entrar realmente em contato com elas. Temos que destruir nossas noções se quisermos entrar em contato com a rosa real. Quando perguntamos: "Querido Buda, você é um ser humano?", isso significa que temos um conceito sobre o que um ser humano é. Então o Buda apenas sorri para nós. É o jeito dele de nos encorajar a transcender nossos conceitos e tocar o ser real que ele é. Um ser real é bem diferente de um conceito.

Se você esteve em Paris, você tem um conceito de Paris. Mas o seu conceito é bem diferente da própria cidade de Paris. Mesmo que tenha morado em Paris por 10 anos, sua ideia de Paris ainda não coincide com a realidade. Pode ser que você tenha vivido com alguém durante dez anos e pense que conhece aquela pessoa perfeitamente bem, mas você está vivendo apenas com o seu próprio conceito dela. Você tem um conceito de si mesmo, mas será que tocou o seu verdadeiro eu? Olhe profundamente para tentar preencher a lacuna entre o seu conceito de realidade e a própria realidade. A meditação nos ajuda a nos despir dos conceitos.

O ensinamento budista sobre as Duas Verdades também é um conceito. Mas se nós soubermos utilizá-lo, poderemos ser ajudados por ele a penetrar a própria realidade.

18
Os Três Selos do Darma

Os três selos do Darma (*Dharma mudra*) são: impermanência (*anitya*), nenhum eu (*anatman*) e nirvana. Qualquer ensinamento que não tenha estes três selos não pode ser considerado um ensinamento de Buda[61].

O primeiro selo do Darma é impermanência. Buda ensinou que tudo é impermanente – flores, mesas, montanhas, regimes políticos, corpos, sentimentos, percepções, formações mentais e consciência. Nós não conseguimos encontrar algo que seja permanente. As flores se decompõem, mas saber disso não nos impede de amá-las. De fato, somos capazes de amá-las ainda mais, pois sabemos valorizá-las enquanto ainda vivem. Se aprendermos a olhar para uma flor de modo que a impermanência se revele a nós, quando a flor morrer, nós não vamos sofrer. Impermanência é mais do que uma ideia. É uma prática que nos ajuda a tocar a realidade.

Quando estudarmos a impermanência, temos que questionar: "Será que existe algo neste ensinamento que tenha a ver com a minha vida cotidiana, com as minhas dificuldades diárias, meu

---

[61] Na transmissão do Sul, geralmente considera-se que os Três Selos são: impermanência, sofrimento (*dukkha*) e nenhum eu. Mas no *Samyukta Agama*, Buda ensinou sobre impermanência, nenhum eu e nirvana como sendo os Três Selos. Cf. cap. 4 e 5 para ter uma explicação mais completa do porque o autor escolheu incluir nirvana ao invés de *dukkha* como um dos selos do Darma.

sofrimento?" Se virmos impermanência como mera filosofia, isso não é ensinamento de Buda. Toda vez que virmos ou ouvirmos, o objeto da nossa percepção pode nos revelar a natureza da impermanência. Temos que nutrir o nosso discernimento da impermanência o dia inteiro.

Ao contemplarmos profundamente a impermanência, vamos ver que as coisas mudam porque as causas e condições mudam. Ao contemplarmos profundamente o nenhum eu, vemos que a existência de cada uma das coisas só é possível devido à existência de outras coisas. Vemos que tudo o mais é causa e condição da sua existência. Vemos que tudo o mais está contido naquilo.

Do ponto de vista do tempo, nós dizemos "impermanência", e do ponto de vista do espaço, nós dizemos "nenhum eu". As coisas não conseguem permanecer do mesmo jeito por dois momentos consecutivos, portanto, nada pode ser considerado um "eu" permanente. Antes de ter entrado nesta sala, vocês eram diferentes física e mentalmente. Examinando a impermanência de maneira profunda, você compreende "nenhum eu". Examinando "nenhum eu" de maneira profunda, você compreende a impermanência. Não podemos dizer: "Eu posso aceitar impermanência, mas nenhum eu é difícil demais"; pois são a mesma coisa.

A compreensão da impermanência pode nos dar confiança, paz e alegria. A impermanência não nos leva, necessariamente, ao sofrimento. Se não houvesse impermanência, não haveria vida. Se não houvesse impermanência, a sua filha não poderia crescer e se transformar numa bela moça. Se não houvesse impermanência, os regimes políticos opressivos nunca mudariam. Nós pensamos que a impermanência nos faz sofrer. Buda deu o exemplo de um cachorro que foi apedrejado e ficou com raiva da pedra. Não é a impermanência que nos faz sofrer. O que nos faz sofrer é querer que as coisas sejam permanentes quando elas não o são.

Nós precisamos aprender a apreciar o valor da impermanência. Se estivermos gozando de uma boa saúde e estivermos conscientes da impermanência, vamos cuidar bem de nós mesmos. Sabendo que a pessoa que amamos é impermanente, podemos apreciá-la ainda mais. A impermanência nos ensina a respeitar e valorizar cada momento e todas as coisas preciosas existentes em nós e à nossa volta. Ao praticar atenção plena da impermanência, nós nos tornamos mais bem dispostos e amorosos.

Olhar as coisas em profundidade pode se tornar um estilo de vida. Podemos praticar respirando conscientemente que nos ajuda a viver em contato com as coisas, e contemplar profundamente a natureza impermanente delas. Essa prática nos impedirá de ficar reclamando que tudo muda, e, portanto não vale a pena viver por aquilo. A impermanência é o que possibilita a transformação. Devemos aprender a dizer: "Que a impermanência tenha vida longa". Graças à impermanência, nós podemos transformar sofrimento em alegria.

Se praticarmos a arte de viver conscientemente, quando as coisas mudarem, nós não vamos ter arrependimento algum. Podemos sorrir, porque fizemos o melhor que pudemos para desfrutar cada momento da vida e fazer os outros felizes. Quando entrarem numa discussão com alguém que vocês amam, por favor, fechem os olhos e visualizem vocês daqui a 300 anos. Ao abrir os olhos, tudo o que vocês vão querer é um abraçar o outro e reconhecer o quanto cada um de vocês é precioso. O ensinamento sobre impermanência nos ajuda a apreciar inteiramente o que existe, sem apego ou esquecimento.

Nós temos que nutrir, diariamente, o nosso discernimento da impermanência. Se assim fizermos, vamos viver de forma mais plena, vamos sofrer menos e apreciar muito mais a vida. Vivendo de maneira plena, vamos tocar a razão de ser da realidade, nirvana, o mundo sem nascimento e sem morte. Ao entrarmos em contato profundo com a impermanência, acessamos um mundo além de permanência e impermanência. Nós tocamos a base do ser e compreendemos que aquilo que tínhamos chamado de existência e inexistência são apenas noções. Nada é jamais perdido. Nada é jamais ganhado.

O segundo selo do Darma é *nenhum self*. Nada possui uma existência separada ou um *self* separado. Tudo tem que coexistir de forma interligada com tudo o mais.

A primeira vez que provei os biscoitos de manteiga de amendoim, eu estava em Tassajara Zen Mountain Center, na Califórnia, e adorei! Aprendi que para fazer biscoitos de manteiga de amendoim você tem que misturar os ingredientes para preparar a manteiga, e depois disso, com uma colher, colocar cada biscoito numa folha de papel. Eu fiquei imaginando que, no momento em que cada biscoito se desprende da massa da tigela e é colocado na bandeja ele começa a se ver como existindo separado. Você, o criador dos biscoitos, por saber mais, tem muita compaixão por eles. Você sabe que originalmente eles são todos um e que, mesmo agora, a felicidade de cada biscoito ainda é a felicidade de todos os outros biscoitos. Mas eles desenvolveram a "percepção discriminativa" (*vikalpa*) e, de repente, estabelecem barreiras entre eles. Quando você os coloca no forno, eles começam a conversar um com o outro: "Saia do meu caminho. Eu quero ficar no meio". "Eu sou marrom e bonito, e você é disforme." "Será que você não poderia se espalhar um pouco mais pra lá?" Temos a tendência de também nos comportar dessa forma, e isso causa muito sofrimento. Se soubermos acessar nossa mente não discriminatória, nossa felicidade e a felicidade dos outros vão aumentar de várias maneiras.

Todos nós temos a capacidade de viver com sabedoria não discriminatória, mas temos que nos treinar para ver dessa forma, ver que a flor somos nós, a montanha somos nós, nossos pais e nossos filhos são todos nós. Quando compreendermos que tudo e todos pertencem ao mesmo fluxo de vida, nosso sofrimento desaparecerá.

Nenhum self não é uma doutrina ou filosofia, é um discernimento que pode nos ajudar a viver a vida com maior profundidade, sofrendo menos e desfrutando muito mais a vida. Nós precisamos viver o discernimento de *nenhum self*.

Tolstoy escreveu uma estória sobre dois inimigos. *A* sofria muito por causa de *B*, e o seu único propósito na vida era erradicar *B*. Toda vez que ouvia o nome de *B*, toda vez que ele pensava na imagem de *B*, *A* ficava furioso. Então, um dia, *A* foi visitar a cabana de um sábio. Após ter ouvido *A* profundamente, o sábio lhe ofereceu um copo d'água refrescante, em seguida derramou um pouco da mesma água sobre a cabeça de *A* e o lavou. Quando eles se sentaram para beber um chá, o sábio lhe disse: "Agora você é *B*".

A ficou pasmo! "Essa é a última coisa que eu quero ser! Eu sou *A* e ele é *B*! Não pode haver conexão alguma."

"Mas você é *B*, não importa se acredita nisso ou não", disse o sábio. Depois ele trouxe um espelho para ele, e com certeza quando *A* olhou-se no espelho viu *B*! Toda vez que ele se movia, *B* no espelho fazia exatamente a mesma coisa. O som da voz de *A* se tornou o som da voz de *B*. *A* começou a ter os sentimentos e percepções de *B*. *A* tentou voltar-se para si mesmo, mas não conseguia. Que estória maravilhosa!

Nós devemos praticar para que possamos ver os muçulmanos como hinduístas e os hinduístas como muçulmanos. Nós devemos praticar para que possamos ver os israelitas como palestinos e os palestinos como israelitas. Devemos praticar até que possamos ver que cada pessoa somos nós, que não estamos separados uns dos outros. Isso irá reduzir imensamente o nosso sofrimento. Nós somos como os biscoitos, pensando que somos separados e nos opondo uns aos outros, quando realmente somos feitos de uma mesma realidade. Nós *somos* aquilo que percebemos ser. Este é o ensinamento do *nenhum self*, do interser.

Quando Avalokiteshvara afirmou que olhos, ouvidos, nariz, língua, corpo e mente são vazios, ele quis dizer que eles não podem existir exclusivamente por si sós[62]. Eles têm que interexistir com tudo o mais. Os nossos olhos não seriam possíveis sem os elementos que não são olhos. Por isso ele diz que nossos olhos não têm uma existência separada. Precisamos ver a natureza interligada de tudo para realmente compreender. Isso requer algum treinamento para compreender as coisas dessa forma.

Nenhum self significa que você é composto de elementos que não são você. Durante a hora que passou, diversos elementos fluíram para dentro de você e outros elementos fluíram para fora de você. Sua felicidade, de fato, sua existência, vem de coisas que não são você. Sua mãe está feliz porque você está feliz. E você está feliz porque ela está feliz. Felicidade não é uma questão individual. A filha deveria praticar de uma forma que possibilite a ela compreender melhor sua mãe, e a mãe dela possa compreendê-la melhor. A filha não pode encontrar felicidade fugindo de casa, pois carrega sua família consigo. Nada pode ser deixado pra trás. Não há coisa alguma de que ela possa se livrar, mesmo que fuja e não diga para onde está indo. A consciência armazenadora dela carrega todas as sementes. Ela não pode se livrar de uma semente sequer.

Os ensinamentos da impermanência e *nenhum self* foram oferecidos por Buda como chaves que abrem as portas da realidade. Nós temos que nos treinar para olhar de um jeito consciente de que, ao tocarmos algo, estamos tocando tudo. Temos que compreender que o um está no todo e o todo está no um. Não tocamos somente os aspectos característicos da realidade, mas o fundamento da existência. As coisas são impermanentes e sem um *self*. Elas têm que se submeter ao nascimento e à morte. Mas se tocarmos um fenômeno muito profundamente, tocamos o fundamento da exis-

---
62 Cf. NHAT HANH, T. *The Heart of Understanding*.

tência que é livre de nascimento e morte, livre de permanência e impermanência, de um *self* e de *nenhum self*.

Nirvana, o Terceiro Selo do Darma, é o fundamento da existência, é a essência de tudo o que existe. Uma onda não tem que morrer para se tornar água. Água é a essência da onda. A onda já é água. Nós também somos assim. Nós trazemos em nós o fundamento da interexistência, nirvana, o mundo sem nascimento e sem morte, sem permanência, sem impermanência, sem *self* e sem *nenhum self*. Nirvana é o silenciar completo dos conceitos. Os conceitos de impermanência e *nenhum self* foram oferecidos por Buda como instrumentos de prática, não como doutrinas para serem veneradas ou para se lutar ou morrer por elas. "Meus queridos amigos", o Buda disse, "o Darma que eu lhes ofereço é somente uma jangada para ajudar vocês na travessia para a outra margem". A jangada não é para ser mantida como um objeto de veneração. É um instrumento para atravessar até a outra margem do bem-estar. Se você estiver aprisionado no Darma, o mesmo deixa de ser Darma. Impermanência e *nenhum self* pertencem ao mundo dos fenômenos, como as ondas. Nirvana é o fundamento de tudo o que existe. As ondas não existem fora da água. Se souber tocar as ondas, você toca, ao mesmo tempo, a água. Nirvana não existe separado da impermanência e de *nenhum self*. Se souber usar as ferramentas da impermanência e nenhum eu para entrar em contato com a realidade, você toca nirvana aqui e agora.

Nirvana é a extinção de todas as ideias. Nascimento é uma ideia. Morrer é uma ideia. Ser é uma ideia. Não ser é uma ideia. Temos que lidar com essas realidades relativas em nossa vida diária. Mas se tocarmos profundamente a realidade, a mesma vai se revelar de forma diferente.

Pensamos que nascer significa que a partir do nada nos tornamos em algo, de ninguém nos tornamos alguém, de inexistentes nos tornarmos existentes. Pensamos que morrer significa subitamente deixar de ser algo para ser nada, deixar de ser alguém para ser ninguém, deixar de existir para inexistir. Mas Buda disse: "Não há nascimento e não há morte, não há existência e inexistência", e ele nos ofereceu ensinamentos sobre a impermanência, nenhum eu, interexistência e vacuidade para descobrirmos a verdadeira natureza da realidade. No *Sutra do Coração*, nós repetimos muitas e muitas vezes que não há nascimento e não há morte. Mas recitar não basta. O *Sutra do Coração* é um instrumento para investigar a verdadeira natureza de nós mesmos e do mundo.

Quando olha para esta folha de papel, você pensa que ela pertence ao reino da existência. Houve um dia em que ela passou a existir, um momento na fábrica em que ela tornou-se uma folha de papel. Mas antes da folha de papel ter nascido, será que ela inexistia? Será que nada pode se tornar em algo? Antes de ser reconhecida como uma folha de papel, ela deve ter sido outra coisa – uma árvore, um galho, luz solar, nuvens, a terra. Em sua vida anterior, a folha de papel era todas essas coisas. Se você perguntar à folha de papel: "Me conte sobre suas aventuras", ela lhe dirá: "Converse com uma flor, uma árvore ou uma nuvem e ouça suas estórias". A estória do papel é muito parecida com a nossa. Nós também temos muitas coisas maravilhosas para contar. Antes de termos nascido, nós também já existíamos em nossa mãe, em nosso pai e em nossos ancestrais. O koan "Qual era a sua face antes dos seus pais terem nascido?" é um convite para olharmos em profundidade e nos identificarmos no tempo e espaço. Geralmente pensamos que não existíamos antes do tempo de nossos pais, que nós só começamos a existir no momento do nosso nascimento. Mas nós já estávamos aqui em muitas formas. O dia do nosso nascimento foi apenas um dia de continuidade. Em vez de dizer todo ano "Feliz aniversário", deveríamos dizer "Feliz continuidade".

"Nada se cria, nada se perde" foi uma declaração feita pelo cientista francês Antoine Lavoisier. Ele não era budista. Ele desconhecia o *Sutra do Coração*. Mas suas palavras são exatamente as mesmas. Se eu tocar fogo nesta folha de papel, será que a reduzirei à inexistência? Não, ela apenas se transformará em fumaça, calor e cinzas. Se colocarmos a "continuação" desta folha de papel no jardim, quando estivermos praticando a caminhada meditativa poderemos ver a florzinha e reconhecê-la como o renascimento da folha de papel. A fumaça se tornará parte da nuvem no céu e também continuará a aventura. Depois de amanhã, um chuvisco pode cair sobre a sua cabeça, e você reconhecerá a folha de papel dizendo: "Olá!" O calor produzido pelo fogo penetrará seu corpo e o cosmos. Com um instrumento suficientemente sofisticado, você será capaz de medir o quanto essa energia o penetra. A folha de papel continua evidentemente, mesmo depois de ter sido queimada. Aquele momento, que chamamos de a morte da folha, é realmente um momento de continuação.

Quando a nuvem está prestes a se tornar chuva, ela não tem medo. Pode ser até que esteja animada. É maravilhoso ser uma nuvem flutuando no céu azul, mas ser uma chuva caindo sobre os campos, o oceano, ou as montanhas é também maravilhoso. A nuvem vai cantar quando estiver caindo como uma chuva. Contemplando profundamente, nós compreendemos que nascimento é apenas uma noção e que a morte é apenas uma noção. Nada pode nascer do nada. Ao tocarmos a folha de papel profundamente, ao tocarmos a nuvem profundamente, ao tocarmos nossos avós profundamente, entramos em contato com a natureza que não nasce e não morre, e nos libertamos das aflições. Nós já os reconhecemos em muitas outras formas. Este é o discernimento que ajudou Buda a se tornar sereno, pacífico e destemido. Este ensinamento de Buda pode nos ajudar a entrar em contato profundo com a natureza do nosso ser, a razão da nossa existência, para que possamos tocar o mundo não nascido e imortal. Este é o *insight* que nos liberta do medo e da aflição.

Nirvana significa extinção, principalmente a extinção de todas as ideias: a ideia de nascer e morrer, existência e inexistência, chegar e partir, eu e outro, um e muitos. Todas essas ideias nos causam sofrimento. Temos medo da morte porque a ignorância nos dá uma ideia ilusória do que é morte. Ficamos perturbados pelas ideias de existência e inexistência porque não compreendemos a verdadeira natureza da impermanência e nenhum eu. Nós nos preocupamos com o nosso próprio futuro, mas não nos preocupamos com o futuro dos outros, porque pensamos que nossa felicidade tem nada a ver com a felicidade do outro. Essa ideia de eu e outro dá surgimento a um sofrimento imensurável. Para extinguir essas ideias, temos que praticar. Nirvana é um ventilador que nos ajuda a extinguir o fogo de todas as nossas ideias, inclusive as ideias de permanência e *self*. Esse ventilador é nossa prática diária de examinar profundamente.

No budismo, falamos sobre **oito conceitos**: nascimento, morte, permanência, dissolução, chegar, partir, um e muitos. A prática para pôr fim ao apego a essas oito ideias é chamada de Os Oito Nãos do Caminho do Meio: não há nascimento, não há morte, não há permanência e não há dissolução, não há chegada, não há partida, não há um e não há muitos. No Vietnã do século XIII, alguém fez uma pergunta ao Mestre Tue Trung após uma palestra do Darma e ele respondeu: "Depois de ter oferecido todo o conteúdo dos Oito Conceitos, que explicação adicional eu poderia oferecer?"

Uma vez que essas oito ideias tenham sido destruídas, nós tocaremos nirvana. Nirvana é libertar-se dos oito conceitos e também dos seus opostos: impermanência, nenhum eu, surgimento simultâneo interdependente, vacuidade e o caminho do meio. Se nos agarrarmos aos Três Selos como ideias fixas, essas ideias também terão que ser destruídas. A melhor forma de fazer isso é colocando esses ensinamentos em prática no cotidiano. A experiência sempre vai além das ideias.

O mestre vietnamita do século X, Thiên Hôi, disse aos seus alunos: "Seja diligente para alcançar o estado sem nascimento e sem morte". Um aluno perguntou: "Onde podemos entrar em contato com o mundo sem nascimento e sem morte?" E ele respondeu: "Exatamente aqui no mundo do nascimento e da morte". Para tocar a água, você tem que tocar as ondas. Se você toca profundamente o nascimento e a morte, você toca o mundo sem nascimento e sem morte.

Impermanência, nenhum eu, surgimento simultâneo interdependente e caminho do meio, todos são chaves que abrem portas da realidade. Não tem sentido deixá-las no seu bolso. Você tem que usá-las. Quando você compreende impermanência e nenhum eu, você já está livre de muito sofrimento e em contato com nirvana, o terceiro selo do Darma. Nirvana não é algo a ser procurado no futuro. Enquanto um selo do Darma, está presente em cada um dos ensinamentos de Buda. A natureza nirvânica da vela, da mesa e da flor são reveladas nos ensinamentos, assim como as suas naturezas mutantes e destituídas de *self*.

Imagine uma reunião onde todo mundo esteja afirmando sua própria opinião e discordando de todo o resto. Quando a reunião termina, você está exausto devido a todas essas discussões e ideias. Você abre a porta e vai até o jardim onde o ar é puro, os pássaros estão cantando e o vento assobiando nas árvores. A vida lá fora é bem diferente da reunião com tantas palavras e raiva. No jardim, ainda existem sons e imagens, mas eles são revigorantes e saudáveis. Nirvana não é a ausência da vida. *Drishtadharma nirvana* significa "nirvana nesta vida mesmo". Nirvana significa pacificar, silenciar ou extinguir o fogo do sofrimento. Nirvana ensina que nós já somos aquilo que queremos nos transformar. Não temos que continuar correndo atrás de coisa alguma. Só precisamos nos voltar para dentro de nós mesmos e tocar nossa verdadeira natureza. Ao fazermos isso, temos paz e alegria verdadeiras.

*Acordei, hoje de manhã, e descobri que
tenho usado os sutras como travesseiro.
Ouço o zumbido animado das abelhas diligentes
preparando-se para reconstruir o universo.
Meus queridos, o trabalho de reconstrução
pode levar o tempo de milhares de vidas,
mas já foi concluído
exatamente há milhares de anos*[63].

No *Sutra dos Quarenta e Dois Capítulos*, Buda disse: "Minha prática é a prática de nenhuma ação, nenhuma prática e nenhuma realização"[64]. Isso significa dizer que o que buscamos não se encontra fora de nós mesmos.

Qualquer ensinamento que não traga a marca dos Três Selos, das Quatro Nobres Verdades e do Nobre Caminho Óctuplo não é autenticamente budista. Mas às vezes somente Dois Selos do Darma são ensinados: sofrimento e nirvana. Outras vezes, são ensinados os Quatro Selos do Darma: impermanência, nenhum eu, nirvana e sofrimento. Mas o sofrimento não é um elemento básico da existência. É um sentimento. Se insistirmos que algo que é impermanente e destituído de um *self* permanente e autônomo seja permanente, nós sofremos. Buda ensinou que, quando o sofrimento estiver presente, nós temos que identificá-lo e dar os passos necessários para transformá-lo. Ele não ensinou que o sofrimento está sempre presente. No budismo Mahayana, existe também o ensinamento sobre Um Selo do Darma: o Selo da Verdadeira Marca. Os ensinamentos sobre um, dois, quatro Selos do Darma, todos foram introduzidos depois que Buda faleceu.

Nós praticamos os Três Selos do Darma para realizar a libertação. Se você memoriza um livro de cinco mil páginas sobre os Três Selos do Darma, mas não aplica os ensinamentos em sua vida

---

63 Extraído de NHAT HANH, T. "Butterflies over the Golden Mustard Fields" ["Borboletas sobrevoando os campos de mostarda douradas"]. In: *Call me by my True Names*. Op. cit., p. 75.
64 *Sutra dos Quarenta e Dois Capítulos*. Taisho 789.

diária, aquele livro não terá utilidade. Somente usando sua inteligência e colocando os ensinamentos em prática eles podem lhe trazer felicidade. Por favor, fundamente sua prática na sua própria vida e experiências, seus sucessos e fracassos. Os ensinamentos de Buda são joias, mas nós temos que cavar fundo para entrarmos plenamente em contato com eles.

🙠🙠🙠🙠🙠

Existem outros critérios que podem nos ajudar a navegar os sutras e ver se um ensinamento representa uma compreensão correta do Darma. Estes incluem as Duas Relevâncias, os Quatro Modelos de Verdade e as Quatro Confianças.

A primeira das Duas Relevâncias é a "Relevância da Essência". A essência configura-se nos Três Selos do Darma. Se alguém ensina o Darma, o que ele ou ela disser deve estar em concordância com os ensinamentos de Buda sobre impermanência, nenhum eu e nirvana. Quando você entende os Três Selos do Darma em profundidade, você os trará para toda situação da sua vida diária.

A Segunda Relevância é a "Relevância das Circunstâncias". Quando alguém compartilha o Darma, o que aquela pessoa disser deve se adequar à situação e à mentalidade daqueles a quem ela está se dirigindo, para que o ensinamento seja adequado. Se não for adequado, não é o verdadeiro Darma, mesmo que soe como se fosse Darma. A pessoa não deve apenas repetir algumas palavras de Buda. Se ela age como um toca-fitas e simplesmente coloca um cassete, isso não significa falar levando em consideração as circunstâncias. A pessoa deve questionar: "Para quem estou falando? Em quais estágios suas vidas estão? Quais são suas crenças, preocupações e aspirações?" Examinando dessa forma, em profundidade, qualquer coisa que a pessoa disser estará imbuída de amor e compaixão.

Ninguém pode oferecer o medicamento correto sem conhecer a doença do paciente.

Quando você estiver numa discussão do Darma, cada palavra que você disser deve ser *relevante* para a **essência** e para a **circunstância**. Por favor, falem em consonância com os ensinamentos da impermanência, nenhum eu e nirvana; e falem diretamente aos que estão presentes, levando em consideração as experiências deles, os conhecimentos e *insights* deles. Pode haver coisas que você considera importante, mas não pode dizer a esse grupo particular. As Duas Relevâncias requerem que você fale de forma habilidosa, tolerante e cuidadosa.

♠♠♠♠♠

Os Quatro Modelos de Verdade (*siddhanta*) são outro guia que nos ajuda a compreender os ensinamentos de Buda. O primeiro modelo é "**o mundano**". O ensinamento é oferecido na linguagem do mundo para que os que estão no mundo sejam capazes de compreender. Temos que levar em consideração as cosmologias contemporâneas, artes, filosofias, metafísicas, e assim por diante, e lidar com elas. Por exemplo, nós chamamos os dias da semana de segunda-feira, terça-feira, quarta-feira etc. Nós dividimos o tempo em dias, meses e anos para expressar a verdade de forma relativa, para a nossa conveniência. Quando Buda nos diz que nasceu em Lumbini, está em concordância com o Primeiro Modelo.

O segundo modelo é "**a pessoa**". Devemos nos lembrar enquanto lemos os discursos de Buda que as palavras dele variaram de acordo com as necessidades e aspirações dos seus ouvintes. Quando Buda ensinava, ele estava profundamente consciente daquele grupo específico de pessoas, e o que ele falava se dirigia especificamente a elas.

O terceiro modelo é "**a cura**". Quando Buda falava, era sempre para curar doenças específicas daqueles a quem ele se dirigia. Todos têm alguma doença que precisa ser curada. Quando você fala para expressar cura, o que você disser sempre será útil.

O quarto modelo é "**o absoluto**". Buda expressou a verdade absoluta de forma direta e inequívoca. Ele dizia que não havia *self*, mesmo quando as pessoas não acreditavam ou concordavam com ele. Ele falava isso porque sabia que era verdade. Os viajantes exploradores do século XV diziam que o mundo era redondo mesmo quando a comunidade os ameaçava de os aprisionarem por estarem afirmando isso. Podemos usar esses Quatro Modelos de Verdade para compreender os sutras enquanto os lemos.

⁂

A terceira lista que nos ajuda a estudar o Darma é chamada de as Quatro Confianças. Esta lista foi formulada por professores subsequentes, não pelo próprio Buda. A Primeira Confiança é que nós devemos confiar nos ensinamentos e não na pessoa. Isso quer dizer que nós podemos aprender até mesmo de um professor que não pratica tudo o que ensina. A minha professora da quinta série, Senhorita Liên, geralmente usava sapatos de saltos altos. Um dia ela escreveu no quadro negro: "Nunca use sapatos de saltos altos. Você pode torcer o tornozelo". Eu não conseguia entender porque ela não aplicava o ensinamento para ela mesma. Outro professor que era um fumante inveterado nos ensinava sobre os riscos do tabagismo para a saúde, há 60 anos! A classe inteira sorria e ele dizia: "Faça o que eu digo, mas não faça o que faço". Posteriormente, quando eu frequentava o Instituto de Estudos Budistas, pessoas diziam à gente que se uma joia preciosa estiver numa lixeira, você tem que sujar suas mãos. Lembre-se do monge que teve que memorizar todos os sutras. Ele não era uma pessoa fácil ou um bom praticante, mas os outros monges tiveram que aturá-lo e encorajá-lo a recitar os sutras para que pudessem escrevê-los.

Para mim, o relacionamento entre professor e aluno está baseado na confiança de que o professor ensina o que ele praticou e continua a praticar. Isso significa ensinar através do exemplo, da forma como vivemos. Talvez os professores ancestrais pensassem ser tão difícil encontrar alguém que pudesse ensinar através do seu exemplo de vida que, se eles esperassem a chegada de alguém assim, poderiam perder a chance de se beneficiar dos ensinamentos disponíveis naquele momento.

A Segunda Confiança é confiar somente nos discursos em que Buda ensinou em termos absolutos e não naqueles cujos meios são a verdade relativa. Eu também me sinto desconfortável em relação a este modelo de confiança, por não esclarecer como os discursos que explicam por meio de verdades absolutas estão relacionados aos que explicam através de verdades relativas. De fato, os sutras que ensinam sobre verdades absolutas podem ser melhor compreendidos à luz dos sutras que ensinam verdades relativas. Não devemos pensar que discursos sobre assuntos práticos, como os Cinco Treinamentos da Atenção Plena, não sejam dignos da nossa atenção e que deveríamos estudar somente o *Sutra de Lótus* e o *Avatamsaka*[65]. Temos que saber como ir de um sutra mais prático a um sutra menos prático. Quando somos treinados a compreender os discursos mais básicos, nós vamos ter mais facilidade para compreender os mais esotéricos.

A Terceira Confiança é a de que devemos confiar no significado e não nas palavras. Quando temos uma visão geral da forma como Buda ensina e compreendemos o contexto e as circunstâncias de um ensinamento específico, não vamos extrapolar de forma inadequada

---

[65] *Discurso sobre o Discípulo do Clã-Branco (Upasaka Sutra), Madhyama Agama* 128; *Anguttara Nikaya* III, 211. Cf. NHAT HANH, T. *For a Future to be Possible.* Op. cit., p. 199-247.

ou usar as palavras de Buda fora de contexto. Desse modo, quando houver um erro devido a uma transmissão incorreta, podemos retificá-la por nós mesmos.

A Quarta Confiança é a de que devemos confiar no discernimento da observação profunda (*jñana*) em vez de confiar na diferenciação e discriminação (*vijñana*). No entanto, é importante que durante a leitura dos sutras sejamos capazes de discriminar para poder relacionar o que Buda está ensinando com um dos Quatro Modelos de Verdade. Podemos confiar tanto na sabedoria discriminadora quanto na sabedoria não discriminadora.

Os ensinamentos sobre as Duas Verdades, os Três Selos, as Duas Relevâncias, os Quatro Modelos de Verdade e as Três Portas da Libertação são guias importantes que nos ajudam a compreender a linguagem que Buda usou enquanto ensinava. Sem compreender a linguagem de Buda, não podemos compreender Buda.

19
As Três Portas da Libertação

Os Três Selos do Darma[66] são chaves que podemos usar para entrar nas Três Portas da Libertação: vacuidade (*shunyata*), ausência de sinais (*animitta*) e ausência de objetivos (*apranihita*). Todas as escolas de budismo aceitam o ensinamento das Três Portas da Libertação[67]. Essas Três Portas são às vezes chamadas de Três Concentrações[68]. Quando entramos nessas portas, permanecemos concentrados e nos libertamos do medo, confusão e tristeza.

A Primeira Porta da Libertação é vacuidade, *shunyata*. A vacuidade sempre significa estar vazio de algo. Um copo está vazio de água. Um prato fundo está vazio de sopa. Nós somos vazios de um *self* independente, separado. Não podemos existir sozinhos. Nós só podemos interexistir com tudo o mais no cosmos. A prática é nutrir o discernimento da vacuidade o dia inteiro. Em todo lugar que formos, tocamos a natureza vazia de tudo o que entramos em contato. Observamos profundamente a mesa, o céu azul, os nossos amigos, a montanha, o rio, nossa raiva e nossa felicidade e compreendemos que tudo isso são vazios de uma identidade autônoma. Quando entramos em contato profundo com esses fenômenos, nós

---
66 Impermanência, nenhum eu e nirvana (cf. cap. 18).
67 A Escola Teravada não enfatiza este maravilhoso ensinamento, mas o mesmo está incluído.
68 Cf. cap. 15, sobre a Concentração Correta.

vemos a natureza coexistente e interligada de tudo o que existe. A vacuidade não significa inexistência. Significa surgimento interdependente, impermanência e *nenhum self*. Quando ouvimos falar, pela primeira vez, sobre a vacuidade, nós nos sentimos um pouco amedrontados. Mas depois de ter praticado por algum tempo, nós compreendemos que as coisas existem, só que de uma forma diferente daquela que pensávamos existir. Vacuidade é o Caminho do Meio entre existência e inexistência. A linda flor não *se torna* vazia quando murcha e morre. Ela já é vazia, em sua própria essência. Examinando profundamente, nós vemos que a flor é composta de elementos que não são flor, tais como: luz, espaço, nuvens, terra e consciência. Ela é vazia de um *self* independente e separado. No *Sutra do Diamante*, nós aprendemos que o ser humano não é independente de outras espécies; portanto, para proteger os humanos, nós temos que proteger as espécies não humanas. Se nós poluirmos a água, o ar, os vegetais e minerais, nós nos destruímos. Nós temos que aprender a nos ver em coisas que pensávamos que existissem externamente a nós, a fim de dissolver as falsas fronteiras.

No Vietnã nós dizemos que se um cavalo estiver doente, todos os cavalos no estábulo vão se recusar a comer. Nossa felicidade e nosso sofrimento são a felicidade e o sofrimento dos outros. Quando agimos baseados em nenhum eu, nossas ações estarão de acordo com a realidade e nós saberemos o que fazer e o que deixar de fazer. Quando nós vivemos conscientes de estarmos todos ligados uns aos outros, isso significa a Concentração na Vacuidade (*shunyata samadhi*). A realidade vai além das noções de ser e não ser. Dizer que a flor existe não é exatamente correto, mas dizer que ela não existe também é incorreto. A verdadeira vacuidade é chamada de "ser inconcebível" por ir além da existência e inexistência.

Enquanto comemos, nós precisamos praticar a Porta da Libertação chamada de vacuidade. "Eu sou este alimento. Este alimento sou eu." Um dia no Canadá, eu estava almoçando com a Sanga, e um aluno olhou pra mim e disse: "Eu estou nutrindo você". Ele estava praticando a concentração na vacuidade. Toda vez que nós olharmos para o nosso prato de comida, podemos contemplar a natureza mutante e destituída de *self* da comida. Esta é uma prática profunda, porque ela pode nos ajudar a compreender o surgimento simultâneo interdependente. Aquele que come e o alimento que está sendo ingerido são ambos vazios, por natureza. Por isso a comunicação entre eles é perfeita. Quando praticamos andando em meditação de uma forma relaxada e tranquila, é a mesma coisa. Nós não somente damos um passo por nós mesmos, mas pelo mundo. Quando olhamos para os outros, compreendemos como a felicidade e o sofrimento deles estão ligados à nossa felicidade e ao nosso sofrimento. "A paz começa em mim."

Todos aqueles que apreciamos irão um dia adoecer e morrer. Se não praticarmos a meditação da vacuidade, quando isso acontecer, ficaremos atormentados. A Concentração na Vacuidade é uma forma de permanecer em contato com a vida como ela é, mas essa meditação tem que ser praticada e não somente conversada. Nós observamos o nosso corpo e vemos todas as causas e condições que proporcionaram sua existência: nossos pais, nosso país, o ar, e até mesmo as futuras gerações. Vamos além do tempo e do espaço, do eu e meu, e provamos a verdadeira libertação. Se estudarmos vacuidade somente como uma filosofia, ela não abrirá a Porta da Libertação. Vacuidade é uma Porta da Libertação quando nós a penetramos profundamente e constatamos a natureza interdependente, surgida de forma simultânea e interligada, de tudo o que existe.

A Segunda Porta da Libertação é a ausência de sinal, *animitta*. "Sinal" aqui se refere a uma aparência ou ao objeto de nossa percepção. Ao enxergarmos algo, aparecem para nós um sinal ou uma imagem, e é isso o que significa *lakshana*. Se a água, por exemplo, estiver em um recipiente quadrado, o seu sinal é a qualidade quadrilátera. Se estiver num recipiente redondo, o seu sinal é a qualidade redonda. Quando abrimos o *freezer* e pegamos alguns cubos de gelo, o sinal da água é sólido. Os químicos chamam a água de "H_2O". A neve na montanha e a fumaça vinda da chaleira também são H_2O. Se H_2O é redonda ou quadrada, líquida, gasosa ou sólida depende das circunstâncias. Os sinais são instrumentos para o nosso uso, mas eles não são verdade absoluta, e eles podem nos enganar. O *Sutra do Diamante* diz: "Toda vez que há um sinal, há um engano, uma ilusão". As percepções geralmente nos falam sobre aquele que percebe tanto quanto o objeto percebido. As aparências podem enganar.

É necessário que pratiquemos a Concentração na Ausência de Sinais para nos libertar. Até que nós consigamos ir além dos sinais, não vamos conseguir entrar em contato com a realidade. Enquanto estivermos aprisionados em sinais – redondo, quadrado, sólido, líquido, gasoso –, nós vamos sofrer. Nada pode ser descrito em termos de apenas um sinal. Mas sem sinais, nós nos sentimos ansiosos. Nosso medo e nosso apego vêm do fato de estarmos aprisionados aos sinais. Até que toquemos a natureza destituída de sinais dos fenômenos, nós iremos continuar a temer e sofrer. Antes de podermos entrar em contato com H_2O, nós temos que descartar os sinais, como a aparência de ser quadrado, redondo, duro, pesado, leve, em estado superior ou inferior. A água, em si mesma, não é nem quadrada nem redonda nem sólida. Quando nos libertamos dos sinais, podemos entrar no coração da realidade. Mas até que possamos ver um oceano no céu, nós ainda estamos aprisionados em sinais.

O grande alívio acontece quando quebramos as barreiras dos sinais e tocamos o mundo sem sinais, o nirvana. Onde devemos procurar encontrar o mundo sem sinais? Exatamente aqui no mundo dos sinais. Se jogarmos fora a água, não há como tocarmos a vacuidade da água. Nós tocamos a água quando atravessamos os sinais de água e vemos sua verdadeira natureza interexistente. Existem três fases: água, não água, verdadeira água. A verdadeira água é a vacuidade da água. A base do seu ser é livre de nascimento e morte. Quando pudermos acessar isso, não vamos mais temer coisa alguma.

"Se você vir inexistência de sinais nos sinais, você vê o Tathagata." Esta é uma frase do *Sutra do Diamante*. Tathagata significa "a natureza inconcebível da realidade"[69].

Para compreender a natureza inconcebível da água, você precisa ver além do sinal (aparência) da água, e ver que ela é composta de elementos que não são água. Se você acredita que água é somente água, que água não pode ser o sol, a terra ou a flor, você está equivocado. Quando você consegue compreender que água é sol, terra e flor, que só de olhar para o sol ou para a terra você pode ver água, isso significa a "inexistência de sinais dos sinais". Uma jardineira orgânica que olha para uma casca de banana, folhas mortas ou galhos deteriorados pode ver flores, frutos e vegetais neles. Ela é capaz de ver a natureza destituída de *self* das flores, frutos e resíduos. Quando conseguir aplicar esse discernimento em todas as outras esferas, ela terá realizado um completo despertar.

Políticos, economistas e educadores precisam praticar a ausência de sinais. Nós aprisionamos muitos rapazes na cadeia, mas, se meditarmos na ausência de sinais, vamos descobrir de onde vem a violência. Como é nossa sociedade? Como nossas famílias estão organizadas? O que é ensinado em nossas escolas? Por que deveríamos colocar toda a culpa aos pés dos jovens? Por que não conseguimos admitir nossa própria corresponsabilidade? Os jovens se maltratam e maltratam os outros porque a vida não tem sentido pra eles. Se continuarmos a viver da forma como vivemos e a organizar a sociedade da forma como fazemos, vamos continuar a produzir muitos milhares de jovens que precisarão ir para a cadeia.

---

69   Cf. tb. definição na nota 75.

Ausência de sinais não é apenas uma ideia. Quando examinamos profundamente nossos filhos, vemos todos os elementos que os produziram. Eles são do jeito que são porque nossa cultura, economia, sociedade e nós mesmos somos do jeito que somos. Nós não podemos simplesmente acusar os nossos filhos quando as coisas dão errado. Muitas causas e condições contribuíram. Quando nós soubermos a maneira de nos transformar e transformar nossa sociedade, os nossos filhos também vão se transformar.

Os nossos filhos aprendem a ler, escrever, matemática, ciência e outras matérias na escola que podem ajudá-los a ganhar a vida. Mas muitos poucos programas escolares ensinam os jovens a viver: a como lidar com a raiva, a como reconciliar conflitos, a respirar, a sorrir e transformar formações internas. Deve haver uma revolução na educação. Nós devemos promover nas escolas o treinamento dos alunos na arte de viver em paz e harmonia. Não é fácil aprender a ler, escrever ou resolver problemas matemáticos, mas as crianças têm a capacidade de fazer isso. Aprender a respirar, sorrir e transformar a raiva pode também ser difícil, mas eu tenho visto muitos jovens terem êxito. Se ensinarmos as crianças de forma adequada, no momento em que elas estiverem por volta dos 12 anos, elas saberão viver harmoniosamente com os outros.

Quando vamos além dos sinais, entramos num mundo sem medo e sem acusações. Podemos ver a flor, a água e nosso filho além do tempo e espaço. Sabemos que os nossos ancestrais estão presentes em nós, aqui, neste exato momento. Compreendemos que Buda, Jesus e todos os outros ancestrais espirituais nossos não morreram. Buda não pode estar confinado há 2.600 anos. A flor não pode ser limitada a sua breve manifestação. Tudo se manifesta por meio de sinais. Se estivermos aprisionados pelos sinais, ficamos com medo de perder aquela manifestação específica.

Quando um menino de 8 anos, que morou em Plum Village, morreu subitamente, eu pedi ao pai dele que estivesse totalmente

consciente da presença do filho no ar que ele respirava e no gramado embaixo dos seus pés; e ele foi capaz de fazer isso. Quando um renomado professor de meditação do Vietnã fez sua transição, um dos discípulos dele escreveu este poema:
Irmãos do Darma, não fiquem apegados ao sinal.
As montanhas e rios à nossa volta são nosso professor[70].

O *Sutra do Diamante* enumera quatro sinais: eu, pessoa, ser vivo e duração de vida. Nós nos aprisionamos ao sinal "eu", porque pensamos que existem coisas que não são eu. Mas quando examinamos profundamente, vemos que não existe um eu separado, independente, e nos libertamos do sinal do eu. Compreendemos que, para nos proteger, temos que proteger tudo que não somos nós.

Nós nos aprisionamos no sinal "pessoa". Nós separamos os humanos dos animais, das árvores e rochas, e sentimos que os não humanos – como os peixes, o gado, a vegetação, a terra, o ar e os oceanos – existem para serem explorados por nós. Outras espécies também caçam para se alimentarem, mas não de maneira tão predatória. Quando olhamos profundamente para nossa própria espécie, podemos ver elementos não humanos nela, e quando olhamos profundamente para os reinos mineral, vegetal, animal, nós vemos o elemento humano neles. Quando praticamos a Concentração na Ausência de Sinais, nós vivemos em harmonia com todas as outras espécies.

O terceiro sinal é "ser vivo". Nós pensamos que os seres sencientes[71] são diferentes dos seres não sencientes. Mas os seres vivos ou sencientes são formados de espécies inanimadas ou insensíveis. Quando poluímos as espécies consideradas inanimadas, como o ar ou os rios, nós poluímos os seres vivos também. Se nós exami-

---

70 Este discípulo se chamava Doan Van Kham, que foi um oficial da corte da Era Ly (1010-1225).
71 Seres sensitivos ou sensíveis, capazes de experimentar o mundo através dos sentidos [N.T.].

narmos profundamente a interligação dos seres vivos com os seres inanimados, vamos deixar de agir dessa forma.

O quarto sinal é o "tempo de vida", o período entre nosso nascimento e nossa morte. Nós pensamos que estamos vivos por um determinado período de tempo específico com início e fim. Mas observando de forma mais profunda, compreendemos que nós nunca nascemos e nunca morreremos, e o nosso medo se dissipa. Com atenção plena, concentração e os Três Selos do Darma podemos abrir a Porta da Libertação chamada de **ausência de sinais** e obter o maior dos alívios.

A Terceira Porta da Libertação é ausência de objetivos, *apranihita*. Não há o que fazer, nada para realizar, nenhum programa, nenhuma agenda. Este é o ensinamento budista sobre escatologia. Será que a rosa tem que *fazer* alguma coisa? Não, o propósito de uma rosa é *ser* uma rosa. O seu propósito é ser você mesmo. Você não tem que sair correndo para algum lugar para tornar-se outra pessoa. Você é maravilhoso exatamente como você é. Este ensinamento de Buda nos possibilita apreciar a nós mesmos, o céu azul e tudo que é revigorante e saudável no momento presente.

Não precisamos colocar algo diante de nós e sair correndo atrás daquilo. Nós já temos tudo o que buscamos, e somos tudo o que queremos nos tornar. Nós já somos um Buda, então porque simplesmente não pegar a mão de outro Buda e praticar a caminhada meditativa? Este é o ensinamento do *Sutra Avatamsaka*. Seja você mesmo. A vida é preciosa da forma como ela é. Todos os elementos da sua felicidade já estão aqui. Não há necessidade de correr, de se esforçar, buscar ou lutar. Simplesmente seja. Estar simplesmente aqui, neste momento e lugar, é a mais profunda prática de meditação. A maioria das pessoas não consegue acreditar que andar simplesmente, como se você não tivesse um lugar para ir, é suficiente. As pessoas pensam que a luta e a competição são normais e necessárias. Tente praticar ausência de objetivo por apenas cinco minutos, e você verá o quanto ficará feliz durante esses cinco minutos.

O *Sutra do Coração* diz que "não há o que ser atingido". Nós não meditamos para atingir a iluminação, porque a iluminação já existe dentro de nós. Nós não temos que buscá-la em lugar algum. Não precisamos de um propósito ou de um objetivo. Não praticamos a fim de obter uma posição elevada. Na ausência de objetivos, nós compreendemos que nada nos falta, que já somos aquilo que queremos nos tornar, e nossa luta é interrompida simplesmente. Nós estamos em paz no momento presente, pelo simples fato de ver a luz do sol entrar pela nossa janela ou ouvir o barulho da chuva. Não temos que correr atrás de coisa alguma. Podemos desfrutar cada momento. As pessoas falam sobre alcançar o nirvana, mas nós já estamos lá. Ausência de objetivo e nirvana são um.

Ao acordar hoje de manhã, eu sorrio.
Vinte e quatro horas novinhas em folha estão diante de mim.
Eu me comprometo a viver plenamente cada momento
E olhar todos os seres com olhos amorosos[72].

Essas 24 horas são uma dádiva preciosa, uma dádiva que só podemos receber completamente quando nós tivermos aberto a Terceira Porta da Libertação: ausência de objetivo. Se pensarmos que temos vinte e quatro horas para alcançar determinado propósito, hoje se transformará num meio para se obter um fim. O momento de cortar lenha e carregar água é um momento de felicidade. Nós não precisamos esperar essas tarefas serem concluídas para sermos felizes. Estar feliz neste momento é o espírito da ausência de objetivos. Senão vamos correr em círculos para o resto da nossa vida. Nós temos tudo o que precisamos para fazer o momento presente o mais feliz de nossas vidas, mesmo que estejamos com

---

72   NHAT HANH, T. *Present Moment Wonderful Moment.* Op. cit., p. 3.

uma gripe ou uma dor de cabeça. Nós não temos que esperar até que tenhamos superado nosso resfriado para sermos felizes. Estar resfriado faz parte da vida.

Alguém me perguntou: "Você não está preocupado com a situação do mundo atual?" Eu me permiti respirar e depois disse: "O mais importante é não permitir que a ansiedade sobre o que está acontecendo no mundo encha o seu coração. Se o seu coração estiver repleto de ansiedade, você vai adoecer, e não será capaz de ajudar". Há guerras, pequenas e grandes, em muitos lugares e isso pode fazer com que percamos a nossa paz. Ansiedade é a doença de nossa era. Nós nos preocupamos conosco, com nossa família, nossos amigos, nosso trabalho e a situação do mundo. Se deixarmos que nossos corações se encham de preocupações, mais cedo ou mais tarde vamos adoecer.

Sim, existe um sofrimento tremendo em toda parte do mundo, mas saber disso não precisa nos deixar paralisados. Se fizermos as práticas de respirar com atenção, andar com atenção, sentar em meditação e trabalhar com atenção plena estaremos nos esforçando ao máximo para ajudar, e podemos ter paz no coração. Preocupar-se não melhora coisa alguma. Mesmo se você se preocupar vinte vezes mais, isso não mudará a situação do mundo. De fato, sua ansiedade só vai piorar as coisas. Mesmo que as coisas não sejam como gostaríamos que fossem, mesmo assim podemos nos alegrar, sabendo que estamos dando o nosso melhor e que continuaremos a fazer isso. Se não soubermos respirar, sorrir e viver plenamente cada momento de vida, jamais seremos capazes de ajudar alguém. Estou feliz no momento presente. Não peço por algo a mais. Eu não espero por qualquer felicidade ou condições adicionais que irão trazer mais felicidade. A prática mais importante é ausência de objetivos, não sair correndo atrás das coisas, não agarrar-se.

Nós, que tivemos a boa fortuna de encontrar a prática da atenção plena, temos a responsabilidade de levar paz e alegria às nossas vidas, embora nem tudo em nosso corpo, mente e ambiente sejam exatamente como gostaríamos que fossem. Sem felicidade não podemos ser um refúgio para os outros. Pergunte a si mesmo: **O que estou esperando para me fazer feliz? Por que não estou feliz agora mesmo?** O meu único desejo é lhe ajudar a ver isso. Como podemos trazer a prática da atenção plena para o mais amplo espectro da sociedade? Como podemos dar à luz o maior número de pessoas, que sejam felizes e que saibam ensinar aos outros a arte de viver consciente? O número de pessoas que criam violência é muito grande, enquanto o número de pessoas que sabem respirar e criam felicidade é muito pequeno. Cada dia nos dá uma maravilhosa oportunidade de sermos felizes e de nos tornarmos um lugar de refúgio para os outros.

Não precisamos nos transformar em outra coisa. Não precisamos desempenhar um ato particular. Só precisamos ser felizes no momento presente, e podemos prestar serviços às pessoas que amamos e à sociedade como um todo. Ausência de objetivo é parar e realizar a felicidade que já está disponível. Se alguém nos perguntar quanto tempo ele tem que praticar para ser feliz, nós podemos dizer a ele que pode ser feliz agora mesmo! A prática de *apranihita, aimlessness*, é a prática da liberdade.

20
Os três corpos de Buda

É natural que os seres humanos queiram personificar qualidades como as do amor, liberdade e compreensão. Foi nesse espírito que Buda veio a ser representado por "três corpos": Dharmakaya, a fonte da iluminação e da felicidade; Sambhogakaya, o corpo da bem-aventurança ou da satisfação; e o Nirmanakaya, a corporificação histórica de Buda vista como um dos muitos corpos de transformação manifesto pelo Dharmakaya. *Kaya* significa "corpo".

Quando estava prestes a fazer sua transição, Buda disse aos seus discípulos: "Queridos amigos, o meu corpo físico não vai estar aqui amanhã, mas o corpo do meu ensinamento (Dharmakaya) vai estar aqui com vocês sempre. Considere-o como sendo o professor que nunca abandona vocês. Sejam ilhas para si mesmos, e se refugiem no Darma. Usem o Darma como sua lamparina, sua ilha". Buda quis dizer que se quisermos ter nirvana ao nosso dispor, a cada momento, nós temos que praticar o Darma, o Caminho da Compreensão e do Amor. Esse é o nascimento do Dharmakaya, o corpo de ensinamento, o corpo do Caminho, a fonte da iluminação e da felicidade. O significado original de Dharmakaya era bem simples: o método de realizar compreensão e amor.

Dharmakaya é a corporificação do Darma, sempre brilhando, sempre iluminando tudo. Qualquer coisa que possa nos ajudar a despertar faz parte do Dharmakaya: árvores, grama, pássaros, seres humanos, e assim por diante. Quando escuto um pássaro cantar, se eu me recolho profundamente dentro de mim mesmo, respiro e sorrio, aquele pássaro revelará o corpo do Darma de Buda. As pessoas despertas podem ouvir um sermão do Darma sendo proferido em um seixo, um bambu, ou no choro de um bebê. Qualquer coisa pode ser a voz do Darma se você estiver desperto. Toda manhã, ao abrir a janela e ver a luz entrando, saiba que ela também faz parte do Dharmakaya.

Ao abrir a janela
vejo lá fora o Dharmakaya
como a vida é maravilhosa!
Atento a cada momento,
a minha mente fica límpida como um rio calmo[73].

O Darma vivo não é apenas uma biblioteca de livros de sutras, ou de áudio e videocassetes de palestras de Darma inspiradoras. O Darma vivo é a consciência atenta se manifestando na sua vida cotidiana. Quando eu vejo você andando conscientemente com paz e alegria, uma presença profunda é também despertada em mim. Quando você anda desse jeito, o sol do Dharmakaya brilha fortemente em nós dois. Quando você cuida bem de si mesmo, dos seus irmãos e suas irmãs, eu reconheço o Darma vivo. Quando você está realmente presente, é fácil de entrar em contato com o Dharmakaya.

Dharmakaya é expresso não só através de palavras e ações, mas também através da inação. Olhe para as árvores no jardim. Um carvalho é um carvalho, e isso é tudo o que um carvalho tem a fazer. Toda vez que olhamos para esta árvore, nós nos sentimos estáveis e confiantes. Ela nos oferece ar para respirarmos e sombra para nos proteger durante o verão. Se um carvalho for menos do que um carvalho, será um transtorno para todos nós. Nós podemos

---

73 NHAT HANH, T. *Present Moment Wonderful Moment*. Op. cit., p. 4.

aprender sobre o Darma com um carvalho, por isso podemos dizer que essa árvore faz parte do Dharmakaya. Cada seixo, cada folha e cada flor estão dando uma palestra sobre o Sutra *Saddharmapundarika*[74]. Buda tem o seu corpo do Darma, e nós, budas do vir a ser, devemos expressar o Darma através dos nossos próprios corpos de Darma. Quando alguém diz algo desafiador, se pudermos sorrir e retornar à nossa respiração, nosso Darma será um Darma vivo, e outros poderão entrar em contato com ele. Às vezes, através da inação, podemos ajudar mais do que se fizéssemos muito. Somos como aquela pessoa calma num pequeno barco atravessando uma tempestade; pelo simples fato de estarmos presentes, podemos melhorar a situação.

O corpo do Darma é o Buda que é eterno. Budistas Mahayanas depois começaram a chamá-lo o Dharmakaya Vairochana, o Buda ontológico, a alma de Buda, o espírito de Buda, o verdadeiro Buda, a base de todo ser, a base da iluminação. Finalmente, Dharmakaya se tornou equivalente a vacuidade, nirvana e *Tathagatagarbha* ("o ventre do Tathagata")[75]. Este é um desenvolvimento natural. Mas se passarmos muito tempo conversando sobre essas coisas, isso terá menos valor do que se aprendêssemos a tocar o nosso próprio corpo do Darma, através da prática de permanecer em paz, plenamente atentos. Ao entrar em contato com o Dharmakaya, você entra em contato com o Buda. O Buda disse de forma muito clara que o corpo do Darma é até mais importante do que o seu corpo físico. Para que o Dharmakaya de Buda continue, Buda confia em nós, em nossa prática.

Sambhogakaya é o corpo de Buda da bem-aventurança, do êxtase, da celebração, de resultados ou retribuições. Como Buda

---

74 Cf. NHAT HANH, T. "Beackoning" ["Acenando"]. In: *Call me by my True Names.* Op. cit., p. 107.
75 Tathagata é um título de Buda, significa "ele ou ela vindo do mundo da vacuidade (realidade suprema)".

pratica profundamente, ele experimenta paz ilimitada, alegria e felicidade; e Sambhogakaya é fruto da prática dele. Quando praticamos a plena atenção, nós também podemos gozar desse fruto. Inspirando e olhando o céu azul, bebendo chá atentamente, podemos nos sentir felizes pelo simples fato de estarmos vivos. Este é o nosso corpo de bem-aventurança, Sambhogakaya.

Certa vez, eu li uma estória sobre um homem cristão cuja fé em Deus não era muito forte. Ele estava caçando nas florestas da África quando se perdeu. Depois de algum tempo, ainda perdido, ele decidiu rezar para pedir ajuda. Mas como a fé dele era fraca, a oração dele foi fraca: "Deus, se você existe, por favor, venha me salvar agora". Logo que ele terminou de falar, apareceu um homem africano. O homem mostrou-lhe o caminho até o vilarejo, e ele foi salvo. Mas depois ele escreveu em seu diário: "Eu chamei por Deus, mas foi somente um negro que apareceu". De fato, o homem que o salvou era o próprio Deus, mas como ele era ignorante, ele não conseguiu ver isso. Nós podemos dizer que o homem que o salvou foi o Buda Sambhogakaya. Buda e Deus aparecem de muitas formas. Buda não está somente na nuvem. Ele está em nossos corações, e nos corações de muitas outras pessoas.

Toda vez que, num estado de harmonia e paz, nós tocamos algo belo, nós tocamos o Sambhogakaya de Buda. Isso é chamado de "autossatisfação". Quando nos sentimos felizes e tranquilos, nossa paz e felicidade irradiam à nossa volta, e outras pessoas podem também desfrutá-las. Isso é chamado de "a autossatisfação dos outros pelo corpo de bem-aventurança nosso". Ao fazermos isso, nascem muitos Sambhogakayas no mundo. Cada um de nós tem a capacidade de proporcionar alegria aos outros e de procurar aliviar o sofrimento deles, se soubermos cultivar as sementes de despertar existentes em nós mesmos. Assim como o Dharmakaya, o corpo Sambhogakaya de Buda está disponível, se soubermos nos conectar a ele.

Shakyamuni, o Buda histórico, é o Nirmanakaya, um raio de luz enviado ao mundo pelo sol do Dharmakaya a fim de ajudar a aliviar o sofrimento dos seres vivos. Buda Shakyamuni era um ser humano real, e o Dharmakaya estava corporificado na presença dele. O Buda vivo ainda está disponível a nós enquanto uma encarnação, como um raio de sol do Dharmakaya. Se aquele raio não for aparente para você, não se preocupe. Existem muitos outros raios, ou corpos de transformação expondo o Darma: as árvores, os pássaros, o bambu violeta e a crisântemo amarela. Shakyamuni é apenas um desses corpos de transformação. Você pode se conectar ao Nirmanakaya através dele ou através de qualquer um desses outros.

Cada um de nós tem três corpos: um corpo do Darma, um corpo de bem-aventurança e um corpo físico. Por favor, descubra o seu próprio corpo do Darma, o seu próprio corpo da bem-aventurança e o seu próprio corpo da transformação. Esses corpos existem profundamente em você; é só uma questão de descoberta. Quando pratica a caminhada meditativa e solta um pouco dos seus pesares e raiva, quando examina as coisas em profundidade e se desprende de algumas das suas percepções equivocadas, anseios e apegos, você encontra dentro de si o corpo do Darma, o corpo da bem-aventurança e o corpo da transformação. Quando tiver tocado esses três corpos seus e de Buda, você sofrerá menos. O Dharmakaya, o Sambhogakaya e o Nirmanakaya estão disponíveis. Permita-se ser banhado pelos raios de luz emanados por Buda, e seja transformado. Quando sabemos descobrir as sementes da iluminação dentro de nós mesmos, realizamos também a nossa capacidade de transformar muitas outras pessoas. O Buda depende de nós para viver conscientemente, para desfrutar a prática e nos transformar, a fim de que nós possamos compartilhar o corpo do Darma com muitos outros seres vivos.

21
As Três Joias

Tomo refúgio em Buda,
aquele que me mostra o caminho nesta vida.

Tomo refúgio no Darma,
o caminho da compreensão e do amor.

Tomo refúgio na Sanga,
a comunidade consciente que vive em harmonia.

Tomar refúgio em Buda, Darma e Sanga é uma prática budista fundamental. Estes são valores universais que transcendem os limites da cultura e do sectarismo. Quando estávamos no ventre das nossas mães, nós nos sentíamos seguros, protegidos do calor, do frio, da fome e de outras dificuldades. Buscar refúgio significa procurar um lugar que seja seguro, um lugar em que podemos confiar.

Fé (*shraddha*), no budismo, não significa aceitar uma teoria sem que tenhamos verificado a mesma pessoalmente. Buda nos encoraja a compreender por nós mesmos. Tomar refúgio nas Três Joias não é fé cega; é o fruto da nossa prática. Primeiro, nosso Buda pode ser um livro que lemos; o nosso Darma; algumas palavras animadoras que ouvimos; e a nossa Sanga, uma comunidade que já visitamos uma ou duas vezes. Mas à medida que continuamos a praticar, **Buda**, **Darma** e **Sanga** se revelam a nós de modo mais completo.

A fé é importante em todas as religiões. Algumas pessoas dizem: "Se nós acreditamos em Deus e for verdade que Ele existe, nós estaremos a salvo. E se Ele não existir, não perderemos nada". Os teólogos falam de um "salto de fé", como um filho que dá um pulo de uma mesa para os braços do pai. Ele não está 100% certo de que o seu pai irá pegá-lo, mas ele tem fé suficiente para saltar. No budismo nossa fé é concreta, não é cega, não é um salto. Nossa fé é formada pelo nosso próprio discernimento e experiência. Quando tomamos refúgio em Buda, expressamos confiança em nossa capacidade de andar na direção da beleza, da verdade e da compreensão profunda, embasados na própria experiência da eficácia da prática. Quando tomamos refúgio no Darma, entramos no caminho da transformação, o caminho do fim do sofrimento. Quando tomamos refúgio na Sanga, focamos nossas energias em construir uma comunidade que vive uma vida consciente, harmoniosa e pacífica. Quando nos conectamos às Três Joias diretamente e experimentamos a capacidade que elas têm de proporcionar transformação e paz, a nossa fé é fortalecida ainda mais. As Três Joias não são ideias. Elas são a nossa vida.

Praticantes chineses e vietnamitas sempre dizem: "Eu me recolho e confio no Buda dentro de mim". Acrescentando "dentro de mim" deixa claro que Buda somos nós mesmos. Quando tomamos refúgio em Buda, devemos também compreender: "Buda se refugia em mim". Sem a segunda parte, a primeira não está completa. Tem um verso que podemos recitar quando estivermos plantando árvores e outras plantas:

Eu me entrego à terra
e a terra se entrega a mim.
Eu me entrego a Buda,
e Buda se entrega a mim.

Plantar uma semente ou uma muda significa entregá-la à terra. A planta viverá ou morrerá por causa da terra. Mas a terra também se entrega à planta. Cada folha que cai no chão e se decompõe ajudará o solo a estar vivo. Quando nos refugiamos em Buda, nós nos entregamos ao solo da compreensão. E Buda se entrega a nós para que a compreensão, o amor e a compaixão estejam vivos em nosso mundo. Toda vez que escuto alguém recitar: "Eu tomo refúgio em Buda", eu também escuto: "Buda toma refúgio em mim".

*Retornando e me refugiando em Buda dentro de mim,
eu me comprometo, junto a todos os seres, a realizar o
Grande Caminho
para fazer brotar a mais elevada mente* (bodhichitta).

*Retornando e me refugiando no Darma dentro de mim,
eu me comprometo, junto a todos os seres, a realizar a
compreensão e a sabedoria tão vastas quanto o oceano.*

*Retornando e me refugiando na Sanga dentro de mim,
eu me comprometo, junto a todos os seres,
a ajudar a estabelecer Sangas sem dificuldades.*

Nos seus últimos meses de vida, Buda sempre ensinou: "Tomem refúgio em vocês mesmos, e nada mais. Buda, Darma e Sanga estão em vocês. Não procurem coisas que estejam distantes. Tudo está no seu próprio coração. Seja uma ilha para si mesmo". Toda vez que se sentir confuso, furioso ou perdido, se você praticar respirando conscientemente e retornar para a ilha dentro de si, você estará em um lugar seguro cheio de luz solar, árvores de sombras refrescantes, lindos passarinhos e flores. Buda é a nossa atenção consciente, Darma é nossa respiração consciente. Sanga são os nossos Cinco Agregados[76] trabalhando em harmonia.

Se algum dia eu estiver num avião e o piloto anunciar que o avião está prestes a se espatifar no solo, eu vou fazer as práticas de respirar conscientemente e recitar os Três Refúgios. Quando receber más notícias, espero que você faça o mesmo. Não espere até que um momento crítico surja para retornar à ilha dentro de si.

---

76   Para um exemplo dos Cinco Agregados (*skandhas*), os componentes do nosso *self*, cf. cap. 23.

Retorne todo dia, vivendo conscientemente. Se a prática se torna um hábito, então, quando as dificuldades surgirem, será fácil para você conectar-se às Três Joias dentro de si. Andar, respirar, sentar e comer conscientemente, tudo isso são formas de tomar refúgio. Isso não é fé cega. É fé baseada na própria experiência. Livros e gravações de Darma são valiosos, mas o verdadeiro Darma se revela através da nossa vida e da nossa prática. Toda vez que as Quatro Nobres Verdades e o Nobre Caminho Óctuplo são praticados, o Darma vive ali. Dizem que existem 84.000 portas de acesso ao Darma. Meditar sentado é uma dessas portas, e meditar andando é outra. Tomar refúgio no Darma significa escolher as portas mais apropriadas para nós. Darma significa grande compaixão, compreensão e amor[77]. Para realizar essas qualidades, nós precisamos de uma Sanga.

Sanga é a comunidade quádrupla, formada por monges e monjas, homens e mulheres laicas, como também outros elementos que apoiam nossa prática: nossa almofada, o caminho por onde andamos em meditação, as árvores, o céu e as flores. Em meu país, nós dizemos que quando um tigre deixa as montanhas e desce às planícies, ele é capturado pelos humanos e morto. Quando um praticante deixa sua Sanga, pode ser que abandone a prática e "morra" enquanto praticante. Praticar com uma Sanga é fundamental. Mesmo que tenhamos uma profunda apreciação pela prática, pode ser que seja difícil continuar sem o apoio dos amigos.

Vale a pena investir numa Sanga. Se você planta sementes em terra árida, poucas sementes vão germinar. Mas se você seleciona um campo fértil e aplica nele suas maravilhosas sementes, a colheita será abundante. Fundar uma Sanga, apoiar uma Sanga, conviver

---

77 Para uma explicação mais detalhada sobre Darma, a Segunda Joia, cf. cap. 20, "Os Três Corpos de Buda".

com uma Sanga, receber apoio e orientação da Sanga, tudo isso é prática. Nós temos olhos individuais e olhos coletivos da Sanga. Quando uma Sanga resplandece sua luz em nossas visões pessoais, enxergamos com maior clareza. Na Sanga, nós não vamos cair em padrões habituais negativos. Permaneça na sua Sanga. Refugie-se na Sanga, e você terá a sabedoria e o apoio de que precisa.

Quando membros de uma Sanga vivem em harmonia, aquela é uma Sanga sagrada. Não pense que santidade é somente em honra ao Papa ou ao Dalai Lama. Santidade também existe em você e na sua Sanga. Quando uma comunidade senta, respira, anda e come reunida em atenção plena, a santidade está presente. Quando você organiza uma Sanga que desfruta felicidade, alegria e paz, você vê o elemento de santidade naquela Sanga. O Rei Prasenajit, um amigo íntimo e discípulo de Gautama, disse ao Senhor Buda: "Quando eu vejo a Sanga, tenho fé no Buda e no Darma". Ao ver monges e monjas, calmos, tranquilos, alegres e livres, que andavam, ficavam em pé e sentavam conscientemente, ele viu neles o Buda e o Darma. Darma e Sanga são as portas pelas quais adentramos o coração de Buda.

Um dia, Buda foi com Ananda até um mosteiro em Koshala. Todos os monges tinham saído para a ronda da mendicância, exceto um que estava com disenteria. Ele estava deitado exaurido, com os seus mantos e lençóis cobertos de sujeira. Ao ver isso, Buda lhe perguntou: "Para onde foram os outros monges? Por que ninguém está cuidando de você?" O monge indisposto respondeu: "Senhor, todos os meus irmãos saíram para a ronda da mendicância. No início, eles cuidaram de mim, mas como eu não estava melhorando, eu disse a eles que eu cuidaria de mim mesmo". Buda e Ananda deram um banho no monge, limparam o quarto dele, lavaram os seus mantos e deram mantos limpos para ele vestir. Quando os monges voltaram, Buda disse: "Amigos, se vocês não cuidarem uns dos outros quem irá cuidar de nós? Quando um cuida do outro, você está cuidando do Tathagata"[78].

Há joias verdadeiras e joias que não são autênticas. Se alguém der um ensinamento espiritual que contradiga os Três Selos da impermanência, *nenhum self* e nirvana, este não é um Darma autêntico. Quando uma comunidade vive conscientemente com paz, alegria e libertação, esta é uma verdadeira Sanga. Uma Sanga que não pratica a plena atenção e não é livre, pacífica ou alegre não pode ser chamada de Sanga verdadeira. Buda também pode ser verdadeiro ou falso. No *Sutra do Diamante*, Buda diz: "Se você me procura nas formas e sons, nunca verá o Tathagata".

Ao observar com atenção qualquer uma das Três Joias, você vê as outras duas. Buda, Darma e Sanga interexistem. Se você cuida da Sanga, você está cuidando do Buda. Quando sua Sanga está progredindo na prática, a santidade da Sanga aumenta, e a presença do verdadeiro Buda e do verdadeiro Darma se torna mais evidente. Quando anda conscientemente, você está cuidando bem do Darma. Quando faz as pazes com outro membro da sua Sanga, você está cuidando do Buda. Entrar na sala de meditação, oferecer incenso e arrumar o altar não são as únicas maneiras de cuidar de Buda. Pegar na mão de alguém ou confortar alguém que sofre também significa cuidar de Buda. Ao conectar-se com uma verdadeira Sanga, você se conecta com Buda e Darma. Darma não pode existir sem um Buda ou uma Sanga. Como poderia o Darma existir sem praticantes? Buda só é Buda quando o Darma está internalizado nele ou nela. Cada joia contém as outras duas. Quando você se refugia numa joia, você se refugia em todas as três. Isto pode ser realizado em cada momento da nossa vida.

Tradicionalmente, nós recitamos os Três Refúgios três vezes. Na primeira recitação, nós nos viramos na direção de uma maior cons-

---

[78] Cf. nota 75.

ciência, compreensão e amor. Na segunda recitação, nós começamos a corporificar as Três Joias. Ao recitarmos pela terceira vez, nós nos comprometemos a ajudar outras pessoas a realizarem o Caminho da Compreensão e do Amor e a se transformarem numa fonte de paz. Nossos problemas atuais deixaram de ser tão simples quanto aqueles encontrados por Buda. No século XXI, vamos ter que praticar meditação coletivamente – enquanto família, cidade, nação e uma comunidade de nações. Pode muito bem ser que o Buda do século XXI – Maitreya, o Buda do Amor – seja uma comunidade em vez de ser um indivíduo. Sangas que praticam a bondade amorosa e a compaixão são o Buda que precisamos. Podemos preparar o terreno para dar à luz esse Buda, em benefício próprio e de muitas outras pessoas, através da transformação do nosso próprio sofrimento e cultivando a arte de organizar Sangas. Este é o trabalho mais importante que podemos fazer.

Buda é o professor demonstrando o caminho,
alguém perfeitamente desperto,
lindamente sentado, tranquilo e sorridente,
a fonte viva de compreensão e compaixão.

Darma é o caminho luminoso
que nos liberta da ignorância,
trazendo-nos de volta
a uma vida desperta.

Sanga é a bela comunidade
que pratica a alegria,
realizando a libertação,
proporcionando paz e felicidade à vida.

♣♣♣♣♣

Eu tomo refúgio no Buda, aquele que me monstra o caminho nesta vida.
Eu tomo refúgio no Darma, o caminho da compreensão e do amor.
Eu tomo refúgio na Sanga, a comunidade que vive de forma harmoniosa e consciente.

Habitando o refúgio de Buda, vejo claramente o caminho de luz e beleza no mundo.
Habitando o refúgio do Darma, aprendo a abrir muitas portas no caminho da transformação.
Habitando o refúgio da Sanga, sou apoiado por sua luz brilhante que mantém a minha prática livre de obstáculos.

Tomando refúgio no Buda dentro de mim, minha aspiração é ajudar todos a reconhecerem sua própria natureza desperta e a realizarem a mente de amor.
Tomando refúgio no Darma dentro de mim, minha aspiração é ajudar todos a compreenderem o caminho da prática e a caminharem juntos no caminho da libertação.
Tomando refúgio na Sanga dentro de mim, minha aspiração é ajudar todos a organizarem comunidades quádruplas e a promover a transformação de todos os seres.

22
As Quatro Mentes Imensuráveis

No tempo em que Buda vivia, as pessoas de fé bramânica rezavam para irem para o céu, após a morte, para viver eternamente com Brahma, o Deus universal. Um dia, um homem brâmane perguntou a Buda: "O que posso fazer para ter certeza de que estarei com Brahma depois que morrer?" E Buda lhe respondeu: "Como Brahma é a fonte do Amor, para morar com ele você deve praticar as 'Moradas de Brahma' (Brahmaviharas) ou as Quatro Mentes Imensuráveis, que são: amor, compaixão, alegria e equanimidade". Amor, em sânscrito, é *maitri*; em páli, *metta*. Compaixão é *karuna* em ambas as línguas. Alegria é *mudita*. Equanimidade, *upeksha*, em sânscrito; e *upekkha* em páli. *Vihara* significa uma residência ou local de moradia. As Quatro Brahmaviharas são as moradas do verdadeiro amor. Este endereço é muito maior do que um hotel quatro estrelas. É uma residência de mil estrelas. As Quatro Brahmaviharas são chamadas de "imensuráveis"; porque, se forem praticadas, crescerão até abarcarem o mundo inteiro. Você se tornará mais feliz, e todos à sua volta também ficarão mais felizes.

Buda respeitava o desejo das pessoas de praticarem suas próprias crenças e, por isso, usou a própria língua do bramânico para encorajá-los. Se você gosta de andar em meditação, ande em meditação.

Se gosta de meditar sentado, medite sentado. Mas preserve suas raízes judaicas, cristãs ou muçulmanas. Este é o melhor caminho de realizar o espírito de Buda. Desconectado das suas raízes, você não consegue ser feliz.

Se aprender a praticar amor, compaixão, alegria e equanimidade, você saberá como curar as doenças da raiva, aflição, insegurança, tristeza, ódio, solidão e apegos doentios.

Alguns comentaristas de sutras disseram que Brahmaviharas não é o mais elevado ensinamento de Buda, e que estes ensinamentos não podem acabar com todos os sofrimentos e aflições; mas isso não está certo. Uma vez, Buda disse para Ananda: "Ensine essas Quatro Mentes Imensuráveis aos jovens monges que eles vão se sentir seguros, fortes e alegres, sem aflições mentais e corporais. E para o resto de suas vidas eles estarão bem equipados para praticarem o genuíno caminho de um monge"[79]. Em outra ocasião, um grupo de discípulos de Buda visitou o mosteiro de uma seita próxima, e os monges de lá perguntaram: "Nós ouvimos dizer que Gautama, o professor de vocês, ensina as Quatro Mentes Imensuráveis de amor, compaixão, alegria e equanimidade. O nosso mestre também ensina isso. Qual é a diferença?" Os discípulos de Buda não souberam responder. De volta ao mosteiro, Buda disse a eles: "Qualquer um que praticar as Quatro Mentes Imensuráveis juntamente com os Sete Fatores do Despertar, as Quatro Nobres Verdades e o Nobre Caminho Óctuplo alcançará a iluminação de maneira profunda"[80]. Amor, compaixão, alegria e equanimidade são a própria natureza de uma pessoa iluminada. Estes são os quatro aspectos do verdadeiro amor em nós, em todos e em tudo.

O primeiro aspecto do amor verdadeiro é *maitri*, a intenção e a capacidade de oferecer alegria e felicidade. Para desenvolver essa capacidade, nós temos que praticar a escuta e o olhar profundos

---

[79] *Madhyama Agama* 86; *Taisho* 26.
[80] *Samyukta Agama* 744; *Taisho* 99.

para que saibamos o que fazer e o que não fazer para deixar os outros felizes. Se você oferece à pessoa amada algo que ela não precisa, isso não é *maitri*. Você tem que ver a real situação daquela pessoa; de outro modo, o que você oferecer poderá trazer infelicidade para ela.

No sudeste da Ásia, muita gente gosta demais de uma fruta grande e espinhosa chamada fruto do durião (da árvore *Durio zibethinus*). Você poderia até dizer que muita gente é viciada nela. O seu cheiro é extremamente forte, e tem algumas pessoas que quando terminam de comê-la colocam as cascas embaixo da cama para poderem continuar a sentir aquele cheiro. Para mim, o odor do durião é horrível. Um dia, quando eu praticava os cânticos no meu templo no Vietnã, havia um durião no altar que tinha sido ofertado ao Buda. Eu estava tentando recitar o *Sutra de Lótus*, e fazia o acompanhamento usando um tambor de madeira e um grande sino em forma de tigela, mas não conseguia me concentrar de forma alguma. Finalmente, decidi levar o sino até o altar e o coloquei de cabeça pra baixo aprisionando o cheiro do durião, para que assim pudesse recitar o sutra. No final, eu me curvei diante do Buda e liberei o durião. Se você me dissesse: "Thây, eu lhe amo muito e gostaria que você comesse um pedaço desse durião", eu iria sofrer. Você me ama, você quer que eu esteja feliz, mas me força a comer durião. Este é um exemplo de amor sem compreensão. Sua intenção é boa, mas você não tem a compreensão correta.

Sem compreensão, o seu amor não é amor verdadeiro. Você deve examinar profundamente para ver e compreender as necessidades, aspirações e sofrimento de quem você ama. Todos nós precisamos de amor. Amor nos traz alegria e bem-estar. Amor é tão natural quanto o ar. Nós somos amados pelo ar; nós precisamos do ar puro para estarmos bem e sermos felizes. Nós somos amados pelas árvores. Nós precisamos das árvores para sermos saudáveis. Para sermos amados, nós temos que amar, e isso significa que nós temos que compreender. Para que o nosso amor continue, nós temos que tomar a ação ou inação adequadas para proteger o ar, as árvores e os entes queridos.

Maitri pode ser traduzida como "amor" ou "bondade amorosa". Alguns professores budistas preferem "bondade amorosa", por acharem que a palavra "amor" é muito perigosa. Mas eu prefiro "amor". Às vezes, as palavras adoecem e temos que curá-las. Nós estivemos usando a palavra "amor" querendo dizer apetite ou desejo, como no caso de "eu amo hambúrgueres". Nós temos que usar a linguagem com mais cuidado. "Amor" é uma bela palavra; nós temos que restaurar o seu significado. A palavra *maitri* tem suas raízes na palavra *mitra*, que quer dizer amigo. No budismo, o significado principal do amor é amizade.

Todos nós temos as sementes de amor dentro de nós. Podemos desenvolver essa maravilhosa fonte de energia, nutrindo o amor incondicional que não espera nada em troca. Quando compreendemos alguém profundamente, mesmo alguém que nos prejudicou, não podemos deixar de amá-lo ou de amá-la. Buda Shakyamuni declarou que o Buda da próxima era será chamado "Maytreya, o Buda do Amor".

O segundo aspecto do verdadeiro amor é *karuna*, a intenção e capacidade de aliviar e transformar o sofrimento e aliviar as aflições. *Karuna* é geralmente traduzida como "compaixão", mas esta palavra não é exatamente correta. "Compaixão" é composta de *com* ("em companhia") e *paixão* ("grande sofrimento"). Mas nós não precisamos sofrer para remover o sofrimento de outra pessoa. Os médicos, por exemplo, conseguem aliviar o sofrimento dos seus pacientes sem experimentar a doença neles mesmos. Se sofrermos muito, podemos ser esmagados e incapazes de ajudar. Entretanto, até que encontremos uma palavra melhor, vamos usar "compaixão" para traduzir *karuna*.

Para desenvolvermos nossa compaixão, precisamos praticar a respiração consciente, a escuta e o olhar profundos. O *Sutra do Lótus* descreve Avalokiteshvara como o bodhisattva que pratica "o olhar com olhos compassivos e a escuta profunda dos clamores do mundo". Compaixão contém um profundo interesse pelo outro. Você sabe que o outro está sofrendo, então você senta ao lado dele. Veja e ouça o outro profundamente para ser capaz de tocar sua dor. Você está em comunicação profunda, comunhão profunda com o outro, e só isso já traz algum alívio.

Uma palavra ou ação compassiva, ou pensamento compassivo, pode reduzir o sofrimento do outro e levar alegria para ele. Uma palavra pode dar conforto e confiança, dissipar dúvida, ajudar alguém a evitar um erro, reconciliar um conflito, ou abrir uma porta à libertação. Uma ação pode salvar a vida do outro ou ajudá-lo a aproveitar uma rara oportunidade. Um pensamento pode fazer o mesmo, porque os pensamentos sempre conduzem palavras e ações. Com um coração compassivo, todo pensamento, palavra e ação pode fazer com que surja um milagre.

Quando eu era um monge noviço, eu não conseguia entender por que Buda tem um sorriso tão bonito se o mundo está repleto de sofrimento. Por que ele não está perturbado com todo o sofrimento? Depois eu descobri que Buda tem compreensão, calma e força suficientes; por isso o sofrimento não consegue dominá-lo. Ele é capaz de sorrir para o sofrimento porque sabe como cuidar e transformar o sofrimento. Nós precisamos ter consciência do sofrimento, mas ao mesmo tempo reter nossa clareza, calma e força para podermos ajudar na transformação da situação. O oceano de lágrimas não pode nos afogar se *karuna* estiver presente. Por isso, o sorriso de Buda é possível.

O terceiro elemento do verdadeiro amor é *mudita*, alegria. O verdadeiro amor sempre proporciona alegria para nós mesmos e para a pessoa amada. Se o nosso amor não trouxer alegria para nós dois, este não é um amor verdadeiro.

Os comentaristas explicam que a felicidade se relaciona a ambos, corpo e mente, enquanto a alegria se relaciona principalmente à mente. O exemplo dado geralmente é este: Um viajante no deserto vê um riacho de água refrescante e sente alegria. Ao beber a água ele sente felicidade. *Drishta dharma sukha viharin* significa "viver feliz no momento presente". Não nos precipitemos em relação ao futuro; sabemos que tudo está aqui no momento presente. Muitas coisinhas pequeninas podem nos proporcionar uma alegria tremenda, como ter a consciência de que temos olhos em boas condições. Só temos que abrir os olhos para poder ver o céu azul, as flores violetas, as crianças, as árvores, e tantos outros tipos de formas e cores. Vivendo em plena atenção podemos entrar em contato com coisas maravilhosas e revigorantes, e a nossa mente de alegria surge naturalmente. Alegria contém felicidade e felicidade contém alegria.

Alguns comentaristas disseram que *mudita* significa "alegria empática" ou "alegria altruísta", isto é, a felicidade que sentimos quando os outros estão alegres. Mas isto é muito limitado e discrimina entre o eu e o outro. Uma definição mais profunda de *mudita* é uma alegria repleta de paz e contentamento. Nós nos regozijamos quando vemos outras pessoas felizes, mas nós também nos regozijamos com o nosso próprio bem-estar. Como podemos sentir alegria por outra pessoa quando não sentimos alegria por nós mesmos? Alegria é para todos.

O quarto elemento do amor verdadeiro é *upeksha*, que significa equanimidade, nenhum apego, nenhuma discriminação, equilíbrio mental ou deixar ir. *Upa* significa "além de", e *iksh* significa "olhar". Você sobe a montanha para ser capaz de ver além da situação toda, sem estar atado a um lado ou a outro. Se o seu amor tiver apego, discriminação, preconceito ou agarração pegajosa, não é verdadeiro amor. Gente que não compreende o budismo às vezes pensa que *upeksha* significa indiferença. Se você tem mais de um filho, todos eles são seus filhos. *Upeksha* não significa que você não tenha amor. Você ama de uma forma para que todos os seus filhos recebem o seu amor, sem discriminação.

Upeksha tem a marca chamada *samatajñana*, "a sabedoria da igualdade", a habilidade de ver todos como iguais, sem discriminar entre nós mesmos e os outros. Em um conflito, embora estejamos profundamente preocupados, nós permanecemos imparciais, capazes de amar e de compreender ambos os lados. Nós largamos toda discriminação e preconceito, e removemos todas as fronteiras entre nós mesmos e os outros. Enquanto nós nos vermos, enquanto nós nos valorizarmos mais do que os outros ou nos vermos como sendo diferentes dos outros, nós não teremos equanimidade verdadeira. Temos que nos colocar "na pele do outro" e nos tornar um com ele, se quisermos compreendê-lo e amá-lo verdadeiramente. Quando isso acontece, não há "eu" e não há "o outro".

Sem *upeksha*, seu amor pode se tornar possessivo. Uma brisa de verão pode ser muito refrescante; mas se tentarmos colocá-la numa lata, para que assim possamos tê-la totalmente para nós, a brisa morrerá. O mesmo acontece com o seu amado. Ele é como uma nuvem, uma brisa, uma flor. Se você aprisioná-lo numa lata, ele morrerá. No entanto, muita gente faz exatamente isso. Rouba a liberdade do seu amado, até o ponto de ele não conseguir mais ser ele mesmo. Tem gente que vive para satisfazer a si mesmo, e usa a pessoa amada para ajudá-lo a realizar isso. Isso não é amor, é destruição. Você diz que o ama, mas se você não compreende as aspirações dele, as necessidades dele, as dificuldades dele, ele está numa prisão chamada amor. O verdadeiro amor permite que você preserve sua liberdade e a liberdade do ser amado. Isso é *upeksha*.

Para que seja amor verdadeiro, o amor deve conter compaixão, alegria e equanimidade. Para que a compaixão seja verdadeira compaixão, deve ter amor, alegria e equanimidade contida nela. A verdadeira alegria tem que conter amor, compaixão e equanimidade. E verdadeira equanimidade tem que ter amor, compaixão e alegria contida nela. Esta é a natureza interexistente das Quatro Mentes Imensuráveis. Quando Buda disse ao homem bramânico que praticasse as Quatro Mentes Imensuráveis, ele estava oferecendo a todos nós um ensinamento muito importante. Mas devemos contemplá-los em profundidade e praticá-los por nós mesmos a fim de trazer às nossas próprias vidas estes quatro aspectos do amor, e para as vidas das pessoas que amamos. Em muitos sutras, Buda diz que se você praticar as Quatro Mentes Imensuráveis juntamente com as Quatro Nobres Verdades e o Nobre Caminho Óctuplo, você nunca mais descenderá aos reinos do sofrimento[81].

---

81 Para uma explicação completa das Quatro Mentes Imensuráveis e ensinamentos relacionados, cf. NHAT HANH, T. *Teachings on Love* [*Ensinamentos sobre o amor*]. Berkeley: Parallax Press, 1997.

23
Os Cinco Agregados

De acordo com o budismo, um ser humano é composto de Cinco Agregados (*skandhas*): forma, sentimento, percepções, formações mentais e consciência. Os Cinco Agregados contém tudo o que está dentro como tudo o que está fora de nós, na natureza e sociedade. O Primeiro Agregado, a **forma** (*rupa*) é o nosso corpo, inclusive os nossos cinco órgãos dos sentidos e o nosso sistema nervoso. Para praticar a plena atenção do corpo, talvez você goste da prática do relaxamento total deitado(a). Permita ao seu corpo relaxar, então se conscientize da sua testa. "Inspirando, eu estou consciente da minha testa. Expirando, eu sorrio para minha testa". Com a energia da atenção plena, envolva sua testa, seu cérebro, seus olhos, seus ouvidos, seu nariz. Toda vez que você inspirar, torne-se consciente de uma parte do seu corpo, e toda vez que você expirar, sorria para aquela parte do seu corpo. Envolva cada parte do corpo com as energias da atenção plena e do amor: o seu coração, os seus pulmões, o seu estômago. "Inspirando, estou consciente do meu coração. Expirando, eu acolho o meu coração." Pratique vistoriando o seu coração com a luz da plena atenção e prossiga sorrindo para cada parte do corpo com compaixão e interesse. Quando termina de vistoriar o corpo dessa maneira, você vai se sentir maravilhoso(a). Isso só leva meia hora, e o seu corpo descansará profundamente nesses

30 minutos. Por favor, cuide bem do seu corpo, permitindo que ele repouse e acolhendo-o com ternura, compaixão, atenção e amor. Aprenda a observar o seu corpo como se fosse um rio, onde cada célula é uma gota d'água. A todo instante, células nascem e células morrem. Nascimento e morte se apoiam mutuamente. Para praticar a consciência plena do corpo, siga a respiração e foque a atenção em cada parte do corpo, desde os cabelos da cabeça às solas dos pés. Respire conscientemente e envolva cada parte do corpo com a energia da atenção plena, sorrindo para cada parte, reconhecendo-a com amor. Buda disse que existem trinta e duas partes do corpo a serem reconhecidas e abraçadas. Identifique os *elementos-forma* do seu corpo: terra, água, ar e calor. Veja a conexão desses quatro elementos dentro e fora do seu corpo. Veja a presença viva dos seus ancestrais e futuras gerações, como também a presença de todos os outros seres dos reinos animal, vegetal e mineral. Torne-se consciente das posições do seu corpo (em pé, sentado, andando, deitado) e dos seus movimentos (de curvar-se, alongar-se, tomar banho, vestir-se, comer, trabalhar etc.). Quando dominar esta prática, você será capaz de tomar consciência dos seus sentimentos e das suas percepções no momento em que eles surgirem, e você será capaz de praticar a observação profunda desses sentimentos e percepções.

Veja a natureza mutante e interligada do seu corpo. Observe que no seu corpo nenhuma entidade é permanente, e você deixará de se identificar somente com o seu corpo ou considerá-lo como se fosse o seu "eu" ou *self*. Veja o corpo como uma formação vazia de qualquer substância que pudesse ser chamada de um *self*. Veja o corpo como um oceano cheio de ondas ocultas e monstros marinhos. O oceano pode estar calmo em alguns momentos, mas em outros você pode ser pego por uma tempestade. Aprenda a acalmar as ondas e dominar os monstros sem permitir-se ser arrastado ou aprisionado por eles. Com olhar profundo, o corpo deixa de ser um agregado da avidez (*upadana skandha*), e você permanece em liberdade, não mais aprisionado pelo medo.

🙏🙏🙏🙏🙏

O Segundo Agregado é o **sentimento** (*vedana*). Há um rio de sentimentos dentro de nós, e cada gota d'água naquele rio é um sentimento. Para observar nossos sentimentos, nós nos sentamos à margem do rio e identificamos cada um no momento em que ele passa fluindo. O sentimento pode ser agradável, desagradável ou neutro. Um sentimento permanece por algum tempo e depois outro aparece. Meditar significa estar consciente de cada sentimento, reconhecê-lo, sorrir para ele, examiná-lo profundamente e abraçá-lo com todo o nosso coração. Se continuarmos a examinar profundamente, descobriremos a verdadeira natureza daquele sentimento, e deixamos de ter medo, até mesmo de um sentimento doloroso. Sabemos que somos maiores do que nossos sentimentos, somos capazes de acolher cada sentimento e de cuidar bem dele.

Examinando profundamente cada sentimento, nós identificamos suas raízes como sendo nosso corpo, nossas percepções, ou nossa consciência profunda. Compreender um sentimento é o início da sua transformação. Aprendemos a usar a energia da atenção plena para acolher até mesmo as fortes emoções, até que tenham sido acalmadas. Praticamos a respiração consciente, focando a atenção em nosso abdômen subindo e descendo, e cuidamos bem das nossas emoções, tão bem como se fossem um bebezinho, irmã ou irmão nossos. Praticamos a contemplação profunda dos nossos sentimentos e emoções e identificamos os nutrientes que fizeram com que passassem a existir[82]. Nós sabemos que se formos capazes de nos proporcionar nutrientes mais saudáveis, vamos poder

---

82 Cf. cap. 7.

transformar nossos sentimentos e emoções. Os nossos sentimentos são formações mutantes e sem solidez. Aprendemos a não nos identificar com os nossos sentimentos, a não considerá-los como um *self*, a não buscar refúgio neles e a não morrer por causa deles. Esta prática nos ajuda a cultivar o destemor e nos liberta do hábito de nos agarrar, inclusive o hábito de nos agarrar ao sofrimento.

☙☙☙☙

O Terceiro Agregado são as **percepções** (*samjña*). Em nós, há um rio de percepções. As percepções surgem, permanecem por algum tempo e deixam de existir. O agregado da percepção inclui as ações de perceber, dar nome e conceituar, como também quem percebe e o que é percebido. Quando percebemos, nós geralmente distorcemos o que dá surgimento a muitos sentimentos dolorosos. Nossas percepções são geralmente equivocadas, e por isso sofremos. É muito útil analisar profundamente a natureza das nossas percepções sem ter tanta certeza das coisas. Quando temos muita certeza, nós sofremos. "Será que estou certo?" é uma boa pergunta. Se questionarmos dessa maneira, teremos grandes chances de analisar mais uma vez e ver se nossa percepção está incorreta. Quem percebe e o objeto percebido são inseparáveis. Quando alguém percebe de maneira errada, as coisas percebidas também estão incorretas.

Um homem estava em seu barco, remando contra a correnteza quando, de repente, viu outro barco vindo na direção dele. Ele gritou "Cuidado! Cuidado!", mas o barco bateu de frente e quase afundou o barco dele. O homem ficou furioso e começou a gritar, mas quando viu mais de perto, entendeu que não havia ninguém no barco. O barco tinha sido levado pela correnteza rio abaixo. Ele começou a dar gargalhadas. Quando nossas percepções não estão corretas, elas podem nos causar muitos sentimentos desagradáveis. Temos que observar profundamente as coisas para não sermos levados ao sofrimento e sentimentos difíceis. As percepções são muito importantes para o nosso bem-estar.

Nossas percepções estão condicionadas a muitas aflições presentes em nós, tais como: ignorância, desejo ardente, ódio, raiva e ciúme, medo, energias do hábito etc. Percebemos os fenômenos com base em nossa falta de discernimento sobre a natureza da impermanência e da interexistência. Ao praticarmos a atenção plena, a concentração e a contemplação profunda, podemos descobrir os erros das nossas percepções e nos libertar do medo e da ganância. Todo sofrimento nasce de percepções equivocadas. A compreensão, que é fruto da meditação, pode dissolver nossas percepções equivocadas e nos libertar. Temos que estar sempre alertas e nunca buscar refúgio em nossas percepções. O *Sutra do Diamante* nos lembra: "Onde há percepção, há decepção". Devemos ser capazes de substituir percepções com *prajña*, visão verdadeira, verdadeiro conhecimento[83].

🙠🙠🙠🙠🙠

O Quarto Agregado são as **formações mentais** (*samskara*). Qualquer coisa composta de outro elemento é uma "formação". Uma flor é uma formação porque é feita de luz solar, nuvens, sementes, solo, minerais, jardineiros, e assim por diante. O medo também é uma formação, uma formação mental. O nosso corpo é uma formação, uma formação física. Sentimentos e percepções são formações mentais, mas por serem tão importantes elas têm suas próprias categorias. De acordo com a Escola Vijñanavada

---

83 Para mais informações sobre percepções, cf. cap. 9.

da Transmissão do Norte, existem cinquenta e uma categorias de formações mentais.

Este Quarto Agregado consiste de quarenta e nove dessas formações mentais (sem contar os sentimentos e percepções). Todas as cinquenta e uma formações mentais estão presentes nas profundezas da nossa consciência armazenadora em forma de sementes (*bijas*). Toda vez que uma semente é tocada, ela se manifesta no nível superior da nossa consciência (*a consciência mental*) como uma formação mental. A nossa prática consiste em estar consciente da manifestação e presença das formações mentais, e observá-las em profundidade para compreender a verdadeira natureza delas. Como sabemos que todas as formações mentais são mutantes e sem substancialidade real, nós não nos identificamos com elas nem buscamos refúgio nelas. Com a prática diária, somos capazes de nutrir e desenvolver formações mentais benéficas e transformar as que são prejudiciais. Liberdade, destemor e paz são o resultado dessa prática.

᭢᭢᭢᭢᭢

O Quinto Agregado é **consciência** (*vijñana*). Consciência, neste contexto, significa a consciência armazenadora, que está na base de tudo o que somos, o fundamento de todas as nossas formações mentais. Quando não estão manifestas, as formações mentais residem em nossa consciência armazenadora na forma de sementes: sementes de alegria, paz, compreensão, compaixão, esquecimento, ciúme, medo, desespero, e assim por diante. Do mesmo modo como há cinquenta e uma categorias de formações mentais, há cinquenta e um tipos de sementes profundamente enterradas em nossa consciência. Toda vez que regamos uma delas ou deixamos que uma semente seja regada por outra pessoa, aquela semente se manifesta e torna-se uma formação mental. Nós temos que ter cuidado sobre quais tipos de sementes regamos em nós e no outro. Se permitirmos que nossas sementes negativas sejam regadas, nós podemos ser totalmente dominados. O Quinto Agregado, consciência, contém todos os outros agregados e forma a base da existência deles.

Consciência é, ao mesmo tempo, coletiva e individual. A coletiva é formada pela individual e a individual é formada pela coletiva.

Nossa consciência pode ser transformada em sua base através das práticas do consumo consciente, do resguardo consciente dos nossos sentidos, e da contemplação profunda. A prática deve visar a transformação de ambos os aspectos, individual e coletivo, da nossa consciência. É fundamental praticar com uma Sanga para que tal transformação aconteça. Quando as nossas aflições internas são transformadas, nossa consciência torna-se sabedoria, brilhando perto e longe e mostrando aos indivíduos e à sociedade inteira o caminho que leva à libertação.

♣♣♣♣♣

Estes Cinco Agregados interexistem. Quando estiver sentindo uma dor, olhe para o seu corpo, para as suas percepções, formações mentais e consciência para ver o que provocou aquele sentimento. Se você tiver uma dor de cabeça, o seu sentimento doloroso vem do Primeiro Agregado. Sentimentos dolorosos também podem vir de formações mentais ou percepções. Você poderia, por exemplo, pensar que alguém odeia você quando na realidade aquela pessoa lhe ama.

Examine profundamente os seus cinco rios e veja como cada rio contém os outros quatro. Observe o rio da forma. No início, você poderia pensar que a forma é somente física e não mental. Mas cada célula do seu corpo contém todos os aspectos do seu ser.

Hoje é possível pegar uma célula do seu corpo e duplicar o seu corpo inteiro. Isso se chama "clonar". O um contém o todo. Uma célula do seu corpo contém o seu corpo inteiro. E também contém todos os sentimentos, percepções, formações mentais e consciência, não somente seus como também dos seus pais e ancestrais. Cada agregado contém todos os outros agregados. Cada sentimento contém todas as percepções, formações mentais e consciência. Examinando um sentimento, você pode descobrir tudo. Examine à luz do interexistir e você verá o todo no um e o um no todo. Não pense que a forma existe do lado de fora dos sentimentos ou que os sentimentos existem do lado de fora da forma.

No *Sutra do Girar a Roda*, Buda disse que "os Cinco Agregados são sofrimento se estivermos nos agarrando a eles". Buda não disse que os Cinco Agregados são, por eles mesmos, sofrimento. Há uma imagem muito útil no *Sutra Ratnakuta*. Um homem joga um torrão de terra num cachorro. O cachorro olha para o torrão de terra e late ferozmente para o torrão. O cachorro não compreende que o responsável é o homem e não o torrão de terra. O sutra em seguida diz: "Do mesmo modo, uma pessoa comum aprisionada em concepções dualísticas pensa que os Cinco Agregados são a causa do sofrimento dela, mas de fato a raiz do sofrimento daquela pessoa é sua falta de compreensão da natureza mutante, destituída de *self* e interdependente dos Cinco Agregados"[84]. Não são os Cinco Agregados que nos fazem sofrer, mas a forma como nos relacionamos com os mesmos. Quando observamos a natureza mutante, destituída de *self* e interdependente de tudo o que existe, não vamos sentir aversão pela vida. De fato, esse conhecimento vai nos ajudar a compreender a preciosidade da vida como um todo.

Quando não compreendemos corretamente, nós nos tornamos apegados às coisas e ficamos aprisionados nelas. No *Sutra Rat-*

---

84 *Ratnakuta Sutra*, cap. 23. *Taisho* 310.

nakuta, são usados os termos "agregado" (*skandha*) e "agregado do agarramento" (*upadana skandha*). *Skandhas* são os Cinco Agregados que dão luz à vida. *Upadana skandhas* são os mesmos Cinco Agregados enquanto objetos aos quais nos agarramos. A raiz do nosso sofrimento não são os agregados, mas o nosso ímpeto de nos agarrarmos às coisas. Há pessoas que devido à compreensão equivocada que têm sobre a raiz do sofrimento, em vez de lidarem com os seus apegos, temem os seis objetos dos sentidos e sentem aversão pelos Cinco Agregados. Buda é alguém que vive em paz, alegria e liberdade, sem temor ou apego a coisa alguma. Quando inspiramos e expiramos e harmonizamos os nossos Cinco Agregados, esta é uma prática verdadeira. Mas praticar não significa nos confinarmos aos nossos Cinco Agregados. Somos conscientes também de que os nossos Cinco Agregados têm suas raízes na sociedade, na natureza e nas pessoas com quem convivemos. Medite na reunião dos Cinco Agregados dentro de si até que seja capaz de ver a unidade do seu próprio eu e do universo. Quando o Bodhisattva Avalokita examinou profundamente a realidade dos Cinco Agregados, ele compreendeu a vacuidade do *self* e se libertou do sofrimento. Se nos empenharmos diligentemente na contemplação dos Cinco Agregados, nós também nos libertaremos do sofrimento. Se os Cinco Agregados retornarem às suas origens, o *self* deixará de existir. Ver o um no todo é romper com o apego à falsa visão do eu, à crença em um *self* enquanto entidade imutável, capaz de existir por si só. Romper com essa falsa visão significa se libertar de toda forma de sofrimento.

24
Os Cinco Poderes

Quando meus irmãos, irmãs e eu éramos crianças, sendo criados no Vietnã, nós costumávamos sair correndo para o quintal toda vez que chovia. Esse era o nosso jeito de tomar um banho. Éramos tão felizes! Algum tempo depois, nossa mãe nos chamava e servia uma tigela de arroz com brotos de feijão conservados em salmoura ou peixe salgado. Nós pegávamos nossas tigelas e nos sentávamos na soleira da porta, e continuávamos a comer e apreciar a chuva caindo. Nós éramos livres de todas as preocupações e ansiedades, não pensávamos em passado, futuro ou qualquer coisa que fosse. Simplesmente nos divertíamos, apreciávamos nossa comida e um ao outro. No dia do *Réveillon*, mamãe nos servia bolos especiais e saíamos para comê-los lá fora enquanto brincávamos com o gato e o cachorro. Às vezes nossas roupas de Ano-novo eram tão engomadas (com amido) que rangiam quando andávamos. Nós pensávamos que vivíamos num paraíso.

Enquanto crescíamos, começamos a nos preocupar com as tarefas domésticas, as roupas corretas, um bom trabalho, e em dar apoio à nossa família, sem mencionar guerra, justiça social e tantas outras dificuldades. Pensávamos que o nosso paraíso tinha se perdido, mas não tinha. Nós tínhamos somente que nos lembrar de regar as sementes do paraíso em nós, e assim conseguíamos produzir uma felicidade verdadeira de novo. Até mesmo hoje, toda vez que você e eu inspirarmos e expirarmos conscientemente, poderemos retornar ao nosso próprio paraíso. O nosso verdadeiro lar não existia somente no passado. O nosso verdadeiro lar está presente agora. Atenção plena é a energia que podemos produzir cotidianamente para trazer o nosso paraíso de volta.

As Cinco Faculdades, ou Fundamentos (*indriyani*), são a casa de força que pode nos ajudar a gerar esta energia em nós. Os Cinco Poderes (*balani*) são aquela energia em ação. As Cinco Faculdades e Poderes são: fé, energia, atenção plena, concentração e discernimento. Quando praticadas enquanto fundamentos, são como fábricas que produzem eletricidade. Quando praticadas como poderes, têm a capacidade de dar surgimento a todos os elementos do Caminho Óctuplo, tal como a eletricidade se manifesta como luz e calor.

O primeiro dos cinco poderes é a fé (*shraddha*). Quando temos fé, uma grande energia se expande dentro de nós. Se tivermos fé em algo não confiável ou falso, sem o apoio do discernimento, mais cedo ou mais tarde seremos levados a um estado de dúvida e de suspeição. Mas quando nossa fé vem do discernimento e da compreensão, nós entramos em contato com coisas boas, belas e confiáveis. Fé é a confiança que recebemos quando colocamos em prática um ensinamento que nos ajuda a superar dificuldades e a obter alguma transformação. É como a confiança que um fazendeiro tem em seu método de cultivar milho. Não é uma fé cega. Não é uma crença em um conjunto de ideais ou dogmas[85].

O segundo poder é a diligência (*virya*), a energia que traz alegria à nossa prática. A fé gera diligência, e essa diligência continua a fortalecer nossa fé. Animados pela energia diligente, nós

---

85 Para mais informação sobre a fé, cf. cap. 21.

nos tornamos realmente vivos. Os nossos olhos brilham, e nossos passos são firmes[86].

O terceiro poder é a atenção plena (*smriti*). Para examinar em profundidade e ter profundo discernimento, nós usamos a energia da Atenção Correta. Meditar é uma casa de força para a atenção plena. Quando nos sentamos, saboreamos uma refeição ou lavamos os pratos, podemos aprender a estar atentos. A atenção plena nos permite examinar profundamente para compreender o que está acontecendo. Atenção plena é a lavoura, a enxada e a fonte de irrigação que rega o discernimento. Nós somos os jardineiros – arando, semeando e regando nossas sementes benéficas[87].

O quarto poder é a concentração (*samadhi*). Para examinar profundamente e compreender com clareza, precisamos de concentração. Quando, com atenção plena, nós comemos, lavamos os pratos, andamos, ficamos em pé, sentamos ou deitamos, respiramos ou trabalhamos, nós desenvolvemos concentração. Atenção plena leva à concentração e concentração leva ao discernimento e à fé. Com essas quatro qualidades, nossa vida fica repleta de alegria e de energia de viver, que é o segundo poder[88].

O quinto poder é o discernimento ou sabedoria (*prajña*), a habilidade de observar profundamente e de compreender com clareza, e também a compreensão que resulta desta prática[89]. Quando podemos compreender com clareza, nós abandonamos o que é falso, e a nossa fé se torna Fé Correta. Quando todas as cinco casas de força estão funcionando, produzindo eletricidade, elas deixam de ser apenas faculdades e se transformam nos Cinco Poderes. Há uma diferença entre produzir algo e ter o poder gerado por aquilo. Se não houver energia suficiente em nosso corpo e mente, nossas cinco

---

86 Cf. cap. 14 e 26 para obter mais informação sobre *virya*, diligência.
87 Cf. cap. 11 para obter mais informação sobre a atenção plena.
88 Cf. cap. 15 para mais detalhes sobre concentração.
89 Cf. cap. 25 para mais informação sobre *prajña*.

casas de força precisam ser consertadas. Quando nossas casas de força funcionam bem, nós somos capazes de produzir a energia de que precisamos para nossa prática e para a nossa felicidade.

Nossa consciência armazenadora contém as sementes de todas essas energias. Quando a alegria ou a raiva não estão presentes em nossa consciência mental, pode ser que digamos: "Eu não tenho alegria ou raiva", mas temos sim. Elas estão em um andar inferior, o da nossa consciência armazenadora. Sob determinadas condições favoráveis, aquela semente irá se manifestar. Pode ser que digamos: "Eu não estou com raiva. Não tenho raiva dentro de mim". Mas a raiva ainda existe lá em nossa mente inconsciente. Todos têm uma semente de raiva adormecida lá em baixo, na consciência armazenadora. Quando praticamos, o nosso esforço é o de regar as sementes positivas e deixar que as sementes negativas permaneçam adormecidas. Nós não dizemos: "Eu não posso praticar até que eu me livre de todas as sementes maléficas". Se você se livrar de todas as suas sementes prejudiciais, você não terá com o que praticar. Nós precisamos praticar agora com todas as sementes prejudiciais que existem em nós. Se não fizermos isso, as sementes negativas vão crescer e causar muito sofrimento.

Praticar os Cinco Poderes significa cultivar o solo da nossa consciência armazenadora, semear e regar as sementes benéficas. Então, quando essas sementes brotarem em nossa consciência mental e se tornarem flores e frutos, elas vão espalhar mais sementes benéficas em toda a nossa consciência armazenadora. Se quiser ter sementes benéficas na sua consciência mental, você precisa da condição da continuidade. "Frutos da mesma natureza" replantarão sementes saudáveis em você[90].

O *Sutra do Lótus* diz: "Todos os seres sencientes têm a natureza búdica (*Buddhata*)". Sob condições corretas, as nossas sementes

---

90   Cf. cap. 27.

de natureza búdica vão se desenvolver em nós. Poderíamos chamar essas sementes também de sementes da Atenção Correta ou a semente do discernimento, sabedoria ou fé correta. Todas essas sementes são, de fato, uma semente. Praticar significa auxiliar tal semente maravilhosa a se manifestar. Quando estamos atentos, a concentração já está presente. Quando estamos concentrados, o discernimento e a sabedoria existem. Quando temos fé, temos energia. Atenção plena é a semente de Buda em nós. Portanto, a concentração já está presente nessa nossa semente de atenção plena.

A denominação "Buda" vem da raiz do verbo *budh* – que significa despertar, compreender, saber o que está acontecendo de uma forma muito profunda. Em saber, compreender e despertar para a realidade há atenção, porque atenção plena significa ver e saber o que está acontecendo. Se nossa visão é profunda ou superficial depende do nosso grau de despertar. Em cada um de nós, a semente búdica, a capacidade de despertar e de compreender é chamada de natureza de Buda (ou natureza búdica). Esta é a semente da atenção plena, a consciência do que está acontecendo no momento presente. Se eu digo: "Um lótus para você, para um(a) Buda vir a ser", isso significa: "Eu vejo claramente em você a sua natureza búdica". Pode ser que, para você, seja difícil aceitar que há uma semente de Buda em você, mas todos nós temos a capacidade da fé, do despertar, da compreensão e da consciência, é isso o que significa natureza de Buda ou natureza búdica. Não há uma pessoa sequer que não tenha a capacidade de ser um(a) Buda.

Mas o tesouro que procuramos continua escondido para nós. Não seja como aquele homem do *Sutra do Lótus*, que procurou uma joia pelo mundo inteiro, mas a joia sempre esteve no bolso dele. Volte e receba sua verdadeira herança. Não procure pela felicidade fora de si mesmo. Largue essa ideia de que você não tem felicidade. Ela já está disponível dentro de você.

O Bodhisattva *Menosprezar Jamais* não conseguia desgostar de quem quer que fosse, pois sabia que cada um de nós tem a capacidade de se tornar um(a) Buda. Ele se curvava de mãos postas para cumprimentar cada criança e adultos e dizia: "Eu não ouso lhe subestimar. Você é um(a) futuro(a) Buda". Algumas pessoas se sentiam tão alegres ouvindo aquilo que a fé brotava nelas. Enquanto outras, pensando que ele estava gozando delas, gritavam e jogavam pedras nele. Ele manteve a vida inteira essa prática de lembrar aos outros que todos têm a capacidade de despertar. Por que vaguear pelo mundo a fora buscando algo que você já possui? Você já é a pessoa mais rica da Terra.

Como podemos ajudar uma pessoa que não consegue amar a si mesma? Como podemos ajudá-la a conectar-se com a semente de amor já existente nela, para que assim possa se manifestar como uma flor e sorrir? Para ser um bom amigo, temos que aprender a examinar profundamente nossa própria consciência e a consciência do outro. Podemos ajudar nosso(a) amigo(a) a cultivar essa semente e a realizar sua capacidade de amar.

Existe um sexto poder chamado "capacidade" ou "inclusão" (*kshanti*). A capacidade de ser feliz é muito preciosa. A pessoa capaz de ser feliz, mesmo quando confrontada pelas dificuldades, é capaz de oferecer luz e um sentimento de alegria para si mesma e aos que estão à sua volta. Quando estamos próximos de alguém assim, também nos sentimos felizes. Mesmo quando ele entra no inferno, ilumina o inferno com o som do seu sorriso. Tem um bodhisattva chamado Kshitigarbha, cuja prática é a de levar luz e sorriso àqueles que estão em locais de profundo sofrimento. Se houver uma pessoa como essa em sua Sanga, alguém capaz de sorrir, ser alegre e ter fé em todas as circunstâncias, esta é uma boa Sanga.

Pergunte a si mesmo: "Será que sou assim?" À primeira vista, pode ser que você pense que não é. Pode ser que você tenha um complexo de inferioridade, que é o segundo tipo de orgulho[91]. Por favor, siga o conselho do Bodhisattva *Menosprezar Jamais* e examine nas profundezas da sua consciência armazenadora para aceitar que a semente da felicidade, a capacidade de amar e ser feliz existem ali. Pratique a alegria. Pode ser que você pense que lavar pratos é um trabalho servil, mas quando enrola as mangas, liga a torneira e derrama o sabão dentro, você pode ser muito feliz. Lavando os pratos em estado de plena atenção você pode ver como a vida é maravilhosa. Cada momento é uma oportunidade de regar as sementes de felicidade dentro de si. Se desenvolver a capacidade de ser feliz em qualquer ambiente, você será capaz de compartilhar sua felicidade com os outros.

Senão você poderia pensar: "Esta é uma situação infeliz. Eu tenho que ir para outro lugar". E você vai seguir de um lugar a outro vagando como um filho pródigo. Quando você compreende sua própria capacidade de ser feliz em qualquer lugar, você consegue criar raízes no momento presente. Você pode lidar com quaisquer que sejam as condições no momento presente e torná-las os alicerces da sua vida e da sua felicidade. Quando o sol estiver brilhando, você estará feliz. Quando estiver chovendo, você também estará feliz. Você não precisa ir a nenhum outro lugar. Você não precisa viajar ao futuro ou retornar ao passado. Tudo no momento presente pertence ao seu verdadeiro lar. Todas as condições de felicidade estão aqui. Você só precisa tocar as sementes de felicidade que já existem em você.

Quando entra num jardim bem cuidado e vê uma rosa bela e viçosa, você quer colhê-la. Mas para fazer isso você tem que tocar certos espinhos. A rosa existe, mas os galhos espinhosos também existem. Você tem que encontrar um jeito de compreender os espinhos para poder pegar a rosa. Nossa prática é a mesma coisa.

---

91 Os três tipos de orgulho são: (1) pensar que sou melhor do que o(s) outro(s); (2) pensar que sou pior do que o(s) outro(s); (3) pensar que sou tão bom quanto o(s) outro(s).

Não diga que por causa dos espinhos você não pode ser feliz. Não diga que, porque ainda há alguma raiva ou tristeza em seu coração, você não consegue desfrutar de coisa alguma. Você tem que saber como lidar com a sua raiva e tristeza para que assim não perca as flores da alegria.

Quando nossas formações internas (*samyojana*) e sofrimento estiverem adormecidos em nossa consciência armazenadora, esta é uma boa hora de praticarmos o aguamento das sementes positivas.

Quando sentimentos dolorosos brotarem em nossa consciência mental, nós temos que respirar conscientemente e praticar meditação andando para lidar com esses sentimentos. Não perca a oportunidade de regar as sementes de felicidade, para que assim mais sementes de felicidade entrem em sua consciência armazenadora.

Quando Buda estava prestes a falecer, Ananda, o assistente dele, chorava sem parar. E Buda o confortou, dizendo: "Os Budas de antigamente tiveram bons assistentes, mas nenhum tão bom quanto você, Ananda". Ele estava regando as sementes de felicidade em Ananda, porque Ananda tinha cuidado de Buda com todo o seu coração. Buda disse: "Ananda, você viu os maravilhosos campos de arroz dourado se espalhando pelo horizonte? Eles são muito bonitos". Ananda respondeu: "Sim, Senhor, eles são muito bonitos". Buda estava sempre lembrando Ananda a ver as coisas belas. Ananda estava ansioso para cuidar bem de Buda, e não era capaz de colher a rosa da sua vida cotidiana. Quando você vir uma nuvem no céu, pergunte ao seu amigo: "Você vê aquela nuvem? Não é esplêndida?" De que modo podemos viver para que as nossas sementes de felicidade sejam regadas todo dia? Este é o cultivo da alegria e a prática do amor. Nós podemos praticar essas coisas facilmente quando temos a energia da atenção plena. Mas sem atenção plena, como podemos ver os belos campos de arroz? Como podemos sentir a agradável chuva? *Inspirando, eu sei que a chuva está caindo. Expirando, eu sorrio para a chuva. Inspirando, eu sei que a chuva é parte essencial* da vida. Expirando, eu sorrio de novo. Atenção plena nos ajuda a recuperar o paraíso que pensávamos ter perdido.

Queremos retornar ao nosso verdadeiro lar, mas estamos habituados a fugir. Queremos sentar sobre uma flor de lótus, mas em vez disso nos sentamos sobre carvões em brasa, e queremos pular fora. Se nos sentarmos firmemente no momento presente, é como se estivéssemos sentados sobre um lótus. Buda sempre é representado sentado tranquilamente sobre uma flor de lótus, porque ele sempre estava se sentindo em casa. Ele não mais precisava correr. Desfrutar o fato de estar sentado no momento presente é chamado de "simplesmente sentar" ou de "nenhuma ação". O Venerável Thich Quang Duc foi capaz de sentar-se tranquilamente mesmo quando o fogo queimava em volta dele. Ele estava se queimando, mas mesmo assim ele continuava sentado sobre um lótus. Esta é a capacidade suprema de sentar-se em paz em qualquer circunstância, sabendo que nada está perdido.

A capacidade de se sentir em paz em qualquer lugar é uma semente positiva. A energia de fugir não é. Se praticarmos atenção plena, toda vez que brotar a energia de querer fugir poderemos sorrir para ela e dizer: "Olá, minha velha amiga, eu reconheço você". No momento em que reconhecemos qualquer energia habitual, aquela energia perde um pouco do seu poder. Toda vez que mara aparecia, Buda dizia: "Eu lhe conheço, minha velha amiga", e mara desaparecia.

No *Sutra Samiddhi*, somos ensinados a praticar de modo que nossa felicidade esteja presente aqui e agora. Não é necessário fugir ou abandonar nossa presente moradia e procurar por uma moradia ilusória, aquela chamada de paraíso, que na realidade é apenas uma sombra de felicidade. Quando produzimos fé, energia, atenção plena, concentração e discernimento em nossa casa de força, nós compreendemos que nosso verdadeiro lar já está repleto de luz e de poder.

25
As Seis Paramitas

As Seis Paramitas são um ensinamento do budismo Mahayana. A palavra *paramita* pode ser traduzida como "perfeição" ou "realização perfeita". O caractere chinês usado para paramita significa "travessia para a outra margem", que é a margem da paz, do destemor e da libertação. A prática das paramitas pode ser a nossa prática cotidiana. Nós estamos na margem do sofrimento, da raiva e da depressão e queremos atravessar para a margem do bem-estar. Para atravessar, temos que fazer alguma coisa, e isso é chamado de paramita. A prática é nos voltarmos para dentro de nós respirando conscientemente, observando nosso próprio sofrimento, raiva e depressão e sorrir. Fazendo isso, superamos nossa dor e fazemos a travessia. Podemos praticar a "perfeição" todo dia.

Toda vez que você dá um passo conscientemente, você tem a chance de ir do solo da aflição para o solo da alegria. A Terra Pura está disponível aqui e agora. O Reino de Deus é uma semente dentro de nós. Se soubermos plantar aquela semente em solo úmido, ela se transformará numa árvore, e os passarinhos virão tomar refúgio nela. Por favor, pratique a travessia para a outra margem toda vez que sentir necessidade. Buda disse: "Não espere simplesmente que a outra margem venha até você. Se você quiser atravessar para a outra margem, a margem da segurança, do bem-estar, onde não há medo nem raiva, você terá que nadar ou remar. Você tem que fazer um esforço". Este esforço é a prática das Seis Paramitas.

Figura 4 As Seis Paramitas

(1) *dana paramita* – dar, ofertar, generosidade.
(2) *shila paramita* – preceitos ou treinamentos da atenção plena.
(3) *kshanti paramita* – inclusão, a capacidade de receber, suportar e transformar a dor infligida em você por seus inimigos e também por aqueles que lhe amam.
(4) *virya paramita* – diligência, energia, perseverança.
(5) *dhyana paramita* – meditação.
(6) *prajña paramita* – sabedoria, discernimento, compreensão.

***

Praticar as Seis Paramitas nos ajuda a alcançar a outra margem – a margem da liberdade, da harmonia e dos bons relacionamentos.

♣♣♣♣♣

A primeira prática de travessia é a perfeição da generosidade: *dana paramita*. Dar significa acima de tudo oferecer alegria, felicidade e amor. Há uma planta bem conhecida na Ásia. É da família da cebola, que é deliciosa na sopa, no arroz refogado e em omeletes – e toda vez que é cortada, ela cresce de volta em menos de 24 horas! Esta planta representa *dana paramita*. Nada guardamos para nós mesmos. Queremos somente ofertar. Quando ofertamos algo, pode ser que a outra pessoa fique feliz, mas certamente somos nós quem nos tornamos felizes. Em muitas estórias das vidas passadas de Buda, ele pratica *dana paramita*[92].

O maior presente que podemos oferecer a alguém é a nossa verdadeira presença. Um garotinho conhecido meu foi indagado pelo pai: "O que você gostaria de ganhar de aniversário?" O garoto hesitou. O pai dele era rico e poderia lhe dar qualquer coisa que ele quisesse. Mas o pai passava muito tempo ganhando dinheiro e raramente ficava em casa. Então o garoto disse: "Eu quero você, papai!" A mensagem foi clara. Se você ama alguém, você tem que produzir sua verdadeira presença para ele ou ela. Ao dar este presente, você recebe a dádiva da alegria simultaneamente. Aprenda a produzir sua verdadeira presença através da prática da meditação. Respirando conscientemente, você une corpo e mente. "Querido, eu estou aqui a seu dispor" é um mantra que você pode recitar toda vez que pratica *dana paramita*.

---

92 Cf. qualquer uma das traduções dos *Contos de Jataka* [*Jataka Tales*].

O que mais podemos oferecer? Nossa estabilidade: "Inspirando, eu me vejo como uma montanha. Expirando, eu me sinto sólido". A pessoa que amamos precisa da nossa solidez e estabilidade. Podemos cultivar nossa estabilidade por meio de inspiração e expiração, ao andar conscientemente, ao sentar conscientemente e ao apreciar o fato de estarmos vivos em cada momento. Solidez é uma das características de nirvana.

O que mais podemos oferecer? Nossa liberdade. A felicidade não é possível a menos que estejamos livres de aflições – anseio, raiva, ciúme, desespero, medo e percepções equivocadas. Liberdade é uma das características do nirvana. Alguns tipos de felicidade realmente destroem nosso corpo, nossa mente e nossos relacionamentos. Viver livre de anseio é uma prática muito importante. Observe profundamente a natureza daquilo que você pensa que vai lhe trazer felicidade e veja se aquilo, de fato, está causando sofrimento às pessoas que você ama. Você tem que compreender isso se quiser ser verdadeiramente livre. Volte-se ao momento presente, entre em contato com as maravilhas da vida já disponíveis. Há tantas coisas benfazejas que podem nos fazer felizes neste instante, como o lindo nascer do sol, o céu azul, as montanhas, os rios e todos os rostos de pessoas amáveis à nossa volta.

O que mais podemos ofertar? Nosso frescor. "Inspirando, eu me vejo como uma flor. Expirando, eu me sinto viçoso." Você pode inspirar e expirar três vezes e restaurar seu frescor imediatamente. Que bênção!

O que mais podemos ofertar? Paz. É uma maravilha se sentar próximo de alguém cheio de paz. Nós nos beneficiamos da paz daquela pessoa. "Inspirando, eu me vejo como um espelho d'água. Expirando, eu reflito as coisas como elas são." Nós podemos oferecer aos entes amados a nossa paz e lucidez.

O que mais podemos oferecer? Espaço. A pessoa amada precisa de espaço para ser feliz. Em um arranjo de flor, cada flor precisa de espaço em volta de si para poder irradiar sua verdadeira beleza. Uma pessoa é como uma flor. Sem espaço dentro e em torno dela, ela não consegue ser feliz. Estes presentes não podemos comprá-los no mercado. Temos que produzi-los através da nossa prática. E quanto mais oferecemos, mais temos. Quando a pessoa amada está feliz, a felicidade volta para nós imediatamente. Estamos dando a ela e dando a nós mesmos, simultaneamente.

Dar é uma prática maravilhosa. Buda disse que quando você estiver com raiva de alguém e já tiver tentado tudo, mas ainda sentir raiva, pratique *dana paramita*. Quando estamos com raiva, nossa tendência é punir a outra pessoa. Mas se fizermos isso, só vai aumentar a intensidade do sofrimento. Buda propôs que, ao invés disso, você envie um presente para aquela pessoa.

Quando estiver com raiva, você não vai querer sair para comprar um presente, então aproveite a oportunidade agora de preparar o presente enquanto você não está com raiva. Então, se tudo o mais não der certo, vá e envie aquele presente para aquela pessoa e supreendentemente se sentirá melhor imediatamente. O mesmo acontece entre nações. Para que Israel tenha paz e segurança, os israelitas têm que encontrar formas de assegurar paz e segurança aos palestinos. E para que os palestinos tenham paz e segurança, eles também têm que encontrar formas de assegurar paz e segurança aos israelitas. Você recebe o que oferece. Em vez de tentar punir o outro, ofereça a ele exatamente o que ele precisa. A prática da generosidade pode lhe proporcionar, muito rapidamente, uma margem de bem-estar.

Quando outra pessoa lhe faz sofrer, é porque ela sofre profundamente dentro de si, e o sofrimento dela está transbordando. Ela não precisa de punição, mas precisa sim de ajuda. Esta é a mensagem que ela está lhe enviando. Se você for capaz de compreender isso, ofereça a ela aquilo de que ela precisa: alívio. Felicidade e segurança não são uma questão individual. A felicidade e a segurança dele(a) são cruciais à sua felicidade e segurança. Deseje felicidade e segurança com todo o seu coração, e você também estará feliz e seguro. O que mais podemos oferecer? Compreensão. Compreensão é a flor da prática. Concentre o foco da sua atenção num objeto, examine-o profundamente, e você terá discernimento e compreensão. Quando você oferece sua compreensão aos outros, eles param de sofrer imediatamente.

A primeira pétala da flor das paramitas é *dana paramita*, a prática de dar. Aquilo que você der é o que você receberá, mais rapidamente do que os sinais enviados via satélite. Quer você dê sua presença, sua estabilidade, seu vigor, sua solidez, sua liberdade ou sua compreensão, a sua dádiva pode proporcionar um milagre. *Dana paramita* é a prática do amor.

A segunda prática é a perfeição dos preceitos ou treinamentos da atenção plena, *shila paramita*. Os Cinco Treinamentos da Atenção Plena nos ajudam a proteger nosso corpo, mente, família e sociedade.

O Primeiro Treinamento diz respeito a proteger vidas: dos seres humanos, animais, vegetais e minerais. Proteger outros seres significa nos proteger. O segundo é para impedir que seres humanos explorem outros seres vivos e a natureza. Isso também é uma prática de generosidade. O terceiro é para proteger crianças e adultos de abusos sexuais, impedindo a felicidade de indivíduos e famílias. Muitas famílias já se separaram devido à má conduta sexual. Ao praticar o Terceiro Treinamento da Atenção Plena, você protege a si mesmo, protege famílias e casais. Você ajuda outras pessoas a se sentirem seguras. O Quarto Treinamento da Atenção Plena é sobre a prática da escuta compassiva e a fala amorosa. O Quinto Treinamento da Atenção Plena é sobre o consumo consciente[93].

A prática dos Cinco Treinamentos é uma forma de amor, e uma forma de doação. Esta prática assegura saúde e proteção da nossa família e sociedade. *Shila paramita* é uma grande dádiva que nós podemos fazer para nossa sociedade, nossa família e para as pessoas que amamos. O presente mais precioso que podemos oferecer à nossa sociedade é a nossa prática dos Cinco Treinamentos da Atenção Plena. Se vivermos de acordo com os Cinco Treinamentos, nós nos protegemos e protegemos as pessoas que amamos. Ao praticarmos *shila paramita*, estamos oferecendo a preciosa dádiva da vida.

Vamos examinar juntos, em profundidade, as causas do nosso sofrimento individual e coletivo. Se fizermos isso, eu tenho certeza de que constataremos que os Cinco Treinamentos são o medicamento correto para o mal-estar generalizado do nosso tempo. Toda tradição tem algo equivalente aos Cinco Treinamentos da Plena Atenção. Toda vez que eu vejo alguém receber e praticar os Cinco Treinamentos, eu me sinto muito feliz – por aquela pessoa, a família dela e eu mesmo –, pois eu sei que os Cinco Treinamentos são o caminho mais concreto de praticar atenção plena. Nós precisamos de uma Sanga à nossa volta para praticá-los em profundidade.

♣♣♣♣♣

A terceira pétala da flor é a inclusão, *kshati paramita*. Inclusão é a capacidade de receber, acolher e transformar. Geralmente se traduz *kshanti* como paciência ou tolerância, mas eu acredito que "inclusão" comunica melhor o ensinamento de Buda. Quando

---

93 Para mais informação sobre os Cinco Treinamentos da Atenção Plena, cf. cap. 12 e 13 sobre a Fala Correta e a Ação Correta. Cf. tb. Os livros de Thich Nhat Hanh, *For a Future to be Possible* e *The Mindfulness Survival Kit*.

praticamos inclusão, nós não temos que sofrer ou tolerar, mesmo quando tivermos que acolher o sofrimento e a injustiça. Quando outra pessoa diz ou faz algo que nos deixa raivosos, ela inflige em nós algum tipo de injustiça. Mas se o nosso coração for suficientemente amplo, nós não sofremos.

Buda apresentou a seguinte imagem maravilhosa. Se você pega um punhado de sal e o derrama numa pequena tigela contendo água, a água da tigela ficará muito salgada para beber. Mas se você derrama a mesma quantidade de sal num grande rio, as pessoas ainda serão capazes de beber a água do rio. (Lembre-se que este ensinamento foi transmitido há 2.600 anos, quando ainda era possível se beber água dos rios!) Por ser imenso, o rio tem a capacidade de receber e de transformar. O rio não sofre de forma alguma por causa de um punhado de sal. Se o seu coração for pequeno, uma palavra ou ato injustos lhe farão sofrer. Mas se o seu coração for grande, e você tiver compreensão e compaixão, aquela palavra ou ação não terão o poder de lhe fazer sofrer. Você será capaz de recebê-la, acolhê-la e transformá-la num instante. O que conta aqui é a sua capacidade. Para transformar o seu sofrimento, seu coração deve ser tão vasto quanto o oceano. Outra pessoa poderia sofrer. Mas se for uma bodhisattva que recebe as mesmas palavras indelicadas, ela não sofrerá de forma alguma. Isso depende da sua maneira de receber, acolher e transformar. Se você guarda sua dor por muito tempo, é porque ainda não aprendeu a prática da inclusão.

Quando Rahula, o filho de Buda, tinha 18 anos, Buda transmitiu a ele um ensinamento do Darma sobre a prática da inclusão. Sharipurra, o tutor de Rahula, estava presente e ele também ouviu e tomou pra si aquele ensinamento. Então, 12 anos depois, Sharipurra teve a oportunidade de repetir tal ensinamento para uma assembleia inteira de monges e monjas. Foi no dia seguinte, após o término do retiro de inverno com três meses de duração, e cada monge estava se preparando para deixar o complexo e partir em dez direções a fim de oferecer os ensinamentos aos outros. Naquela hora, um monge reportou ao Buda: "Meu Senhor, hoje de manhã quando o Venerável Shariputra estava indo embora, eu perguntei a ele para onde ele estava indo, e em vez de responder minha pergunta, ele me empurrou no chão e não me pediu desculpas".

Buda perguntou a Ananda: "Será que Shariputra já está longe?" E Ananda respondeu: "Não, Senhor, ele partiu uma hora atrás somente". Então Buda pediu a um noviço que encontrasse Shariputra e pedisse a ele para voltar. Quando o noviço trouxe Shariputra de volta, Ananda convocou todos os monges que ainda estavam presentes para uma reunião. Então, Buda entrou no salão e perguntou formalmente a Shariputra: "Shariputra, é verdade que hoje de manhã, quando você estava saindo do mosteiro, um irmão seu queria lhe perguntar algo e você não respondeu a ele? É verdade que em lugar de responder você o derrubou ao chão e nem mesmo pediu desculpas?" Imediatamente, Shariputra respondeu àquela pergunta de Buda, diante dos seus amigos monges e monjas[94]:

> Senhor, eu me lembro do discurso que você deu 12 anos atrás ao Bhikshu Rahula, quando ele tinha 18 anos. Você ensinou a ele a contemplar a natureza da terra, da água, do fogo e do ar a fim de nutrir e desenvolver as virtudes do amor, da compaixão, alegria e equanimidade[95]. Embora seu ensinamento estivesse direcionado para Rahula, eu também aprendi com o mesmo, e tenho tentado observar e praticar este ensinamento.
> Senhor, eu tenho tentado praticar como a terra. A terra é ampla e aberta e tem a capacidade de receber, acolher e transformar. Quer as pessoas joguem sobre a terra substâncias puras e cheirosas, como as flores, perfume

---

94 Shariputra's "Lion's Roar" [O "Rugido de Leão" de Shariputra]; Anguttara Nikaya IX, 11. Cf. tb. Mahaparinirvana Sutra.

95 Buda também nos ensinou sobre as Quatro Mentes Imensuráveis – amor, compaixão, alegria e equanimidade – para nos ajudar a expandir nossos corações, para que não tenhamos de sofrer toda vez que outras pessoas infligirem dor e injustiça em nós. Cf. cap. 22. Cf. tb. NHAT HANH, T. Teachings on Love.

225

ou leite fresco, ou joguem na terra substâncias sujas e fedorentas, como o excremento, urina, sangue, muco e cuspe, a terra recebe-os igualmente, sem apego ou aversão. Não importa o que você sacudir na terra; a terra tem o poder de receber, acolher e transformar aquilo. Eu tento ao máximo praticar como a terra, receber sem resistência, reclamação ou sofrimento.
Senhor, eu pratico a atenção plena e a bondade amorosa. Um monge que não pratica a atenção plena do corpo no corpo, das ações corporais nas ações corporais, poderia derrubar um amigo monge e deixá-lo lá deitado sem pedir desculpas. Mas não faz parte do meu jeito de ser, ser grosseiro com um companheiro monge, empurrá-lo no chão e sair andando sem pedir desculpas.
Senhor, eu aprendi a lição que você ofereceu a Rahula de praticar como a água. Quer uma pessoa derrame na água uma substância perfumada ou uma substância suja, a água recebe as duas igualmente sem apego ou aversão. A água é imensa e fluente e tem a capacidade de receber, conter, transformar e purificar todas essas coisas. Eu tentei o melhor que pude praticar como a água. Um monge que não pratica a atenção plena, que não pratica tornar-se como água, poderia empurrar um monge companheiro no chão e sair andando sem pedir desculpas. Eu não sou um monge assim.
Meu Senhor, eu pratiquei para ser mais parecido com o fogo. O fogo queima tudo, o que é puro e também o que é impuro, o que é belo e também o que é detestável, sem apego ou aversão. Se você joga flores ou seda nele, o fogo queima. Se você jogar roupas velhas e outras coisas fedorentas nele, o fogo vai aceitar e queimar tudo. O fogo não discrimina. Por quê? Porque o fogo pode receber, consumir e queimar tudo o que é oferecido a ele. Eu tenho tentado praticar como o fogo. Eu sou capaz de queimar as coisas negativas para transformá-las. Um monge que não pratica a atenção plena ao olhar, ouvir e contemplar poderia empurrar um monge companheiro no chão e sair andando sem pedir desculpas. Eu não sou um monge assim.

Senhor, eu tenho tentado praticar para ser mais parecido com o ar. O ar carrega todos os cheiros, bons e maus, sem apegos ou aversões. O ar tem a capacidade de transformar, purificar e soltar. Senhor Buda, eu tenho contemplado o corpo no corpo, os movimentos do corpo nos movimentos do corpo, as posturas do corpo nas posturas do corpo, os sentimentos nos sentimentos, e a mente na mente. Um monge que não pratica a atenção plena poderia empurrar um companheiro monge no chão e sair andando sem pedir desculpas. Eu não sou um monge assim.

Meu Senhor, eu sou parecido a uma criança "intocável" [*i. e.*, da casta mais baixa da Índia] sem ter o que vestir e sem título ou medalha alguma para colocar nas minhas vestes esfarrapadas. Eu venho tentando praticar a humildade, porque sei que a humildade tem o poder de transformar. Eu venho tentando aprender todo dia. Um monge que não pratica a atenção plena pode empurrar um monge companheiro no chão e sair andando sem pedir desculpas. Meu Senhor, eu não sou um monge assim.

Shariputra continuou proferindo o seu "Rugido de Leão", mas o outro monge não pôde aguentar mais e desnudou o seu ombro direito, ajoelhou-se e implorou pelo perdão: "Senhor, eu transgredi a *Vinaya* (as regras de disciplina monásticas). Movido à raiva e ao ciúme, eu disse uma mentira para depreciar a reputação do meu irmão mais velho no Darma. Eu imploro a comunidade que me permita Recomeçar de uma Nova Maneira". Diante do Buda e de toda a Sanga, ele se prostrou três vezes para Shariputra. Ao ver seu irmão prostrando-se, Shariputra curvou-se de mãos postas, e disse: "Eu não fui suficientemente habilidoso, e, por isso, criei divergências. Eu sou corresponsável por isso e imploro ao meu irmão monge que me perdoe". Então ele se prostrou três vezes para o outro monge e eles se reconciliaram. Ananda pediu que Shariputra ficasse para tomar uma xícara de chá antes de ele recomeçar sua jornada.

Suprimir nossa dor não é o ensinamento da inclusão. Temos que receber, acolher e transformar a dor. A única forma de conseguir isso é fazendo com que o nosso coração seja grande. Nós contemplamos profundamente para compreender e perdoar. Senão seremos aprisionados por raiva e ódio e vamos pensar que vamos nos sentir melhor somente depois de termos punido a outra pessoa. Vingança é um nutriente pernicioso. A intenção de ajudar os outros é um nutriente benéfico.

Para praticar *kshanti paramita*, nós precisamos dos outros *paramitas*. Se a nossa prática de inclusão não contiver as marcas da compreensão, da generosidade e da meditação, nós estaremos simplesmente tentando suprimir nossa dor e levá-la ao fundo da consciência. Isso é perigoso. Esse tipo de energia vai explodir depois e nos destruir e destruir os outros. Se praticar a contemplação profunda, o seu coração crescerá ilimitadamente e você sofrerá menos.

O primeiro discípulo que eu ordenei foi um monge chamado Thich Nhât Tri. O Irmão Nhât Tri foi junto com a Irmã Chân Không e eu em várias missões de resgate de vítimas das cheias no Vietnã Central, e ele passou muitos meses num povoado pobre a pedido meu. Nós estávamos fundando a Escola da Juventude para o Serviço Social, e precisávamos aprender sobre a real situação das pessoas nas áreas rurais. Queríamos encontrar formas de empregar resistência passiva e bondade amorosa para ajudar as pessoas pobres a melhorarem o padrão de vida delas. Foi um belo movimento pela melhoria social. Eventualmente, nós tivemos dez mil trabalhadores. Os comunistas disseram que nosso movimento budista era a favor dos americanos, e os meios de comunicação de massa disseram que os monges budistas eram comunistas disfarçados tentando organizar um golpe comunista. Nós estávamos apenas tentando ser nós mesmos, sem nos aliar a nenhuma das facções em conflito.

Em 1967, o Irmão Nhât Tri e sete outros assistentes sociais foram sequestrados por um grupo de extrema-direita, e desde então nunca mais soubemos dele. Um dia, Nhât Tri estava andando nas ruas de Saigon, quando um soldado americano, em pé sobre um caminhão militar, cuspiu na cabeça dele. O Irmão Nhât Tri voltou pra casa e chorou muito. Por ser um jovem rapaz, ele estava tentado a revidar, e por isso o segurei nos braços por meia hora para transformar aquele sentimento de ter sido profundamente ferido. Eu lhe disse: "Meu filho, você não nasceu para sustentar uma arma. Você nasceu para ser um monge, e o seu poder é o poder da compreensão e do amor. O soldado americano pensou que você fosse um inimigo dele. Foi uma percepção equivocada que ele teve. Nós precisamos de 'soldados' que possam ir para a linha de frente armados somente com compreensão e amor". Ele acabou permanecendo na Escola da Juventude para o Serviço Social. Depois disso, ele foi sequestrado e provavelmente morto. Thich Nhât Tri é um grande irmão dos monges e monjas de Plum Village. A caligrafia dele era quase idêntica à minha. E ele escreveu lindas canções para os meninos do búfalo cantarem na zona rural.

Como podemos ser levados pelas águas desse tipo de injustiça? Como podemos transformar a injustiça recebida por nações inteiras? Cambojanos, bósnios, palestinos, israelenses, tibetanos, todos nós sofremos de injustiça e intolerância. Em vez de sermos irmãos e irmãs uns para os outros, nós apontamos armas uns para os outros. Quando somos dominados pela raiva, pensamos que a única resposta é punir a outra pessoa. O fogo da raiva continua a queimar em nós, e continua a queimar nossos irmãos e irmãs. Esta é a situação do mundo, e por isso é necessário contemplar profundamente para sermos ajudados a compreender que todos nós somos vítimas.

Eu disse ao Irmão Nhât Tri: "Se você tivesse nascido numa família que mora no litoral de Nova Jersey ou na Califórnia e lesse os tipos de jornais e artigos de revistas que aqueles soldados leem, você também acreditaria que todos os monges budistas são comunistas, e você também iria cuspir na cabeça de um monge". Eu disse a ele que os soldados americanos eram treinados a ver todos os vietnamitas como inimigos. Eles foram enviados aqui para matar ou morrer. Eles são vítimas, tanto quanto os soldados e cidadãos vietnamitas. Aqueles que seguram as armas e atiram em nós, aqueles que cospem em você, não são os criadores da guerra. Os criadores da guerra estão em seus confortáveis escritórios em Beijing, Moscou e Washington, DC. Foi uma política errada nascida de uma compreensão equivocada. Quando estive em Washington em 1966, eu me encontrei com Robert McNamara, e o que eu falei a ele sobre a natureza da guerra era totalmente verdade. Meio ano depois, ele renunciou ao cargo de Secretário da Defesa, escreveu um livro recentemente e confessou que a Guerra no Vietnã foi um erro terrível. Talvez eu tenha ajudado a plantar algumas sementes de compreensão nele.

Uma percepção equivocada foi responsável pela morte de muitos milhares de soldados americanos e vietnamitas e de muitos milhões de cidadãos vietnamitas. O povo da zona rural não podia entender porque tinham que morrer daquele jeito, porque as bombas tinham que cair sobre eles dia e noite. Eu estava dormindo no meu quarto próximo ao salão de Buda no campus da Escola da Juventude para o Serviço Social quando um foguete foi disparado naquele salão de meditação. Eu poderia ter morrido. Se nutrir o seu ódio e a sua raiva, você se queima. Compreensão é a única saída. Se compreender, você sofrerá menos e saberá como chegar à raiz da injustiça. Buda disse que se uma flecha lhe atingir, você sofrerá. Mas se uma segunda flecha lhe atingir no mesmo lugar você sofrerá cem vezes mais[96]. Quando você é uma vítima da injustiça, se você tem raiva, sofre cem vezes mais. Quando tem alguma dor no corpo, inspire e expire e diga para si mesmo: "Isso é apenas uma dor física". Se você imagina que é câncer e que você vai morrer muito em breve, sua dor será cem vezes pior. Medo e ódio, nascidos da ignorância, ampliam sua dor. *Prajña paramita* é a salvação. Se souber compreender as coisas como elas são e não mais do que isso, você pode sobreviver.

Eu amo o povo vietnamita, e fiz o melhor que pude para ajudá-lo durante a guerra. Mas eu também via os garotos americanos como vítimas no Vietnã. Por não olhar pra eles com rancor, eu sofria muito menos. Este é o tipo de sofrimento que muitos de nós superamos; e o ensinamento nasceu daquele sofrimento, não de estudos acadêmicos. Eu sobrevivi pelo Irmão Nhât Tri e por tantos outros que morreram a fim de levar a mensagem do perdão, amor e compreensão. Eu compartilho isso para que eles não tenham morrido em vão.

Por favor, pratique a contemplação profunda, e você sofrerá muito menos por causa de doença, injustiça ou pequenas dores internas. Contemplação profunda leva à compreensão e compreensão sempre leva ao amor e aceitação. Quando o seu bebê está doente, é claro que você dá o melhor de si para ajudá-lo. Mas você também sabe que um bebê precisa ficar doente várias vezes para conseguir a imunidade de que precisa. Você também sabe que pode sobreviver, porque desenvolveu anticorpos. Não se preocupe. "Saúde perfeita" é somente uma ideia. Aprenda a viver em paz com quaisquer indisposições que tiver. Tente transformá-las, mas não sofra demais.

Buda também sofreu quando era vivo. Houve conspirações para competir com ele e até mesmo matá-lo. Uma vez, quando havia um ferimento em sua perna e as pessoas tentavam ajudá-lo, Buda

---

[96] *Samyutta Nikaya* V, 210.

disse que era apenas um ferimentozinho, e deu o melhor de si para minimizar a dor. Noutra ocasião, quinhentos dos seus monges partiram para estabelecer uma Sanga alternativa, e ele enfrentou a situação sem hesitar. Finalmente, as dificuldades foram superadas. Buda deu ensinamentos muito concretos sobre como desenvolver inclusão – *maitri* (amor), *karuna* (compaixão), *mudita* (alegria) e *upeksha* (equanimidade)[97]. Se praticar essas Quatro Mentes Imensuráveis, você terá um coração imenso. Como os bodhisattvas têm grande compaixão, eles têm a capacidade de receber, acolher e transformar. Por terem grande compreensão, eles não precisam sofrer. Esta é uma grande bênção para o mundo e para as pessoas que amamos.

🙠🙠🙠🙠🙠

A quarta pétala da flor é *virya paramita*, a perfeição da diligência, energia ou prática contínua. Buda disse que nas profundezas da nossa consciência armazenadora *alayavijñana*, existem todos os tipos de sementes positivas e negativas – sementes de raiva, delusão e medo, e sementes de compreensão, compaixão e perdão. Muitas dessas sementes nos foram transmitidas pelos nossos ancestrais. Devemos aprender a reconhecer cada uma dessas sementes em nós a fim de praticar a diligência. Se for uma semente negativa, como, por exemplo, as sementes aflitivas da raiva, do medo, do ciúme ou da discriminação, não devemos permitir que sementes como essas sejam regadas em nosso cotidiano. Pois toda vez que as mesmas forem regadas, elas vão se manifestar no nível superior da nossa consciência, e vamos sofrer e, ao mesmo tempo, causar sofrimento às pessoas que amamos. A prática é a de nos abstermos de regar as sementes negativas dentro de nós.

---

[97] Cf. cap. 22 sobre as Quatro Mentes Imensuráveis.

Nós também reconhecemos as sementes negativas nas pessoas que amamos e tentamos ao máximo não regá-las. Se as regarmos, as pessoas ficarão muito tristes, e nós também ficaremos tristes. Esta é a prática da "irrigação seletiva". Se você quer ser feliz, evite irrigar suas próprias sementes negativas e peça aos outros para que não aguem tais sementes em você. Também evite aguar as sementes negativas nos outros.

Nós também tentamos reconhecer as sementes positivas existentes em nós, e viver cotidianamente de tal modo que possamos tocá-las e estimular suas manifestações no nível superior da nossa consciência, *manovijñana*. Toda vez que se manifestam e permanecem por algum tempo no nível superior (mental) da nossa consciência, essas sementes se fortalecem. E se essas sementes positivas forem ficando cada vez mais fortes, dia após dia, seremos felizes e poderemos alegrar os nossos entes queridos. Identifique as sementes positivas em alguém que você ama, regue tais sementes, que ele ou ela se tornará mais feliz. Em Plum Village, nós temos uma prática chamada de "regar flores", que consiste em identificar as melhores sementes nos outros e regá-las[98]. Quando tiver tempo, por favor, regue as sementes que precisam ser regadas. Esta é uma prática de diligência muito agradável e maravilhosa, que traz resultados imediatos.

Imagine um círculo dividido ao meio. Na parte inferior está a consciência armazenadora e, na superior, a consciência mental. Todas as formações mentais repousam lá no fundo da consciência armazenadora. Toda semente adormecida em nossa consciência armazenadora pode ser estimulada e se manifestar no nível superior, chamado de consciência mental. A prática contínua significa nos esforçarmos ao máximo para impedir que as

---

98 "Regar flores" pode significar, na prática, a expressão de um agradecimento por algo que a outra pessoa tenha feito, seja por você ou pelos outros, elogiar qualidades que você vê no outro, ou ações que lhe inspiraram ou ajudaram na sua prática etc. [N.T.].

sementes negativas adormecidas em nossa consciência armazenadora sejam estimuladas no dia a dia, e não dar oportunidade delas se manifestarem. As sementes de raiva, discriminação, desespero, ciúme e anseio estão todas lá na consciência armazenadora. Empenhamo-nos ao máximo para impedir que elas se manifestem. Dizemos às pessoas que moram conosco: "Se você realmente me ama, não regue estas sementes em mim. Não é bom para minha saúde nem para a sua". Temos que identificar os tipos de sementes que não devem ser regadas. Se acontecer de uma semente negativa, de alguma aflição, ser regada e se manifestar, nós faremos tudo o que estiver ao nosso alcance para acolhê-la com atenção consciente, ajudando-a a retornar de onde veio. Quanto mais tempo essas sementes permanecem em nossa consciência mental, mais fortes elas se tornam.

Buda sugeriu uma prática chamada de "trocar as cavilhas". Quando uma cavilha de madeira não está do tamanho certo ou está apodrecendo ou estragada, um carpinteiro irá trocá-la, colocando outra cavilha exatamente no mesmo lugar e levando a nova cavilha em direção à antiga. Quando surgir uma formação mental que você considera prejudicial, uma forma de você praticar é convidando outra formação mental para substituí-la. Muitas sementes em nossa consciência armazenadora são belas e benéficas. Apenas inspire e expire e convide uma delas para vir à tona e as outras sementes descerão. Esta prática é chamada de "trocar a cavilha".

A terceira prática é a de tocar o maior número possível de sementes positivas em sua consciência armazenadora, a fim de estimulá-las a se manifestarem em sua consciência mental. Quando quer assistir determinado programa no seu aparelho de televisão, você pressiona determinado botão que lhe traz o canal daquele programa. Só convide as sementes agradáveis para que subam e se sentem na sala de estar da sua consciência. Nunca convide uma visita que vai lhe trazer tristeza e aflição. E diga aos seus amigos:

"Se você me ama, por favor regue minhas sementes saudáveis diariamente". Uma semente maravilhosa é a atenção plena. Atenção plena é Buda dentro de nós. Use toda oportunidade para tocar aquela semente e estimulá-la a se manifestar no nível superior da sua consciência.

Figura 5 Sementes da Atenção Plena

A quarta prática é a de manter na consciência mental a semente positiva manifesta pelo maior tempo possível. Se a atenção plena for mantida por quinze minutos, a semente da atenção plena será fortalecida, e da próxima vez que você precisar da energia da atenção plena será muito mais fácil fazê-la vir à tona. É muito importante estimular o desenvolvimento das sementes da atenção, do perdão e da compaixão, e a forma de fazer isso é ajudando-as a ficarem presentes na consciência mental o máximo de tempo possível. Isso é chamado de transformação a partir da base: *ashraya paravritti*. Este é o verdadeiro significado de *virya paramita*, a perfeição da diligência.

♣♣♣♣♣

A quinta travessia é a perfeição da meditação, *dhyana paramita*. Em japonês *dhyana* é chamada *zen*, em chinês, *chan*, em vietnamita, *thien*, e *son* em coreano. *Dhyana*, ou meditação, possui dois aspectos[99]. O primeiro é parar (*shamatha*). Passamos a vida inteira correndo, perseguindo uma ideia de felicidade após a outra. Parar significa parar de correr, interromper a nossa deslembrança, o nosso aprisionamento ao passado ou ao futuro. Retornamos ao momento presente, onde a vida está disponível. O momento presente contém todos os momentos. Nós aqui podemos entrar em contato com os nossos ancestrais, os nossos filhos e os filhos deles, mesmo que ainda não tenham nascido. *Shamata* é a prática de acalmar o nosso corpo e as nossas emoções através da prática de respirar conscientemente, andar conscientemente e sentar em meditação. *Shamata* também é uma prática de concentração, para que possamos viver cada momento de nossa vida em plenitude, em contato com o nível mais profundo do nosso ser.

---

99 Cf. cap. 6.

O segundo aspecto da meditação é contemplar profundamente (*vipashyana*) para compreender a verdadeira natureza das coisas. Você observa a pessoa que você ama e descobre quais tipos de sofrimento ou de dificuldades ela guarda e quais suas aspirações. Compreensão é uma grande dádiva, mas sua vida diária conduzida em atenção plena também é uma grande dádiva. Fazer tudo com plena atenção é a prática de meditação, já que a atenção sempre nutre a concentração e a compreensão.

🙏🙏🙏🙏🙏

A sexta pétala da flor é a perfeição da compreensão, *prajña paramita*. Este é o mais elevado tipo de discernimento ou sabedoria, livre de todo conhecimento, conceitos, ideias e visões. *Prajña* é a essência da Budeidade em nós. É o tipo de compreensão que tem o poder de nos levar para a outra margem da liberdade, da emancipação e paz. No budismo Mahayana, *prajña* é descrita como sendo a Mãe de Todos os Budas. Tudo o que é bonito e verdadeiro nasce da nossa mãe, *prajña paramita*. Ela está dentro de nós, e somente precisamos contatá-la para ajudá-la a se manifestar. Visão Correta é *prajña paramita*.

Há uma vasta literatura sobre *prajña paramita*, e o *Sutra do Coração* é um dos discursos mais breves daquela coleção. O *Sutra do Diamante* e o *Ashtasahasrika Prajñaparamita* [*Discurso em 8 mil versos*] são os discursos mais antigos dessa coleção. *Prajña paramita* é a sabedoria de não discriminar.

Se você examina profundamente a pessoa amada, será capaz de compreender o sofrimento daquela pessoa, suas dificuldades e aspirações mais profundas. A partir dessa compreensão, o amor real será possível. Quando alguém é capaz de nos compreender, nós nos sentimos muito felizes. Se pudermos oferecer compreensão para alguém, isso é amor verdadeiro. A pessoa que recebe nossa compreensão vicejará como uma flor, e, ao mesmo tempo, seremos recompensados. Compreensão é o fruto da prática. Examinar profundamente significa estar presente, estar atento, estar concentrado. O olhar profundo sobre qualquer objeto faz a compreensão florescer. O ensinamento de Buda nos ajuda a compreender a realidade de maneira profunda.

Vamos observar uma onda na superfície do oceano. Uma onda é uma onda. Ela tem começo e fim. Ela pode ser alta ou baixa, mais bela ou menos bela do que outras ondas. Mas uma onda é, ao mesmo tempo, água. Água é o aspecto essencial da onda. É importante que a onda saiba que ela é água, e não somente uma onda. Nós também vivemos nossa vida como um indivíduo. Acreditamos que temos um início e um fim, que estamos separados de outros seres vivos. Por isso, Buda nos aconselhou a examinar mais profundamente a fim de tocar o aspecto essencial do ser, que é nirvana. Tudo carrega profundamente a natureza de nirvana. Tudo foi "nirvanizado". É este o ensinamento do *Sutra do Lótus*. Nós contemplamos profundamente e entramos em contato com a vacuidade da realidade. Contemplando profundamente um seixo, uma flor, ou nossa própria alegria, paz e aflição ou medo, nós entramos em contato com a dimensão última do nosso ser, e aquela dimensão revelará para nós que a essência do nosso é por natureza sem nascimento e sem morte.

Não temos que *alcançar* nirvana, porque nós mesmos estamos sempre residindo no nirvana. A onda não tem que procurar pela água. Ela já é água. Somos unos com a essência do nosso ser. Quando a onda compreende que ela já é água, todos os seus medos desaparecem. Quando acessamos a essência do nosso ser, quando entramos em contato com Deus e nirvana, nós também recebemos a dádiva do destemor.

Destemor é o alicerce da verdadeira felicidade. A maior das dádivas que podemos oferecer aos outros é o nosso destemor. Viver plenamente cada momento de vida, tocando o nível mais profundo do nosso ser, esta é a prática do *prajña paramita*. *Prajña paramita* significa atravessar [para a outra margem] por meio da compreensão, do discernimento.

A perfeita compreensão está presente em todas as outras perfeições. A compreensão perfeita é como um recipiente. Se o recipiente não tiver sido bem assado no forno, vão surgir rachaduras e o líquido contido nele vai escapar. *Prajña paramita* é a mãe de todas as paramitas, a Mãe de Todos os Budas. *Prajña paramita* é como as asas de um pássaro que pode levá-lo para qualquer lugar. Sem Compreensão Correta nenhuma das outras paramitas pode ir muito longe.

Essas são as práticas das Seis Paramitas apresentadas por Buda. Cada uma dessas seis contém as outras cinco. Compreensão é doação, meditação é doação, prática continuada é doação, inclusão é doação e o treinamento da atenção plena é doação. Se você praticar a generosidade em profundidade, você também está praticando compreensão, meditação, e assim por diante. Do mesmo modo, nós vemos que dar é um treinamento da atenção plena, compreender é um treinamento da atenção plena, meditar é um treinamento da atenção plena, prática continuada é um treinamento da atenção plena, e inclusão é um treinamento da atenção plena. Ao praticar uma paramita em profundidade, você pratica todas as outras seis. Quando há compreensão e discernimento, meditação será verdadeira meditação, prática contínua será verdadeira prática contínua, inclusão será verdadeira inclusão, treinamento da atenção plena será verdadeiro treinamento da atenção plena e a generosidade será verdadeira generosidade. A compreensão aumenta a qualidade das outras cinco práticas.

Olhe sua situação e veja o quanto você é interiormente rico. Veja que o que você possui no momento presente é uma dádiva. Sem esperar mais nem um instante, comece a praticar imediatamente. No momento em que começar a praticar, você logo se sentirá feliz. Darma não é uma questão de tempo. Venha e veja por si mesmo. O Darma pode transformar sua vida.

Quando você está aprisionado em aflição, sofrimento, depressão, raiva ou no seu medo, não permaneça na margem do sofrimento. Atravesse para a margem da liberdade, onde não há medo nem raiva. Simplesmente pratique respirando conscientemente, andando conscientemente e contemplando profundamente e você atravessará para a margem da liberdade e do bem-estar. Você não tem que praticar 5, 10 ou 20 anos para ser capaz de atravessar para o outro lado. Você pode fazer isso agora mesmo.

26
Os Sete Fatores do Despertar

Os Sete Fatores do Despertar (*sapta-bodhyanga*) são: atenção plena, investigação dos fenômenos, diligência, alegria, bem-estar, concentração e deixar ir. *Bodhyanga* é uma palavra composta de outras duas, *bodhi* e *anga*. *Bodhi* ("despertar", "iluminação") vem da palavra raiz *budh-*, que significa "acordar", estar consciente do que está acontecendo dentro de si e à nossa volta. Buda significa "aquele que é desperto". *Anga* significa membro. *Sapta-bodhyanga* também pode ser traduzida como os Sete Membros, ou Fatores, da Iluminação.

Depois de meditar sentado ao pé de uma *fícus religiosa*, conhecida entre os budistas como a árvore *bodhi*, quando a estrela-d'alva surgiu, Buda Gautama alcançou a iluminação e disse: "É impressionante que todos os seres possuam a natureza primordial do despertar, mas não saibam disso. Por essa razão, eles são levados pelas correntezas do oceano do grande sofrimento vida após vida". Isso quer dizer que as potencialidades dos Sete Fatores do Despertar já existem em nós, mas não estamos cientes disso.

Dizem que, inicialmente, Buda era relutante em compartilhar o *insight* que tinha experimentado sob a árvore *bodhi*. Foi somente depois de prosseguir meditando que ele compreendeu que muitos seres se beneficiariam se ele lhes apresentasse métodos concretos que os ajudassem a despertar. Os Sete Fatores do Despertar oferece uma descrição de ambos: as características do despertar e um caminho do despertar. Imagine uma árvore com sete galhos grandes, cada galho representando um Fator do Despertar. Todo dia, cada um desses galhos cresce mais e manifesta novos brotos com novas folhas. A iluminação está crescendo o tempo inteiro. Não é algo que acontece uma vez por todas. É reconfortante saber que Buda considerou a alegria e o bem-estar entre estes sete elementos.

O primeiro e principal Fator do Despertar, o primeiro galho da árvore *bodhi*, é **atenção plena** (*smriti*)[100]. *Smriti* significa literalmente "lembrar-se", não esquecer onde estamos, o que estamos fazendo e com quem estamos. Atenção plena sempre surge no contexto de um relacionamento conosco, com outras pessoas ou coisas. Não é algo que guardamos no bolso e arrancamos do bolso quando precisamos. Quando vemos uma amiga na rua e a reconhecemos, nós não tiramos o "reconhecimento" do bolso. Isso surge no contexto da situação. Nossa respiração, nosso caminhar, movimentos, sentimentos e fenômenos à nossa volta, todos participam do "relacionamento" pelo qual a atenção surge. Com prática, toda vez que inspirarmos e expirarmos, a atenção estará presente, de modo que nossa respiração se torna uma causa e condição para o surgimento da atenção plena.

Você poderia pensar: "Eu sou a causa para que a atenção esteja presente". Mas mesmo que procure, você nunca encontrará um "eu". O toque do telefone, o repique do carrilhão do relógio, seu professor e sua Sanga, todos podem ser causas favoráveis à presença da atenção plena. Imagine você fazendo uma caminhada meditativa na praia, quando de repente surge um pensamento: "Será que eu tenho dinheiro suficiente no banco?" Se você direcionar sua consciência para os próprios pés tocando a areia, isso é suficiente

---

100 "Mindfulness", em inglês [N.T.].

para lhe trazer de volta ao momento presente. Você pode fazer isso porque já praticou a caminhada meditativa antes. Mas são os seus pés e não "eu" que lhe lembrou de estar presente.

No *Discurso sobre os Quatro Sustentáculos da Atenção Plena*, Buda questiona: "Se você pratica os Quatro Sustentáculos da Atenção Plena, em quanto tempo se tornará iluminado?" Ele primeiro responde: "7 anos". Mas depois diz: "Pode ser que seja tão rápido quanto quinze dias". Isso significa que o despertar está sempre disponível. Só precisa de condições favoráveis. O sol existe, mesmo quando está por trás das nuvens. Gautama, o Buda, disse: "Praticando os Quatro Sustentáculos da Atenção Plena, você realizará os Sete Fatores do Despertar"[101].

A **investigação dos fenômenos** (*dharma-pravichaya*) é o Segundo Fator do Despertar. Nós humanos amamos investigar coisas. Geralmente queremos que os resultados das nossas investigações se encaixem em certos moldes ou comprovem certa teoria, mas às vezes estamos abertos e permitimos que os fenômenos simplesmente se revelem por eles mesmos. No último caso, nosso conhecimento e os nossos limites se expandem. Quando quisermos investigar o botão de flor no galho da árvore, podemos questionar: "De onde você veio? Para onde você está indo? Será que você é realmente tão pequeno assim?" Pode ser que o botão de flor responda: "Eu vou me transformar numa folha – verde no verão, laranja no outono. Depois vou cair na terra, e em 2 anos me tornarei parte da terra. Eu não sou realmente pequena. Eu sou tão grande quanto a terra". Com atenção plena, a investigação nos leva para as profundezas da realidade da vida.

O Terceiro Fator do Despertar é *virya*, que significa **energia**, **esforço**, **diligência** ou **perseverança**. A energia vem de muitas fontes. Às vezes, pensar simplesmente sobre o que poderíamos

---

101 *Satipatthāna Sutta.* Cf. livros de Tich Nhat Hanh: *Transformation and Healing* e *O milagre da atenção plena* (Vozes, 2018, p. 137-149).

ganhar no futuro nos dá energia. No budismo, as fontes de nossa energia são atenção plena, investigação e fé na prática. Quando observamos em profundidade, nós compreendemos que a vida é um milagre além da nossa compreensão. Mas para muitos jovens hoje em dia, a vida é sem sentido. Milhares e milhares de jovens cometem suicídio todo ano. Em alguns países, têm mais jovens morrendo de suicídio do que de acidentes de trânsito. Nós precisamos ajudar os jovens a cultivarem a energia vital que vem de experimentarem as maravilhas da vida. Nós precisamos ajudá-los a darem significado à vida.

Mesmo que estejamos com uma dor, se conseguirmos ver o significado da nossa vida vamos ter energia e alegria. A energia não resulta somente de uma boa saúde, ou do desejo de alcançar algum objetivo – seja material ou espiritual. A energia vem do sentimento de que nossa vida tem um significado. Esforçar-se na hora e local errados dispersa nossa energia. Sentar-se em meditação por longos períodos antes de ter desenvolvido uma boa concentração pode fazer com que a pessoa desgoste de sentar para meditar e até mesmo abandone esta prática de uma vez por todas. Quando Sidarta praticou meditação sob a árvore *bodhi*, a concentração dele já era altamente desenvolvida. Quando Kashyapa disse a Ananda que ele não seria convidado a participar da Primeira Assembleia dos discípulos de Buda, porque ele não tinha um grau suficientemente elevado de despertar, Ananda sentou-se em meditação a noite inteira e, ao amanhecer, realizou "o fruto do *arhatship*" – isto é, a transformação de todas as aflições. Quando Ananda chegou à reunião, Kashyapa e os outros reconheceram que ele tinha tido um avanço. Sua presença irradiante bastava como prova.

O Quarto Fator do Despertar é o **bem-estar** (*prashrabdhih*). A diligência está sempre acompanhada de bem-estar. Nos países ditos de "Terceiro Mundo", as pessoas geralmente se sentem mais à vontade do que as dos países "superdesenvolvidos", do chamado

"Primeiro Mundo". Aqui no Primeiro Mundo todos vivem sob uma enorme pressão, e as pessoas precisam de programas para reduzir o estresse. O estresse vem de elas estarem pensando e se preocupando constantemente, e também dos seus estilos de vida. Nós precisamos aprender formas de transferir a energia da cabeça para o abdômen. A cada quinze minutos, pelo menos, precisamos praticar o deixar ir, tirando tudo da mente.

Quando estamos doentes, ficamos na cama sem fazer coisa alguma. Geralmente nem mesmo comemos ou bebemos. Toda a nossa energia está direcionada à cura. Precisamos praticar o repouso mesmo sem estar doentes. Sentar em meditação, andar em meditação e comer em meditação são ótimas oportunidades para descansar. Ao sentir-se agitado, se você puder ir até um parque ou jardim, terá uma oportunidade para descansar. Se andar lentamente, lembrando-se de sentir-se à vontade; se você puder sentar-se e fazer nada de vez em quando, você poderá descansar profundamente e entrar num estado de verdadeiro bem-estar.

O Quinto Fator do Despertar é a **alegria** (*priti*). Alegria acompanha a felicidade (*sukha*), mas há diferenças entre as duas. Quando você está com sede e alguém lhe serve um copo d'água, isso é alegria. Quando está sendo realmente capaz de beber a água, isso é felicidade. É possível desenvolver a alegria na mente, mesmo quando o corpo não está bem. Isso vai, por sua vez, ajudar o corpo. A alegria surge do contato com coisas que são belas e reanimadoras, dentro e fora de nós. Geralmente entramos em contato somente com o que está errado. Se pudermos expandir nossa visão e observar também o que está certo, este quadro mais amplo sempre proporciona alegria.

O Sexto Fator do Despertar é a **concentração** (*samadhi*). Sam- quer dizer "juntos", *a*- quer dizer "levar para determinado local", e -*dhi* significa a energia da mente. Nós reunimos nossa energia mental e a direcionamos para um objeto. Com concentração, nossa mente está unifocada e silenciada, e permanece naturalmente focada em um objeto. Para ter atenção, precisamos de concentração. Quando a atenção estiver desenvolvida, a concentração, por sua vez, tornar-se-á mais forte.

A concentração não é benéfica por si só. Um ladrão precisa de concentração para arrombar uma casa. É o objeto no qual nos concentramos que faz com que nossa concentração seja benéfica ou não. Se você usa a concentração meditativa para fugir da realidade, isso não é benéfico. Mesmo antes do tempo de Buda, muitos meditadores praticavam concentração para se retirarem do mundo. Praticar esse tipo de concentração não capacitou Buda a se libertar do sofrimento. Por essa razão, ele aprendeu a usar sua concentração para elucidar o próprio sofrimento, e conseguiu penetrar profundamente a vida e desenvolver compreensão, compaixão e libertação.

O Sétimo Fator do Despertar é a **equanimidade**, ou atitude de deixar ir (*upeksha*). Equanimidade é um aspecto do verdadeiro amor[102]. É bem diferente da indiferença. Praticando equanimidade, nós amamos todos igualmente.

No *Kakacupama Sutta* (o exemplo do serrote), Buda diz: "Mesmo que os ladrões cortem os seus membros com um serrote, se a raiva surgir em você, você não é um seguidor dos meus ensinamentos. Para ser um discípulo de Buda, o seu coração não deve reter nenhum ódio, você não deve falar palavra indelicada nenhuma, você deve permanecer compassivo, sem nenhuma hostilidade ou malevolência[103]. Quando era um jovem noviço, eu memorizei essas palavras e até mesmo as musiquei. Este ensinamento desperta a nossa intenção mais nobre, mas vai no sentido contrário das nossas fortes energias habituais. Para transformar essas energias habituais e realizar a mais nobre das nossas intenções, Buda e o Venerável

---

102   Cf. cap. 22 sobre as Quatro Mentes Imensuráveis.
103   *Majjhima Nikaya* 21.

Shariputra nos ensinaram: (1) praticar equanimidade diante de palavras grosseiras; (2) aprender a não sentir aborrecimento, amargura ou desânimo; e (3) não se sentir cheio de enlevo quando elogiado, porque nós sabemos que qualquer elogio não é para nós enquanto indivíduo, mas para muitos seres, inclusive nossos pais, professores, amigos e todas as formas de vida.

No *Discurso Maior sobre o Exemplo da Pegada do Elefante*[104], Shariputra mostra como meditar nos Quatro Grandes Elementos a fim de praticar equanimidade. Ao meditarmos nos elementos terra, água, fogo e ar dentro e fora dos nossos corpos, nós compreendemos que nós e eles somos os mesmos. Quando transcendemos nossa ideia de um eu separado, nosso amor vai ter equanimidade, o entendimento de que nós e os outros somos verdadeiramente os mesmos.

Esses Sete Fatores são galhos de uma mesma árvore. Se a atenção plena for desenvolvida e mantida, a investigação dos fenômenos terá sucesso. Alegria e bem-estar são sentimentos maravilhosos nutridos pela diligência. A concentração faz surgir a compreensão. Quando há compreensão, vamos além de comparações, discriminações e reações, e realizamos o deixar ir. Nos lábios dos que alcançam o deixar ir, brota um ar sorridente que demonstra compaixão e também compreensão.

Os Sete Fatores do Despertar, se praticados diligentemente, levam à verdadeira compreensão e emancipação. Buda disse que as Quatro Mentes Imensuráveis de amor praticadas com os Sete Fatores do Despertar proporcionam a Iluminação Completa e Perfeita. Os Sete Fatores do Despertar são, portanto, a prática do amor.

---

104 *Majjhima Nikaya* 28.

27
Os Elos do Surgimento Simultâneo Interdependente

O Surgimento Simultâneo Interdependente (*pratitya samutpada*, que literalmente significa "em dependência, as coisas surgem") é um ensinamento maravilhoso, o alicerce de todo o estudo e prática budista. *Pratitya samutpada* é, às vezes, chamado de ensinamento da causa e efeito; mas a ideia de "causa e efeito" pode ser enganosa, pois geralmente pensamos em causa e efeito como entidades separadas, com a causa sempre precedendo o efeito, e uma causa levando a um efeito. De acordo com o ensinamento do Surgimento Simultâneo Interdependente, causa e efeito surgem de forma concomitante (*samutpada*) e tudo é um resultado de múltiplas causas e condições. O ovo está na galinha e a galinha está no ovo. Galinha e ovo surgem em dependência mútua. Nada é independente. O surgimento simultâneo vai além dos conceitos de espaço e tempo. "O um contém o todo".

O caractere chinês de "causa" contém dentro de um retângulo o caractere de "grande". A causa é grande, mas, ao mesmo tempo, limitada. Buda expressou o Surgimento Simultâneo Interdependente de maneira simples: "Isto existe porque aquilo existe. Isso inexiste porque aquilo inexiste. Isso surge porque aquilo surge. Isso deixa de existir porque aquilo deixa de existir". Estas frases aparecem centenas de vezes nos discursos de ambas as transmissões do Norte e do Sul. Estas frases são a gênese budista. Eu gostaria de acrescentar esta outra frase: "Isso é desse jeito porque aquilo é daquele jeito". Os sutras apresentam esta imagem: "Três canas cortadas só ficam em pé se estiverem apoiadas umas nas outras. Se você tirar uma delas, as outras duas cairão". Para uma mesa existir, precisamos de madeira, de um carpinteiro, de tempo, habilidade e muitas outras causas. E cada uma dessas causas precisa da existência de outras causas. A madeira precisa da floresta, da luz solar, da chuva, e assim por diante. O carpinteiro precisa dos pais dele, café da manhã, ar puro, e assim por diante. E cada uma dessas coisas, por sua vez, precisa de outras condições para virem a ser. Se nós continuarmos examinando dessa forma, vamos ver que nada ficou de fora. Tudo no cosmos se reuniu para nos trazer essa mesa. Ao examinar profundamente a luz solar, as folhas das árvores e as nuvens, nós podemos ver a mesa. O um pode ser visto no todo e o todo pode ser visto no um. Uma causa nunca é suficiente para fazer surgir um efeito. Uma causa deve ser, ao mesmo tempo, um efeito, e todo efeito também deve ser causa de outra coisa. Causa e efeito interexistem. A ideia de uma causa primeira ou única, algo que por si mesmo não necessita de causa, não pode ser aplicada.

Depois que Buda faleceu, muitas escolas budistas começaram a descrever o Surgimento Simultâneo Interdependente de forma mais analítica. No *Visuddhimagga* (*O caminho da purificação*) da Escola Theravada, Buddhaghosa listou vinte e quatro tipos de "condições" (*paccaya*, em páli), "as condições necessárias e suficientes para algo surgir". São elas: (1) causa-raiz, (2) objeto, (3) predominância, (4) prioridade, (5) continuidade, (6) conascença, (7) mutualidade, (8) apoio, (9) apoio decisivo, (10) pré-nascimento, (11) pós-nascimento (uma causa pode nascer após o efeito), (12) repetição, (13) carma, (14) resultado do carma, (15) nutriente, (16) faculdade, (17) *dhyana*, (18) caminho, (19) associação, (20) dissociação, (21) presença, (22) ausência, (23) desaparecimento e (24) não desaparecimento.

Na Escola Savastivada, quatro tipos de condições (*pratyaya*) e seis tipos de causas foram ensinadas, e essa última se tornou parte dos ensinamentos da Escola Vijñanavada de psicologia budista. De acordo com esta análise, todos os quatro tipos de condições devem estar presentes para qualquer fenômeno existir.

O primeiro dos quatro tipos de condições é a "**condição-causal**", "**condição-semente**" ou "**condição-raiz**" (*hetu-pratyaya*), tal como a semente é condição da causa de uma flor. Dizem que existem seis tipos de condições causais:

1) A força criativa ou motivadora (*karana-hetu*). Cada darma condicionado é a "causa geral" de todas as coisas, com exceção de si mesmo. É uma causa concomitante, que não oferece obstáculos, porque nenhum darma constitui um obstáculo ao surgimento de darmas propensos a surgir. Essa condição tem a função de capacitar, não de restringir.

2) A condição simultânea (*sahabhu-hetu*). Às vezes, duas condições-raízes precisam estar presentes simultaneamente. Se desenharmos uma linha *AB*, *A* e *B* têm que estar presentes. O mesmo acontece em relação à lâmpada e à luz. Todos os pares de opostos são assim: um não pode existir sem o outro. Acima e abaixo passam a existir ao mesmo tempo, do mesmo modo que as ideias de "existir" e "inexistir". Esses darmas coexistentes condicionam mutuamente um ao outro.

3) A condição semente do mesmo tipo (*sabhaga-hetu*). Semelhantes causam semelhantes. Arroz produz arroz. Causas benéficas fazem surgir efeitos benéficos. Fé e alegria, por exemplo, possibilitam uma prática estável. E causas prejudiciais fazem surgir efeitos prejudiciais.

4) A condição associada (*samprayukta-hetu*). Uma semente benéfica e uma prejudicial se apoiam mutuamente ao dar surgimento a algo. Isso se chama "associação" ou "correspondência" e se aplica somente aos eventos mentais. Alguém dá dinheiro para a igreja porque se sente culpado por causa da forma errada de sustento que lhe possibilitou ganhar aquele dinheiro. A semente da culpa devido ao sustento errado é prejudicial. Dar é benéfico. Consequentemente, os anciãos da igreja dizem àquela pessoa que preferem que ela transforme sua forma atual de ganhar a vida mais do que o dinheiro dela. Isso vai ferir o orgulho daquela pessoa, mas pode levá-la a gozar de uma felicidade futura muito maior e pode atenuar sua culpa.

5) A condição universal (*sarvatraga-hetu*). A causa está presente em toda a parte, em cada parte do nosso corpo e também em toda parte do universo. Os Seis Elementos: terra, água, fogo, ar, espaço e consciência são exemplos das condições universais.

6) A condição de maturação (*vipaka-hetu*). Em nossa consciência armazenadora, nem tudo amadurece ao mesmo tempo. Quando levamos bananas para casa, algumas amadurecem antes das outras. Quando ouvimos uma palestra de Darma, algumas das sementes plantadas amadurecem imediatamente, enquanto outras podem levar muitos anos. Um tipo de semente também pode se transformar e amadurecer em algo diferente. Primeiramente, uma laranja é uma flor, depois é algo verde e azedo, e em seguida amadurece numa fruta doce. Uma semente de amor pode amadurecer enquanto uma semente de raiva. Quando começamos a sentar em meditação, podemos nos sentir confinados e agitados. Após algum tempo, nossa meditação pode amadurecer em algo bem relaxante e agradável.

O segundo tipo de condição, de acordo com os Sarvastivadins, é chamado de "**condição para o desenvolvimento**" (*adhipati-pratyaya*). Esta condição pode ajudar certas sementes a se desenvolverem ou obstruir o desenvolvimento das mesmas. Todos têm uma semente de fé ou de confiança, por exemplo. Se você tiver amigos que regam esta semente em você, ela crescerá forte. Mas se você se depara somente com condições favoráveis, não compreenderá o quanto esta semente é preciosa. Os obstáculos ao longo do caminho podem ajudar no crescimento da nossa determinação e compaixão. Os obstáculos nos ensinam sobre nossos pontos fortes e fracos para que possamos nos conhecer melhor e ver qual direção realmente desejamos seguir. Poderia dizer-se que a prática da austeridade foi desfavorável ao desenvolvimento do caminho de Buda, mas se ele não tivesse feito essas práticas e fracassado, não teria aprendido com a experiência e depois ensinado o Caminho do Meio. Quando a sua intenção é forte, as condições desfavoráveis não vão lhe desaminar. Em momentos difíceis, você ficará com seus amigos, fortificará suas convicções e não desistirá.

O terceiro tipo de condição é a "**condição da continuidade**" (*samanantara-pratyaya*). Para que algo exista é necessário que haja uma sucessão contínua, de um momento após o outro. Para que nossa prática se desenvolva, nós precisamos praticar diariamente – a caminhada meditativa, ouvir ensinamentos do Darma, praticar atenção plena dos quatro sustentáculos em todas as nossas atividades, permanecer na mesma Sanga e praticar os mesmos ensinamentos. Se colocarmos uma rã em um prato, ela vai logo pular fora. Se não praticar de forma estável, você será como uma rã no prato. Mas quando decide permanecer em um lugar até que sua prática se desenvolva totalmente, nós podemos dizer que você alcançou o estado "não anfíbio" e começou a praticar a "continuidade".

O quarto tipo de condição é o "**objeto enquanto condição**" (*alambana-pratyaya*). Se não houver objeto, não poderá haver sujeito. Para termos confiança, tem que haver um objeto da nossa confiança. Quando sentimos desespero, nós nos sentimos desesperados em relação a algo – seja a nossa ideia de futuro, a nossa ideia de felicidade ou a nossa ideia de vida. Quando estamos com raiva, temos que estar com raiva de alguém ou de algo. De acordo com Buda, todos os fenômenos são objetos mentais. Ao percebermos a imagem ou sinal de qualquer fenômeno, sabemos que o objeto da nossa percepção reside no interior de nossa própria consciência.

♣♣♣♣♣

Será que podemos viver de um jeito que nos ajude a compreender as causas presentes nos efeitos e os efeitos presentes nas causas? Ao vermos assim, começaremos a ter uma clareza súbita do Surgimento Simultâneo Interdependente, e isto é Visão Correta. No budismo antigo, nós falamos do Surgimento Simultâneo Interdependente. No budismo subsequente, usamos as palavras interexistência e interpenetração. A terminologia é diferente, mas o significado é o mesmo.

Depois de ter ouvido Buda ensinar sobre o Surgimento Simultâneo Interdependente, Ananda disse: "Venerável Senhor, o ensinamento do Surgimento Simultâneo Interdependente parece ser profundo e sutil, mas eu o acho muito elementar". Em resposta, Buda disse: "Não fale isso, Ananda. O ensinamento do Surgimento Simultâneo Interdependente é de fato profundo e sutil. Qualquer pessoa capaz de compreender a natureza do Surgimento Simultâneo Interdependente é capaz de ver Buda"[105]. Quando tiver compreendido a natureza do Surgimento Simultâneo Interdependente, você será guiado pelo seu próprio *insight* e não perderá sua prática.

O ensinamento da impermanência está implícito no ensinamento do Surgimento Simultâneo Interdependente. Como poderíamos viver se não fôssemos nutridos por múltiplas causas e condições?

---

[105] *Mahanidana Sutta*; Digha Nikaya 15.

As condições que nos possibilitam existir e mudar vem daquilo que não somos nós. Quando compreendemos impermanência e nenhum eu, nós compreendemos o Surgimento Simultâneo Interdependente. Neste *gatha*, Nagarjuna relaciona o Surgimento Simultâneo Interdependente com a vacuidade:

> *Todos os fenômenos surgidos de forma interdependente,*
> *Eu digo que são vazios.*
> *As palavras chegam ao fim porque suas mensagens são falsas.*
> *As palavras chegam ao fim porque há um Caminho do Meio*[106].

Todos os ensinamentos do budismo estão baseados no Surgimento Simultâneo Interdependente. Se um ensinamento não estiver de acordo com o Surgimento Simultâneo Interdependente, não é um ensinamento de Buda. Quando tiver apreendido o Surgimento Simultâneo Interdependente, você leva esta compreensão para que resplandeça nas três cestas (*tripitaka*) de ensinamentos[107]. O Surgimento Simultâneo Interdependente lhe permite ver Buda, e as Duas Verdades[108] permitem que você ouça Buda.

O Surgimento Simultâneo Interdependente "Isso existe porque aquilo existe e isso inexiste porque aquilo inexiste" é um dos mais importantes ensinamentos budistas. A compreensão clara da natureza surgida de forma simultânea e interdependente capacita o praticante a compreender a interexistência, o Caminho do Meio e a não dualidade. Buda apresentou os ensinamentos sobre o Surgimento Simultâneo Interdependente de muitas formas e usando várias imagens impressionantes, como a imagem dos dois feixes de bambu recostados um no outro para apoiar um ao outro. A imagem da Rede de Indra também é muito bela.

---

106 *Mahaprajñaparamita Shastra*.
107 As três cestas são: *Sutras* (ensinamentos de Buda), *Vinaya* (regras de conduta) e *Abhidharma* (apresentações sistematizadas dos ensinamentos).
108 Cf. cap. 17.

O ensinamento dos Doze Elos de Gênesis Condicionada foi concebido para explicar o carma e o *samsara*

Os Doze Elos, que aparecem nos sutras centenas de vezes ou mais, é uma forma de explicar o Surgimento Simultâneo Interdependente, mas não necessariamente a melhor. A maioria dos alunos do budismo pensa que Buda ensinou que há doze elos (*nidanas*) na "corrente" do Surgimento Simultâneo Interdependente[109]. Observando as explicações dos Doze Elos, podemos ver que a forma como muitos professores predecessores explicam não nos ajuda a ir da dimensão histórica para a dimensão suprema. O segredo de uma hábil adaptação seria contemplar profundamente para sermos cada vez mais capazes de largar as ideias de existência e inexistência, nascimento e morte. Ensinamentos que não nos ajudam a abrir mão dessas noções não são capazes de nos ajudar a adentrar o espaço além do reino conceitual.

No *Katyayanogotra Sutra* (*Samyukta Agama* 301), a máxima "Isto existe porque aquilo existe" é capaz de nos ajudar a nos conectarmos rapidamente com a vacuidade. (Este sutra é equivalente ao *Kaccanagotta Sutta* no *Samyutta Nikaya*, SN 12:15, traduzido como o *Discurso sobre o Caminho do Meio* no livro de cânticos de Plum Village.)[110] Embora a frase contenha palavras como "existir", "inexistir", "isso", "aquilo", mesmo assim, ajuda-nos a largar essas noções, enquanto os Doze Elos estão aprisionados às noções de existir e inexistir. Os Doze Elos são: ignorância, formações, consciência, mente/corpo, seis sentidos e objetos dos sentidos, contato, sentimento, anseio, avidez, estado de ser, nascimento e envelhecimento, e morte.

---

109   O discurso mais antigo no qual Buda fala sobre a corrente de causas foi o *Mahanidana Sutta*, *Digha Nikaya* 15, embora somente nove elos tenham sido dados nesse discurso. Em ensinamentos posteriores, a lista foi expandida para doze.

110   NHAT HANH, T. *Chanting from the Heart*. Berkeley: Parallax Press, 2013.

A forma como os Doze Elos têm sido explicados não pertence ao grupo de ensinamentos profundos de Buda e não nos possibilita entrar em contanto com a vacuidade. Temos aqui que usar a metodologia da confiança (cf. p. 164s.) que nos diz para confiar somente nos sutras de significado profundo e não nos sutras superficiais. O significado superficial não está errado, necessariamente, mas sua função e papel são outros. Os Doze Elos são usados no sutra para explicar carma e *samsara* e não para nos colocar em contato com a vacuidade e com o espaço da dimensão suprema.

Causa e resultado em três tempos e dois níveis

Os professores antecessores dividiram os Doze Elos em três partes: passado, presente e futuro. Ignorância e formações pertencem ao passado; consciência, mente/corpo, os campos dos seis sentidos, contato, sentimentos, anseios, avidez e estado de ser pertencem ao presente; e nascimento, velhice e morte pertencem ao futuro. Dizem que, em vidas passadas, nós éramos ignorantes e criamos muitas formações (explicadas como carma) e, como resultado disso, nós temos nesta vida a consciência, a psique-soma, os seis campos dos sentidos, contato, sentimentos, anseios, avidez, estado de ser. Porque há o estado de ser nesta vida, na próxima vida nós teremos que nascer, envelhecer e morrer e vamos ter que continuar no *samsara*. Ignorância e formações cármicas são causas passadas. A consciência, a psique-soma, os seis campos dos sentidos, contato, sentimentos, anseios, avidez e o vir a ser são o resultado presente. Sentimentos, anseios, avidez e existência no presente serão a causa do nascimento, envelhecimento e morte no futuro. Estes são os dois níveis de causa e resultado.

Esta é a forma como professores do passado e muitos professores hoje em dia explicam os Doze Elos. Dizem que em dependência da **ignorância** a **consciência** existe; em dependência da consciência, mente/corpo existem; em dependência da mente/corpo, **os órgãos e objetos dos sentidos** existem; em dependência dos órgãos e objetos dos sentidos, o **contato** existe; dependente do contato, o **sentimento** existe; dependente do sentimento, o **anseio** existe; dependente do anseio, a **avidez** existe; dependente da avidez, o **ser humano** existe; e na condição de ser humano, temos que nascer de novo e morrer para continuar no ciclo do *samsara*.

No que diz respeito aos Doze Elos, esta é a compreensão que a maioria dos budistas vietnamitas e chineses têm. Mas essa compreensão leva a um perigoso equívoco: porque existe anseio e avidez, existe o estado de ser. E porque o estado de ser existe, nós temos que nascer e morrer muitas e muitas vezes. *Bhava* significa existir e o oposto é inexistir, *abhava*. Nós fazemos com que a "existência" seja uma culpada, e pensamos que o caminho da libertação é a inexistência e que devemos praticar para realizar a inexistência. Entretanto, Buda ensinou claramente que ambos, existir e inexistir, são visões equivocadas. As pessoas dizem que se você quiser evitar o ciclo de nascimento e morte (*samsara*) tem de ir para a inexistência e, portanto, o objetivo do praticante budista é o aniquilamento ou a morte eterna.

Às vezes Buda somente fala sobre quatro, cinco, seis ou sete elos, dando a entender que não há necessidade dos Doze Elos. No *Mahavibhashashastra* (vol. 24), lê-se: "Como Buda compreendeu profundamente as diferentes capacidades dos seres vivos, ele ensinou o Surgimento Simultâneo Interdependente de várias formas. Às vezes ele ensinava um elo, às vezes dois, três, quatro, até doze". Os quatro elos são: ignorância, formações, existir (e inexistir) e nascimento (e morte).

Os Doze Elos têm sido descritos e comentados de uma maneira linear como uma corrente vertical, com um elo simplesmente dando surgimento ao próximo elo, de modo que fica difícil compreender o caráter interdependente de todos os elos. O segundo elo dos doze (*samskara* em sânscrito) tem sido explicado como ações volitivas. *Samskara* no budismo não significa ação, mas formações: fenômenos físicos, fisiológicos e psicológicos. Nos Doze Elos, as pessoas foram obrigadas a explicar as formações como sendo impulsos, impulsos equivocados ou ações volitivas, mas isso está forçando um novo significado à palavra, pois as pessoas queriam demonstrar que a consciência surge da ação passada. Mas os Doze Elos não foram ensinados por Buda para justificar uma teoria do ciclo do *samsara* ou do nascimento e morte. Quando dizemos que as formações condicionam a consciência, queremos dizer que é na ignorância que construímos as formações enquanto realidades separadas, uma independente da outra. Esta forma de observar os fenômenos possibilita a existência da consciência discriminatória, e, ao mesmo tempo, a consciência discriminatória possibilita as formações enquanto realidades separadas.

De acordo com a explicação tradicional dos Doze Elos, sentimentos levam ao anseio. Esta é verdade parcial, pois somente os sentimentos prazerosos levam ao anseio, e isso é verdadeiro apenas em relação às pessoas que não praticam e que não tem sabedoria. Alguém que pratica como um Buda, um *arhat*, ou uma pessoa laica iluminada, sabe que sentimentos prazerosos podem levar ao sofrimento e são perigosos, e desse modo esses sentimentos não levam ao anseio.

Portanto, este elo só representa parte da verdade. Se for um sentimento doloroso, levará à fuga e à aversão. Então, se nós quisermos apresentar o verdadeiro espírito do budismo, temos que dizer que o contato pode levar a sentimentos agradáveis e desagradáveis, e que os sentimentos podem levar ao ódio e à aversão e nem sempre ao anseio e à avidez. Ansiar significa estar atrelado a algo, ou desejando intensamente algo. Ansiar não significa apenas o anseio de existir. Pode significar também anseio por inexistir. As pessoas que não querem viver ou que cometem suicídio anseiam pela inexistência.

No *Digha Nikaya* (DN 22), Buda ensina três tipos de anseio (*tanha*): sede do reino do desejo (*kamatanha*), sede da existência (*bhava-tanha*) e sede da inexistência (*vibhava-tanha*). O objetivo de nossa prática é ir além da existência e da inexistência, e não somente ir além da existência. A forma como geralmente os Doze Elos do Surgimento Simultâneo Interdependente são explicados não consegue nos mostrar isso.

No *Katyayanogotra Sutra*, Buda ensina que Visão Correta é a visão que vai além do ser e do não ser. De acordo com a explicação costumeira dos Doze Elos, só há o desejo de escapar do ser. Isso faz com que surja um imenso equívoco de pessoas defenderem que o budismo tem o objetivo de apenas extinguir o ser para atingir o não ser, e que o budismo é uma caminho que ensina a aniquilação; e, por conseguinte, o objetivo de um praticante budista é atingir o nada, a morte eterna.

Dezenas de acadêmicos ocidentais que estudaram budismo no final do século XIX e início do século XX chegaram a esta conclusão. Eles dizem que superar o *samsara* significa alcançar a iluminação de um *arhat*, o santo não terá mais que renascer. Uma das razões desse imenso equívoco é a transmissão errônea dos ensinamentos budistas pelos próprios budistas.

Portanto, em vez de dizer que o anseio leva ao estado de ser (existir), devemos dizer que o anseio nos leva aos estados de ser e de não ser (existir e inexistir). Ser e não ser, de acordo com o *Katyayanagotra Sutra*, são duas ideias que obscurecem a Visão Correta. Em vez de dizer que a existência leva ao nascimento, devemos dizer que existência e inexistência levam ao nascimento e à morte. Em nossa cabeça, nós nos tornamos acostumados à ideia de que, ao nascermos, passamos a existir a partir da inexistência [do nada]; e, quando morrermos, partiremos da existência para a inexistência. Se removermos essas ideias de ser e não ser, existir e inexistir, não haverá mais as ideias de nascimento e morte. Esta é uma forma de olhar a partir do ponto de vista cognitivo, não do etiológico.

O Surgimento Simultâneo Interdependente aponta a direção de uma compreensão cognitiva e não é uma tentativa de explicar um dogma ou teoria. O objetivo dos Doze Elos da forma como são atualmente apresentados em vários e vários sutras é o de explicar o fenômeno do *samsara* e do renascimento para pessoas com capacidade mediana de compreensão.

Buda geralmente começava os Doze Elos com a velhice e a morte para nos ajudar a entrar em contato com o sofrimento e encontrar suas raízes. Este ensinamento está intimamente ligado aos ensinamentos e à prática das Quatro Nobres Verdades. Foi posteriormente ao tempo em que Buda viveu que a maioria dos professores começou com ignorância, a fim de provar porque existem o nascimento e a morte. A ignorância se tornou um tipo de causa primeira, embora Buda tenha sempre ensinado que nenhuma causa primeira possa ser encontrada. Se a ignorância existe, é porque existem causas que dão surgimento e aprofundam a ignorância. Buda não era um filósofo tentando explicar o universo. Ele foi um guia espiritual que queria nos ajudar a pôr um fim em nosso sofrimento.

Quando ouvimos comentaristas dizerem que alguns elos são causas (como, p. ex.: ignorância e formações), e outros são efeitos (como, p. ex.: nascimento, envelhecimento e morte) nós sabemos que isso não é congruente com o ensinamento de Buda de que tudo são os dois: causa e efeito. Pensar que a ignorância dá surgimento às formações, que depois dá surgimento à mente/corpo, seria um simplismo excessivamente perigoso. Quando Buda disse que a "ignorância condiciona formações", ele quis dizer que há um relacionamento de causa e efeito entre ignorância e formações. A ignorância nutre as formações, mas as formações também nutrem a ignorância. A árvore dá surgimento e nutre suas folhas, mas as folhas também nutrem a árvore. As folhas não são apenas filhos da árvore. Elas também são mãe da árvore. Por causa das folhas, a árvore é capaz de crescer. Cada folha é uma fábrica sintetizadora de luz solar que nutre a árvore.

A interexistência entre folha e árvore é semelhante à interexistência dos Elos de Surgimento Simultâneo Interdependente. Nós dizemos que a ignorância condiciona formações, mas a ignorância também condiciona a consciência, tanto diretamente quanto através das formações. A ignorância também condiciona mente/corpo. Se na mente/corpo não houvesse ignorância, a mente e o corpo seriam diferentes. Os nossos seis órgãos e seis objetos desses órgãos também contêm ignorância. Minha percepção da flor está baseada nos meus olhos e na forma da flor. Logo que minha percepção se aprisiona ao sinal "flor", a ignorância está presente. Portanto, a ignorância está presente no contato, e também está presente nos sentimentos, anseios, avidez, vir a ser, nascimento, envelhecimento e morte. A ignorância não está apenas no passado. Está presente agora, em cada uma das nossas células e em cada uma das nossas formações mentais. Se não houvesse ignorância, não ficaríamos atrelados às coisas. Se não houvesse ignorância, nós não nos agarraríamos aos objetos do nosso apego. Se não houvesse ignorância, o sofrimento que está se manifestando neste instante não existiria. Nossa prática é identificar a ignorância quando estiver presente. A avidez existe nas formações, sentimentos, no vir a ser, nascimento e envelhecimento e morte. Nossas obsessões, nossas fugas para longe disso e em direção daquilo, e nossas intenções podem ser vistas em todos os outros elos. Cada elo condiciona este ou aquele elo e é condicionado por eles.

Com essa compreensão, podemos abandonar a ideia de uma corrente sequencial de causações e entrar profundamente na prática do Surgimento Simultâneo Interdependente, que nos auxiliará a manter contato com a dimensão suprema. Não significa que a consciência exista antes da mente/corpo, mas que consciência e mente/corpo interexistem. Os seis campos dos sentidos são partes da mente e do corpo, não são simplesmente um resultado da mente/corpo.

Além do mais, o anseio (desejo intenso) não é a única formação mental que acompanha o sentimento. Às vezes um sentimento não está acompanhado de um desejo intenso, mas sim de uma aversão. Às vezes o sentimento não está acompanhado de ignorância, mas de compreensão, lucidez ou bondade amorosa, e o resultado não será avidez ou aversão. Dizer que o sentimento faz surgir o anseio não é suficientemente preciso. O sentimento com apego e ignorância faz surgir a avidez (desejo inflamado). Em qualquer descrição dos elos, seja de quatro, cinco, nove, dez ou doze elos, devemos ligar cada elo com todos os demais elos. É isso o que o *Sutra do Coração* quer dizer quando nos fala sobre "Nenhuma origem interdependente". Os Elos são "vazios" porque cada um deles não existiria sem todos os demais elos. O sentimento não pode existir sem o anseio, a avidez, estado de ser, nascimento, envelhecimento e morte, ignorância, formações, e assim por diante.

A forma corriqueira de apresentar o Surgimento Simultâneo Interdependente em termos dos Doze Elos não é suficiente para ajudar as pessoas a entrarem em contato com a verdadeira Visão Correta; em outras palavras, a visão que vai além do existir e inexistir, nascimento e morte, eterno e aniquilado, chegar e partir etc. Visão Correta é o alicerce do Nobre Caminho Óctuplo, o caminho real que leva ao nirvana. Visão Correta não significa apenas acreditar nos frutos das ações boas e más. Para um praticante do caminho espiritual, significa a mais profunda e clara compreensão da natureza íntima dos fenômenos. É o *insight* que penetra a realidade não nascida e imortal, e que não é nem maculada nem imaculada, a realidade que é sem existência e sem inexistência, que não é igual nem é diferente; que não chega nem vai embora. É o *insight* que penetra o Surgimento Simultâneo Interdependente que põe fim em todas as visões extremadas, todas as discriminações, todas as divisões, que são as raízes de todas as aflições, como o medo, o ressentimento, o desespero e o anseio. Sem Visão Correta, não é realmente possível ter o Pensamento Correto, a Fala Correta, a Ação Correta e todas as outras ramificações do Nobre Caminho Óctuplo.

A forma como geralmente se ensina a doutrina dos Doze Elos impede que sejamos levados a ter este *insight*, como também nos leva a equívocos nocivos de que o objetivo da prática é a morte eterna. Esta visão equivocada tem sido sustentada por muita gente, inclusive por um monge discípulo do Buda, chamado de Yamaka, e os Doze Elos têm sido inseridos em muitos sutras aos quais não pertencem. Só para citar alguns exemplos: o *Katyayanagotra Sutra* (*Samyukta Agama* 301); *Skillful Adaptation Connecting to Emptiness* [*Hábil Adaptação que Conecta à Vacuidade*] (*Samyukta Agama* 293); *Teaching on Great Emptiness* [*Ensinamento sobre a Grande Vacuidade*] (*Samyukta Agama* 297); *Interdependent Co-Arising of Phenomena* [*Surgimento Simultâneo Interdependente dos Fenômenos*] (*Samyukta Agama* 296); *Absolute Truth of Emptiness* [*A Verdade Absoluta da Vacuidade*] (*Samyukta Agama* 297).

O propósito de todos esses sutras é apresentar a verdade absoluta, e inserir os Doze Elos nos mesmos causa inconsistências se nossa compreensão dos Doze Elos for a compreensão normal de uma progressão linear, que não pode nos ajudar a entrar em contato com a vacuidade, o nirvana e a verdadeira compreensão. O *Sutra da Hábil Adaptação que Conecta à Vacuidade* é especialmente sobre entrar em contato com a vacuidade através do Surgimento Simultâneo Interdependente. A fórmula *sunyata-pratisamyukta-pratityasamutpada-anulomata* quer dizer exatamente "a adaptação hábil do Surgimento Simultâneo Interdependente é capaz de nos levar a uma conexão com a vacuidade". Se for para os elos nos ajudarem a ter uma conexão com a vacuidade, eles devem ser compreendidos em termos dos ensinamentos mais profundos de Buda, e não como explicações sobre o renascimento no ciclo do *samsara*.

Pondo os Elos em ordem

Chegou a hora de apresentarmos o ensinamento do Surgimento Simultâneo Interdependente de uma maneira que seja fácil e ao alcance das pessoas do nosso tempo.

À luz do que já foi dito acima, nós podemos apresentar um ensinamento dos Dez Elos capaz de nos ajudar a estar em contato com a vacuidade. Os Dez Elos são os seguintes:

(1) Ignorância
(2) Formações
(3) Consciência
(4) Mente/corpo
(5) Sentimentos agradáveis e dolorosos
(6) Anseio e aversão
(7) Agarramento e rejeição
(8) Existir e inexistir
(9) Nascimento e morte
(10) *Samsara*

Você pode ver que esse esquema não inclui os elos dos campos dos seis sentidos e contato. Pois se entende que estes elos já são partes das formações, consciência e mente/corpo. Como os conceitos de nascimento e morte estão tão próximos um do outro, eles constituem um elo, e *samsara*, o ciclo do cativeiro, foi adicionada como o décimo elo.

Nós podemos explicar os Dez Elos da seguinte forma: quando há ignorância, as pessoas veem as formações (em termos de entidades separadas existindo independentes umas das outras); por conta disso, elas veem consciência como sendo o sujeito (separado do seu objeto); elas veem corpo separado da mente; existem sentimentos dolorosos, neutros e agradáveis baseados no corpo e mente; surgindo simultaneamente com esses sentimentos chegam o anseio (se os sentimentos forem agradáveis) e a aversão (se forem dolorosos); atrelado a isso surge o desejo de agarrar ou rejeitar. Com isso surge apego à ideia de ser e não ser e, como resultado disso, ficamos continuamente aprisionados na ideia de nascimento e morte; temos que passar por um ciclo no *samsara* e não somos capazes de alcançar o nirvana. Estritamente falando, os dois elos da consciência e mente/corpo são desnecessários, pois as formações incluem os Cinco *Skandhas* que têm todos os aspectos do corpo e da consciência, mas em alguns casos adicioná-los pode proporcionar uma clareza maior.

Nós estudamos o Surgimento Simultâneo Interdependente para diminuir o elemento da ignorância e aumentar o elemento da clareza em nós. Quando a nossa ignorância é diminuída, o anseio, o ódio, o orgulho, a dúvida e as visões, todos são diminuídos; enquanto isso, amor, compaixão, alegria e equanimidade aumentam. Em outras palavras, a transformação da ignorância leva à transformação de todos os outros elos da corrente, ou seja, a transformação de qualquer um dos elos implica a transformação de todos os demais. Se pudermos resguardar os seis sentidos e praticar a atenção plena dos sentimentos e percepções, nós também podemos transformar o resto do ciclo, inclusive a ignorância.

Como você pode ver, há também um lado positivo dos elos, embora ao que pareça os professores budistas desde o tempo de Buda sobreolharam isso. Precisamos encontrar palavras para descrever o Surgimento Simultâneo Interdependente de estados mentais e corporais positivos, e não somente negativos. Buda ensinou que, quando a ignorância finda, há uma compreensão clara. Ele não disse que quando a ignorância finda o nada existe.

Existe o surgimento simultâneo condicionado pela mente deludida e o surgimento simultâneo condicionado pela mente verdadeira. O mundo, a sociedade e o indivíduo foram formados por um ciclo de condições baseadas na mente deludida. É natural que, num mundo baseado na mente deludida, haja sofrimento e aflição. Mas quando as condições estão baseadas na mente verdadeira, elas refletem a natureza maravilhosa da realidade. Tudo depende da nossa mente.

Aqueles que ensinam os elos do Surgimento Simultâneo Interdependente precisam compreender o lado positivo dos elos, e o papel positivo dos elos em nos ajudar a entrar em contato com nirvana. Sob essa ótica, nós aprendemos a ver que existe um ciclo que nos ajuda a entrar em contato com nirvana, tanto quanto existe um ciclo que nos impulsiona a entrar em contato com *samsara*.

A ignorância (*avidya*) é a falta de luz e está conectada com a mente deludida. Compreensão ou sabedoria (*vidya*) está conectada com a verdadeira mente. A presença de luz significa a ausência da escuridão. A presença da ignorância significa a ausência de compreensão. Buda disse: "Quando a ignorância chega ao fim, surge a compreensão"[111].

Do mesmo modo que a ignorância condiciona outros elos da mente deludida, a sabedoria condiciona outros elos da mente verdadeira.

O segundo elo, formações, é o objeto da nossa percepção. No que diz respeito à mente deludida, formações e percepções são entidades separadas. Quando há sabedoria, nós compreendemos que as formações ou fenômenos condicionados não têm uma natureza separada e dependem um do outro para existir. O pai depende do filho e o filho depende do pai. Se não houvesse filho, não poderia haver pai; e se não houvesse pai, não poderia haver filho. Ver os fenômenos como entidades separadas só aprofunda

---

111 *Samyutta Nikaya* IV, 49 e 50.

nossa ignorância. Portanto, não é só a ignorância que condiciona as formações; estas também condicionam a ignorância. Compreender os fenômenos dando vida uns aos outros, interpenetrando uns aos outros, fortalece nossa sabedoria e provém da nossa sabedoria. A consciência, o terceiro elo, é uma formação importante, ao ponto de podermos torná-la um elo separado. Quando pertence à esfera da mente deludida, é conhecida como consciência discriminatória, pois sua função é discriminar aquele que percebe daquilo que é percebido, e fazer com que o mundo exterior pareça existir separado do observador.

Quando Buda observa uma flor, ele sabe que a flor é sua própria consciência. Este é o estado de consciência quando a consciência é um elo no ciclo positivo. Nada está errado com a consciência, mas, tendo compreendido que todas as formações interexistem, nós chegamos à compreensão de que não existe um mundo exterior separado da nossa consciência, nem há uma consciência separada do mundo. É a sabedoria da não dualidade que compreende que o sujeito da consciência não existe separado do objeto da consciência.

A consciência é a base para distinguir, planejar, ajudar e fazer um bom trabalho. Esse tipo de consciência está presente nos budas e bodhisattvas. Buda disse: "Como a cidade de Vaishali é encantadora". Ele disse: "Ananda, você não acha que os campos de arroz são encantadores? Vamos até o vilarejo compartilhar o Darma?" Estas afirmações estão baseadas em consciência lúcida, consciência plena de compreensão, de cuidado e de amor.

A consciência é descrita no esquema de Vijñanavada em termos de oito consciências que, por sua vez, são transformadas em Quatro Sabedorias. Quando as sementes do despertar, do amor e da compaixão no interior da consciência armazenadora se desenvolveram e maturaram, a consciência armazenadora (*alayavijñana*) é transformada e se torna um Grande Espelho de Sabedoria que reflete a realidade de tudo o que existe. Todas as sementes que podem se tornar o Grande Espelho de Sabedoria já estão presentes na consciência armazenadora. Nós só temos que regá-las. O Grande Espelho de Sabedoria é o resultado da prática de tocar a verdadeira natureza dos fenômenos através da contemplação da interexistência, impermanência e nenhum eu.

Nós temos que aprender formas de usar nossa consciência como instrumento de transformação. Os nossos seis órgãos – olhos, ouvidos, nariz, língua, corpo e mente – podem contribuir para o surgimento do Grande Espelho de Sabedoria. Nós podemos ver que Buda também tem seis sentidos que entram em contato com seis objetos dos sentidos, mas ele sabe resguardar seus sentidos para que outros nós internos não venham a ser amarrados. Buda tem a habilidade de usar os seus seis sentidos para realizar coisas maravilhosas. A primeira das cinco consciências se transforma na Sabedoria da Realização Maravilhosa. Nós podemos usar estas cinco consciências para servir aos outros. A consciência mental, uma vez emancipada, torna-se a Sabedoria de Observação Maravilhosa, que pode compreender as coisas como elas são. A Sabedoria da Equanimidade provém da sétima consciência, *manas*. Manas é o discriminador número um. Ela diz: "Isso sou eu. Isso é meu. Isso não é meu". Esta é a especialidade de manas. Nós temos que manter essa consciência para que ela possa se tornar a Sabedoria da Equanimidade. A nossa consciência tem que ser transformada e não jogada fora. A Sabedoria da Observação Maravilhosa transforma manas na Sabedoria da Equanimidade. Nós somos um. Nós somos iguais. Eu posso pensar que você é meu inimigo; mas, enquanto toco a dimensão suprema, compreendo que você e eu somos um. Às vezes nós só precisamos tocar a terra uma vez, e a Sabedoria da Equanimidade aparece bem no coração da nossa consciência *manas*. A Sabedoria da Observação Maravilhosa toma o lugar da sexta consciência, a consciência mental. Antes do desaparecimento da ignorância, a sexta consciência dá surgimento a muitas percepções equivocadas, como a de ver uma corda como se fosse uma cobra, e a muito sofrimento. Graças à "transformação pela base" – a consciência armazenadora transformando-se na Sabedoria do Grande Espelho –, a sexta consciência pode ser transformada na Sabedoria da Observação Maravilhosa.

A quarta sabedoria, Sabedoria do Grande Espelho, faz acontecer milagres. No passado, nossa consciência ocular ou nos deixava apaixonados ou nos colocava nas trevas. Agora, de olhos abertos, podemos ver o Dharmakaya, o mundo natural, como o corpo do ensinamento de Buda. Quando nossa mente está translúcida como um rio calmo, a sexta consciência é a Sabedoria da Observação Maravilhosa, e a nossa consciência armazenadora é a Sabedoria do Grande Espelho.

O quarto elo do nosso esquema dos Dez Elos é mente/corpo. Mente/corpo (*nama-rupa*) são os Cinco Agregados. Nós não dizemos: "Os Cinco Agregados são sofrimento" e os jogamos fora. Se fizermos isso, nada restará – nenhum nirvana, nenhuma paz e nenhuma alegria. Precisamos de uma política inteligente para cuidar do nosso lixo.

Nós possuímos um corpo e uma mente, e, na esfera da mente deludida, os experimentamos como duais e a mente torna-se alienada do corpo. Quando nos sentamos diante do computador, geralmente nos esquecemos de que temos um corpo. Com sabedoria, podemos experimentar corpo e mente como uma mesma realidade. Bodhisattvas têm corpo e mente, e Buda tem um corpo e uma mente. Nós não precisamos descartar nosso corpo para experimentar a libertação, e não devemos ver nosso corpo como uma prisão e obstáculo para nossa mente. Nós praticamos para realizar uma mente corporificada e um corpo consciente. Num corpo e mente desses, não há mais ignorância, não há mais formações como realidades separadas, e não há mais consciência discriminatória. Despertar e libertar os seres é a função desta/deste mente/corpo.

O quinto elo do nosso esquema são os sentimentos agradável, doloroso e neutro (que também são parte dos Cinco Agregados). Quando praticamos a atenção plena, nós aprendemos a lidar com os nossos sentimentos; e isso significa reconhecer, acolher e transformar sentimentos dolorosos e nutrir a verdadeira felicidade dentro de nós, não nos permitindo ser dominados por sentimentos neutros. Então o lado positivo dos sentimentos é a plena ciência dos sentimentos. Cada contato com os sentidos e cada sentimento possui clareza e tranquilidade.

Quando os seis sentidos e seus objetos entram em contato, este contato faz surgir um sentimento agradável, desagradável ou neutro. Quando uma bodhisattva vir uma criança sofrendo, ela sabe na pele o que é sofrer, e sente também um sentimento desagradável. Mas, por conta daquele sofrimento, brotam um interesse e uma compaixão nela que a deixam determinada a agir. Os bodhisattvas sofrem como a maioria de nós, mas os sentimentos dos bodhisattvas não fazem brotar anseio ou aversão.

Quando uma bodhisattva vir uma linda flor, ela reconhece a beleza daquela flor. Mas ela também compreende a natureza mutante da flor. Por isso não há apego. Há um sentimento agradável, mas que não cria uma formação interna. Emancipação não significa que ela extinguiu todos os sentimentos. Ao tocar na água quente, ela sabe que a água está quente. Sentir é algo normal. De fato, esses sentimentos a ajudam a permanecer feliz – não aquele tipo de felicidade sujeito a aflição e ansiedade, mas um tipo de felicidade que nutre. Quando você pratica ao respirar, sorrir, ao ser tocado pelo ar e pela água, este tipo de felicidade não cria sofrimento em você; mas lhe ajuda a ficar mais forte e sã(o), capaz de ir adiante em seu caminho em direção à realização. Budas, bodhisattvas e muitos outros têm a capacidade de desfrutar um sentimento agradável, um tipo de sentimento que cura e rejuvenesce, sem se tornar atrelado àquilo. O sentimento que temos ao ver pessoas oprimidas ou passando fome pode fazer brotar em nós interesse, compaixão e vontade de agir com equanimidade, e não com apego.

O sexto elo é anseio e aversão na esfera da mente deludida, e as Quatro Mentes Imensuráveis no circuito da mente verdadeira. Quando os sentimentos e o contato estão protegidos, eles não conduzem ao anseio e à aversão, mas sim ao amor, compaixão, alegria e equanimidade – as Quatro Mentes Imensuráveis[112]. Ao virmos pessoas sofrendo ou com dor, ou quando as vemos divertindo-se de maneira insensata, um sentimento dentro de nós faz com que brote a energia da bondade amorosa, ou seja, o desejo e a capacidade de oferecer verdadeira alegria; que, por sua vez, leva à energia da compaixão, ou seja, o desejo e a capacidade de ajudar os seres vivos a pôr um fim no sofrimento deles. Esta energia faz brotar alegria dentro de nós, e somos capazes de compartilhar nossa alegria com os outros. E também faz com que surja a equanimidade, ou seja, atitude de não tomar partido ou ser arrastado pelas imagens e sons que chegam a nós através do contato e sentimentos. Equanimidade não significa indiferença. Nós compreendemos aqueles que amamos e aqueles que odiamos, e nos empenhamos ao máximo para fazer ambos felizes. Nós aceitamos as flores e o lixo sem apego ou aversão. Tratamos ambos com respeito. Equanimidade significa abrir mão, mas não abandonar. Abandonar causa sofrimento. Quando não estamos apegados, somos capazes de deixar ir.

O sétimo elo é agarrar e rejeitar na esfera da mente deludida, e liberdade na esfera da mente verdadeira.

As Quatro Mentes Imensuráveis constituem o princípio fundamental da liberdade. Quando estamos em contato com coisas através da mente de amor, nós não fugimos delas nem as buscamos, e isto é o fundamento da liberdade. Ausência de desígnio substitui o ímpeto de agarrar-se.

---

[112] Cf. cap. 22.

O oitavo elo é existir e inexistir na esfera da mente deludida, e a Visão Correta ou o discernimento que supera ambas as noções de existência e inexistência na esfera da mente verdadeira.

Na primeira palestra de Darma, Buda advertiu os discípulos dele a não ficarem apegados nem a *bhava* nem a *vibhava*, existir ou inexistir, porque *bhava* e *vibhava* são apenas construções mentais. A realidade está em algum lugar intermediário. Com a transformação do ímpeto de agarrar-se em liberdade, nós vemos ambos, o ser e o não ser, como criações da nossa mente e surfamos nas ondas do nascimento e morte. Não nos importamos de nascer. Não nos importamos de morrer. Se tivermos que renascer para continuar o trabalho de ajudar os outros, tudo bem.

O nono elo é o nascimento e a morte no reino da mente deludida, e nenhum nascimento e nenhuma morte no reino da mente verdadeira.

A folha aparentemente nasce e morre, mas não está aprisionada em nenhum desses estados. A folha cai na terra sem qualquer ideia de morte, e renasce ao se decompor aos pés da árvore e ao nutrir a árvore. A nuvem aparentemente morre, mas se observarmos vamos ver que a nuvem não pode morrer nunca, ela só pode se transformar em chuva ou neve. Quando uma folha nasce, podemos cantar Feliz Continuação. Quando a folha cai, podemos cantar Feliz Continuação. Quando temos uma compreensão desperta, nascer é uma continuação e morrer é uma continuação, nascimento é uma aparência e morrer é uma aparência. As pessoas também parecem estar nascendo, envelhecendo e morrendo.

O décimo elo é o *samsara* na esfera da mente deludida e nirvana na esfera da mente verdadeira.

No Vietnã do século XI, um monge perguntou ao seu mestre de meditação: "Onde está o lugar além do nascimento e morte?" O mestre respondeu: "No meio do nascimento e morte". Se você abandonar nascimento e morte para encontrar nirvana, não encontrará nirvana. Nirvana está no interior do nascimento e morte. Nirvana é nascimento e morte. Tudo depende de como você o observa. A partir de um ponto de vista, nirvana é nascimento e morte. De um outro, é nirvana. Quando temos liberdade, o que parecia ser sofrimento torna-se Ser Magnífico. E pode também ser chamado de Reino de Deus ou nirvana. Alguém que é livre tem a habilidade de estabelecer uma Terra Pura, um local onde as pessoas não precisam correr. Ser Magnífico está além do ser e não ser. Se um bodhisattva precisa manifestar o ser, e precisa nascer neste mundo, ele nascerá neste mundo. Ainda há vida, mas ele não está aprisionado nas ideias de existir, inexistir, nascer, morrer.

Vamos apresentar o ensinamento de Buda não como uma tentativa de fugir da vida e ir para o nada ou inexistência. Os bodhisattvas se comprometem a retornar muitas e muitas vezes para servir, não por causa de um anseio, mas devido ao interesse e vontade que têm de ajudar.

Imagine mil pessoas cujas mentes estejam cheias de equívocos, visões equivocadas, inveja, ciúme e raiva. Se elas se reunirem, vão criar um inferno na Terra. O ambiente onde elas vivem, suas vidas cotidianas e relacionamentos serão todos infernais. Se duas pessoas cheias de divergências viverem juntas, criam um reino do inferno uma para a outra. E o reino de mil pessoas é bem maior!

Para transformar o inferno em paraíso, nós somente precisamos mudar a mente sobre a qual o inferno está baseado. Para mudar a mente de mil pessoas, pode ser que seja necessário trazer algum elemento externo, como um professor de Darma ou um grupo de pessoas que praticam o Darma. Imagine mil pessoas que não têm percepções erradas, raiva ou ciúme, mas que têm amor, compreensão e felicidade. Se essas pessoas se juntam e formam uma comunidade, vai ser um paraíso. A mente das pessoas é o principal fundamento do paraíso. Com sua mente deludida você cria um inferno para si mesmo. Com sua mente verdadeira, você cria o paraíso. Se duas pessoas se reúnem com mentes verdadeiras, elas constroem um pequeno paraíso para si mesmas. Se uma terceira pessoa quiser juntar-se a elas, elas devem ser cautelosas: "Será que devemos deixá-la se unir a nós ou não?" Se o paraíso delas for sólido, elas podem permitir que a terceira pessoa participe. Com duas mentes verdadeiras, há esperança de que uma mente deludida possa ser gradualmente transformada. Posteriormente haverá três mentes verdadeiras, e este pequeno paraíso continuará a crescer.

Muitos volumes foram escritos sobre os Doze Elos do Surgimento Simultâneo Interdependente baseados na mente deludida. Nós temos que abrir uma nova porta e ensinar a prática dos Doze Elos baseada na mente verdadeira a fim de fazer surgir um mundo de paz e alegria.

Do ponto de vista positivo, podemos dizer que, quando há sabedoria, as pessoas veem a natureza das formações como interexistindo e por isso percebem que a consciência, enquanto sujeito, não existe separada do seu objeto. Elas veem o corpo e a mente como dois aspectos de uma mesma realidade, inseparáveis um do outro, e sabem cuidar dos sentimentos dolorosos e nutrir os sentimentos da verdadeira felicidade. A partir disso, surge a compaixão e a inclusão e o desejo de transformar e de ajudar a situação ou a pessoa. Esta habilidade de permanecer na situação tal como ela é, de ver a natureza interdependente de todas as coisas, significa que as pessoas estão livres das ideias de ser e não ser, e das noções de nascimento e morte que dependem das noções de ser e não ser, e podem transformar seus sofrimentos pela raiz, realizando o nirvana.

De acordo com o *Udana 8.3*, "existem *bhikkhus*, o não nascido, o inexistente, o não criado, o incondicionado enquanto passagem por onde o nascido, o existente, o criado, o condicionado podem escapar". Com base nisso, podemos estabelecer Cinco Elos:

(1) Ignorância;
(2) Nascimento e morte (o nascido);
(3) Existir e inexistir (o ser existente);
(4) Fazedor e herdeiro da ação (o criado);
(5) Condicionado e incondicionado (o condicionado).

Do ponto de vista positivo, a sabedoria nos leva além do nascimento e da morte e das ideias de existir e inexistir; não há mais um eu separado possuidor do corpo e da mente e que executa as ações e recebe o resultado daquelas ações. Tampouco existem formações existindo desligadas umas das outras. Não há um mundo incondicionado existindo separado do mundo do condicionamento. Quando compreendemos profundamente o condicionado, entramos em contato com o incondicionado. Em suma, pode haver muitas formas de apresentar o Surgimento Simultâneo Interdependente que podem nos ajudar a estar em contato com a Visão Correta, e a melhor maneira de apresentá-la é não linear e mostra como cada elo existe atrelado a todos os demais elos simultaneamente. Não há elo que possa existir antes dos outros, por exemplo:

Figura 6 O Entrecruzamento dos Dez Elos quando condicionados pela mente deludida

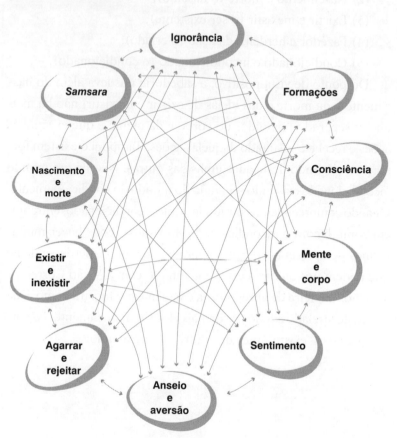

Figura 7 Dez Elos – Os dois aspectos do Surgimento Interdependente

Quando condicionado pela mente deludida	Quando condicionado pela mente verdadeira
(1) Ignorância (avidya)	Compreensão clara (vidya)
(2) Formações (samskara)	Natureza interexistente dos fenômenos
(3) Consciência (vijñana)	Unidade de quem percebe com o objeto percebido
(4) Mente/Corpo (nama rupa)	Unidade do Corpo/Mente
(5) Sentimento	Ciência plena do sentimento
(6) Anseio e Aversão	As Quatro Mentes Imensuráveis
(7) Agarrar e Rejeitar	Liberdade (apranihita)
(8) Existir e Inexistir	Nenhum Existir e Nenhum Inexistir
(9) Nascimento e Morte	Nenhum Nascimento e Nenhuma Morte
(10) Samsara	Nirvana

A maior de todas as vantagens dos Dez ou Cinco Elos, como descritos acima, é que existir e inexistir são um e o mesmo elo, como são nascimento e morte. Pois, enquanto tivermos a ideia de existir, temos que ter a ideia de inexistir; e quando Buda falava "existir", ele também queria dizer "inexistir", como no *Katyayanagotra Sutra*, onde Buda diz que a Visão Correta é aquela que transcende ser e não ser, existir e inexistir. Se não esclarecermos isto, as pessoas continuarão a pensar que a existência é culpada pelo sofrimento de nascer, envelhecer e morrer. Ser e não ser são ideias em nossa cabeça, tal como nascimento e morte também são ideias; e essas ideias não são realidades objetivas; e precisamos transcendê-las se quisermos vivenciar o nirvana.

28
Entrando em contato com o Buda interno

Em 1968, eu estava na Índia com Samdech Maha Ghosananda, um líder do budismo cambojano, e Irmã Chân Không, minha querida aluna, amiga e parceira. Por vários dias nós permanecemos sentados no Pico dos Abutres até o sol se pôr, e me ocorreu que tempos atrás Buda olhava com os mesmos olhos o mesmo sol se pondo. Em seguida, nós descemos a montanha caminhando devagar e conscientemente, sem dizer uma palavra, e desde aquele dia eu continuei andando do mesmo jeito.

O Pico dos Abutres é belo, e a Europa, Ásia, África, Austrália e as Américas do Norte e do Sul também são belas. Quando há neblina nas montanhas, é belo, e quando não há neblina alguma também é belo. Todas as quatro estações são belas. Você é bonito e os seus amigos também o são. Nada lhe impede de estar conectado com a vida no momento presente. A questão é: Você tem olhos capazes de ver o pôr do sol, pés capazes de tocar a terra? Se Buda transmitisse os olhos dele para você, você saberia como usá-los? Não pense que a felicidade só será possível quando as condições à sua volta se tornarem perfeitas. A felicidade está dentro do seu próprio coração. Você só precisa praticar a respiração consciente por alguns segundos e logo ficará feliz. Confúcio disse: "Que alegria poderia ser maior do que a de colocar em prática o que você aprendeu?"

Às vezes, nós sentimos como se estivéssemos nos afogando no oceano de sofrimento, carregando o fardo de todas as injustiças sociais de todos os tempos. Buda disse: "Quando algum sábio sofre, ele se questiona: 'O que posso fazer para me libertar desse sofrimento? Quem poderia me ajudar? O que tenho feito para me libertar deste sofrimento?' Mas quando uma pessoa insensata sofre, ela se questiona: 'Quem me ofendeu? Como posso mostrar aos outros que eu sou vítima de uma injustiça? Como eu posso punir aqueles que me causaram sofrimento?'" Por que será que outras pessoas que se expuseram às mesmas condições não aparentam sofrer tanto quanto sofremos? Pode ser que você queira escrever a primeira série de questões e lê-las toda vez que estiver aprisionado em seu sofrimento.

É claro que você tem o direito de sofrer, mas por ser um praticante, você não tem o direito de não praticar. Todos nós precisamos ser compreendidos e amados, mas a prática não é simplesmente esperar por compreensão e amor; é praticar a compreensão e o amor. Por favor, não reclame quando aparentemente ninguém lhe ama e compreende. Esforce-se para compreender e amar melhor as pessoas. Se alguém lhe traiu, questione por quê. Se você sente que a responsabilidade é totalmente deles, examine em maior profundidade. Talvez você tenha regado a semente da traição nela. Talvez você tenha vivido de uma forma que a instigou a se afastar. Todos nós somos corresponsáveis, e se você mantiver a atitude de acusação, a situação só vai piorar. Se você puder aprender a regar a semente de lealdade nela, aquela semente poderá reflorescer. Observe profundamente a natureza do seu sofrimento e saberá o que fazer e o que não fazer para restaurar o relacionamento. Empregue sua atenção, concentração e *insight*, que você saberá o que lhe nutre e o que nutre o outro. Pratique a Primeira Nobre

Verdade, identificando o seu sofrimento; a Segunda Nobre Verdade, compreendendo as origens do seu sofrimento; e a Terceira e Quarta Nobres Verdades, encontrando formas de transformar o seu sofrimento e de realizar a paz. As Quatro Nobres Verdades e o Nobre Caminho Óctuplo não são teorias. São métodos de ação. Nós começamos a prática buscando significado para a nossa vida. Sabemos que não queremos correr atrás de fama, dinheiro ou prazeres sensuais e, portanto, aprendemos a arte de viver conscientemente. Com o passar do tempo, desenvolvemos alguma compreensão e compaixão, e descobrimos que essas são as energias que podemos usar para aliviar nosso sofrimento e o sofrimento dos outros. Isso já dá algum significado à nossa vida.

Nós continuamos a prática, examinando profundamente os Cinco Agregados que englobam o eu [113], e entramos em contato com a realidade que não nasce e não morre, e que está em nós e em tudo. Esse contato nos traz o maior alívio. Remove todos os nossos medos, nos oferece verdadeira liberdade e dá significado real à nossa vida.

Nós precisamos de locais onde possamos ir para sentar, respirar calmamente e contemplar e ouvir em profundidade. Quando estivermos passando dificuldades em casa, vamos precisar de um espaço como esse onde possamos nos refugiar. Nós também precisamos de parques e de outros lugares tranquilos onde possamos praticar a caminhada meditativa, sozinhos e acompanhados. Educadores, arquitetos, artistas, legisladores, homens de negócios – todos nós temos que nos reunir e criar espaços onde possamos praticar a paz, a harmonia, a alegria e a contemplação profunda.

Há tanta violência em nossas escolas. Pais, professores e alunos precisam trabalhar juntos para transformar a violência. As escolas não são apenas lugares de transmissão de conhecimentos

---

[113] Cf. cap. 23.

técnicos. As escolas também podem ser lugares onde as crianças possam aprender a ser felizes, amorosas, compreensivas, onde os professores nutram os seus alunos com suas próprias descobertas e felicidade. Nós também precisamos de hospitais onde membros da família, trabalhadores da saúde, pacientes e outras pessoas possam sentar, respirar e se acalmar. Precisamos de prefeituras onde pessoas responsáveis possam contemplar profundamente sobre os problemas locais. Nós precisamos que o congresso seja um local onde os problemas reais sejam verdadeiramente discutidos. Se você é um(a) educador(a), um pai ou mãe, um(a) professor(a), um(a) arquiteto(a), trabalhador(a) da saúde, ou um(a) escritor(a), por favor, nos ajude a criar os elos institucionais que precisamos para o nosso despertar coletivo.

Nossos legisladores precisam saber como se acalmar e comunicar-se bem; precisam saber ouvir e olhar de maneira profunda, e usar a fala amorosa. Se nós elegermos pessoas infelizes e que são incapazes de fazer feliz a própria família, como podemos esperar que elas tornem nossa cidade e nação felizes? Não vote em alguém somente porque ele ou ela é bonito(a) ou tem uma voz encantadora. Nós estamos confiando a essas pessoas o destino da nossa cidade, da nossa nação e das nossas vidas. Temos que agir responsavelmente. E precisamos criar comunidades realmente harmônicas para contemplar e compartilhar de maneira profunda. Precisamos ser capazes de juntos tomarmos as melhores decisões. Precisamos de paz, dentro e fora.

O coração de Buda está em cada um de nós. Quando estamos conscientes de estarmos atentos, o Buda está presente. Eu conheço um garoto de 4 anos que, toda vez que está triste, interrompe o que está fazendo, respira conscientemente e diz ao papai e à mamãe dele: "Estou contatando o Buda interno". Nós precisamos cuidar das sementes saudáveis existentes em nós, regando-as diariamente através das práticas de respirar, andar e fazer qualquer coisa conscientemente. Precisamos entrar em nossos próprios corações, que significa entrar no coração de Buda. Entrar no coração de Buda significa estar presentes para nós mesmos, nossos sofrimentos e alegrias, e presentes para várias outras pessoas. Entrar no coração de Buda significa contatar o mundo não nascido e imortal, o mundo onde água e onda são um.

Quando começamos a prática, trazemos conosco nosso sofrimento e energias habituais, não somente as de 20 ou 30 anos atrás, mas as energias habituais de todos os nossos ancestrais. Através da prática de viver conscientemente, aprendemos novos hábitos. Ao andar, sabemos que estamos andando. Ao ficarmos em pé parados, sabemos que estamos em pé parados. Ao estarmos sentados, sabemos que estamos sentados. Praticando dessa forma, nós vamos desfazendo lentamente os nossos hábitos antigos e desenvolvemos o novo hábito de permanecer no momento presente de maneira profunda e feliz. Com atenção plena em nós, podemos sorrir um sorriso que comprova nossa transformação.

O coração de Buda foi tocado pelo fato de estarmos maravilhosamente juntos. Por favor, pratique enquanto um indivíduo, uma família, uma cidade, uma nação e uma comunidade mundial. Por favor, cuide bem da felicidade de todos à sua volta. Aprecie o fato de respirar, sorrir e brilhar a luz da sua consciência em cada coisa que faz. Por favor, pratique a transformação pela raiz, através do olhar e do contato profundos. Os ensinamentos de Buda sobre transformação e cura são muito profundos. Esses ensinamentos não são teóricos. Eles podem ser praticados todo dia. Por favor, pratique e realize esses ensinamentos. Eu tenho certeza de que você pode fazer isso.

Parte IV

Discursos

29
Discurso sobre o Girar da Roda do Darma

Dhamma Cakka Pavattana Sutta

Foi assim que eu ouvi. Uma vez, O Mundialmente Honrado estava hospedado em Isipatana em Deer Park [Parque dos Cervos] próximo a Veranasi. Naquela ocasião, O Mundialmente Honrado se dirigiu ao grupo de cinco monges dizendo:
"*Bhikkhus*, há dois extremos que um monge deve evitar. Quais são eles? O primeiro é a devoção ao desejo sensual e ao prazer derivado do desejo sensual. Esta devoção é o ponto de partida, é prosaica, mundana, ignóbil e prejudicial. O segundo é a devoção à austeridade severa. Esta devoção é dolorosa, ignóbil e prejudicial. Ao não seguir nenhum desses extremos, o Tathagata realizou o Caminho do Meio que dá surgimento à visão e à compreensão. Estas visão e compreensão são os alicerces da paz, do conhecimento, do pleno despertar e do nirvana.

Qual é o Caminho do Meio, *bhikkhus*, que o Tathagata realizou, que faz surgir a visão e a compreensão, quando estas visão e compreensão são os alicerces da paz, do conhecimento, do pleno despertar e do nirvana?

É o Nobre Caminho Óctuplo, constituído de Visão Correta, Pensamento Correto, Fala Correta, Ação Correta, Sustento Correto, Diligência Correta, Atenção Correta e Concentração Correta. Este é o Caminho do Meio, *bhikkhus*, que o Tathagata realizou, que faz surgir a visão e a compreensão quando tais visão e compreensão são os alicerces da paz, do conhecimento, do pleno despertar e do nirvana.

Aqui está, *bhikkhus*, a Nobre Verdade do sofrimento. Nascimento é sofrimento. Velhice é sofrimento. Doença é sofrimento. Morte é sofrimento. Aflição, luto, angústia mental e perturbação são sofrimentos. Estar com aqueles que você desgosta é sofrimento. Estar separado daqueles que você ama é sofrimento. Não ter o que você anseia é sofrimento. Ou seja, agarrar-se aos Cinco Agregados como se constituíssem um *self* (eu) é sofrimento.

Aqui está, *bhikkhus*, a Nobre Verdade da causa do sofrimento. É o desejo de nascer de novo, o deleite em nascer de novo, atrelados aos prazeres encontrados nisso e naquilo. Há o anseio pelos prazeres dos sentidos, para tornar-se e para não mais vir a ser.

Aqui está, *bhikkhus*, a Nobre Verdade do fim do sofrimento. É o esmorecimento e término do desejo intenso sem deixar qualquer vestígio. É desistir, deixar ir, viver livre e abolir o desejo.

Aqui está, *bhikkhus*, a Nobre Verdade do Caminho que leva ao fim do sofrimento. É o Nobre Caminho Óctuplo da Visão Correta, do Pensamento Correto, da Fala Correta, da Ação Correta, do Sustento Correto, da Diligência Correta, da Atenção Correta e da Concentração Correta.

Monges, quando realizei a Nobre Verdade do sofrimento, visão, compreensão, discernimento, sabedoria e luz surgiram em mim em relação a coisas que eu nunca tinha ouvido antes.

Quando eu percebi que a Nobre Verdade do sofrimento precisava ser compreendida, a visão, a compreensão, o discernimento, a sabedoria e a luz surgiram em mim em relação a coisas que eu não tinha ouvido antes.

Quando eu percebi que a Nobre Verdade do sofrimento tinha sido compreendida, a visão, a compreensão, o discernimento, a sabedoria e a luz surgiram em mim em relação a coisas que eu não tinha ouvido antes.

Quando eu realizei a Nobre Verdade das causas do sofrimento, a visão, a compreensão, o discernimento, a sabedoria e a luz surgiram em mim em relação a coisas que eu não tinha ouvido antes.

Quando eu percebi que as causas do sofrimento precisavam ser abandonadas, a visão, a compreensão, o discernimento, a sabedoria e a luz surgiram em mim em relação a coisas que eu não tinha ouvido antes.

Quando eu percebi que as causas do sofrimento tinham sido abandonadas, a visão, a compreensão, o discernimento, a sabedoria e a luz surgiram em mim em relação a coisas que eu não tinha ouvido antes.

Quando eu realizei a Nobre Verdade do fim do sofrimento, a visão, a compreensão, o discernimento, a sabedoria e a luz surgiram em mim em relação a coisas que eu não tinha ouvido antes.

Quando eu percebi que o fim do sofrimento precisava ser vivenciado, a visão, a compreensão, o discernimento, a sabedoria e a luz surgiram em mim em relação a coisas que eu não tinha ouvido antes.

Quando eu percebi que o fim do sofrimento tinha sido vivenciado, a visão, a compreensão, o discernimento, a sabedoria e a luz surgiram em mim em relação a coisas que eu não tinha ouvido antes.

Quando eu realizei a Nobre Verdade do Caminho que leva ao fim do sofrimento, a visão, a compreensão, o discernimento, a sabedoria e a luz surgiram em mim em relação a coisas que eu não tinha ouvido antes.

Quando eu percebi que o Caminho que leva ao fim do sofrimento precisava ser praticado, a visão, a compreensão, o discernimento, a sabedoria e a luz surgiram em mim em relação a coisas que eu não tinha ouvido antes.

Quando eu percebi que o Caminho que leva ao fim do sofrimento tinha sido praticado, a visão, a compreensão, o discernimento, a sabedoria e a luz surgiram em mim em relação a coisas que eu não tinha ouvido antes.

Enquanto discernimento e compreensão das Quatro Nobres Verdades em seus três estágios e doze aspectos, tal como são, não tinham sido realizados, eu não poderia dizer que neste mundo com seus deuses, maras, bramas, contemplativos, brâmanes e humanos, alguém realizou o despertar mais elevado.

Monges, logo que o discernimento e a compreensão das Quatro Nobres Verdades em seus três estágios e doze aspectos, tal como são, foram realizadas, eu poderia dizer que neste mundo com seus deuses, maras, bramas, contemplativos, brâmanes e humanos, alguém realizou o despertar mais elevado, que a compreensão e a visão surgiram, que a libertação da minha mente é inabalável, que este é o meu último nascimento, que não há mais o vir a ser".

Quando O Mundialmente Honrado terminou de falar, os cinco monges se regozijaram do fundo do coração. Ao ouvir as Quatro Nobres Verdades, brotou no Monge Kondañña o olhar puro que compreende o significado dos ensinamentos sem apego. Ele compreendeu que tudo aquilo, cuja natureza nasce, cessa.

Quando a Roda do Darma tinha, portanto, sido girada pelo Mundialmente Honrado, os deuses da Terra proclamaram: "Próximo a Varanasi, em Isipatana, Parque dos Cervos, a mais elevada Roda do Darma foi posta em movimento. Ela não pode ser girada de volta pelos reclusos, brâmanes, deuses, maras, bramas ou alguém em qualquer mundo".

Quando os quatro reis ouviram a proclamação dos deuses da Terra, eles proclamaram: "Próximo a Varanasi, em Isipatana, Parque dos Cervos, a mais elevada Roda do Darma foi posta em movimento. Ela não pode ser girada de volta pelos reclusos, brâmanes, deuses, maras, bramas ou quem quer que seja em qualquer mundo".

Naquela hora, naquele momento, naquele instante de tempo, a proclamação alcançou o mundo de Brama, e os Dez Mil Sistemas Mundiais tremeram e tremeram mais uma vez. Um esplendor imensurável foi visto em todo o mundo, superando o esplendor de todos os deuses.

Inspirado, O Mundialmente Honrado falou: "De fato, Kondañña entendeu. De fato, Kondañña compreendeu". Assim, Kondañña recebeu o nome de O Kondañña Que Compreende.

Samyutta Nikaya V, 420.

30
Discurso sobre o Grande Quarenta

Mahacattarisaka Sutta

Foi assim que eu ouvi. Uma vez, o Senhor Buda estava hospedado próximo a Savatthi, em Jeta Grove, no Parque de Anathapindika. Naquela ocasião, O Mundialmente Honrado se dirigiu aos *bhikkhus* dizendo:

Oh! Bhikkhus.

Oh! *Professor – responderam os bhikkhus respeitosamente.*

O Mundialmente Honrado disse: *"Bhikkhus*, eu vou instruir vocês sobre a Nobre Concentração Correta, quais são as suas causas e quais são os seus fatores acompanhantes. Por favor, escutem com cuidado e com toda atenção enquanto eu falo". "Sim, Senhor" – responderam os *bhikkhus* respeitosamente.

O Mundialmente Honrado falou: *"Bhikkhus,* quais são as causas e fatores acompanhantes que adornam a Concentração Correta? São estes: a Visão Correta, o Pensamento Correto, a Fala Correta, a Ação Correta, o Sustento Correto, a Diligência Correta e a Atenção Correta. Quando a mente unifocada está acompanhada desses sete fatores, é chamada de Nobre Concentração Correta adornada com suas causas e fatores acompanhantes.

No exemplo seguinte, a Visão Correta vem primeiro. Por que a Visão Correta vem primeiro? Quando há uma visão errada e a pessoa entende que aquela é uma visão errada, isso já é Visão Correta. Quando há Visão Correta e a pessoa entende que aquela é uma Visão Correta, isso também é Visão Correta. O que é visão errada? É a visão de que não faz sentido dar esmolas, fazer donativos ou oferendas cerimoniais. É a visão de que o fruto das ações benéficas e prejudiciais não amadurecem. É a visão de que este mundo não existe, nem existe o outro mundo. Que não há nascimento a partir dos pais, e nenhum ser nasce espontaneamente. Que nenhum dos monges ou brâmanes que aperfeiçoaram o Caminho estão indo na direção certa, experimentaram por si mesmos compreensões fora do comum, ou são capazes de iluminar nossa compreensão deste mundo e do outro mundo.

O que é Visão Correta, *bhikkhus*? *Bhikkhus*, existem dois tipos de Visão Correta. Há a Visão Correta na qual nem todas as dispersões foram interrompidas; e que produz mérito mas ainda resulta em apego. E há uma Visão Correta que é nobre, em que as distrações foram interrompidas, e que é supramundana e um elemento do Caminho. O que é a Visão Correta na qual nem todas as distrações foram interrompidas? É a visão de que há uma razão em dar esmolas, em fazer donativos ou oferendas cerimoniais. É a visão de que o fruto de ações benéficas e prejudiciais amadurecem. É a visão de que este mundo existe, e também existe outro mundo. É a visão de que há nascimento proveniente dos pais, e há seres que nascem espontaneamente. É a visão de que monges ou brâmanes aperfeiçoaram o Caminho, e estão indo na direção certa; experimentaram por eles mesmos uma compreensão fora do comum, ou são capazes de iluminar nossa compreensão desse mundo e do outro mundo.

Qual é a Visão Correta em que todas as dispersões foram interrompidas? É compreensão, compreensão enquanto uma das

Cinco Faculdades, compreensão enquanto um dos Cinco Poderes, compreensão enquanto fator da iluminação chamado de investigação dos fenômenos em alguém cuja mente é nobre, cuja mente não possui distrações, uma mente que está provida do Nobre Caminho e que está praticando o Nobre Caminho. Esta, *bhikkhus*, é a Visão Correta que é nobre, sem distrações, supramundana e uma ramificação do Caminho.

Aquele que se esforça para abandonar a visão errada e assume a Visão Correta possui Diligência Correta. Aquele que, por meio da atenção plena, abandona a visão errada e continua assumindo a Visão Correta possui Atenção Plena Correta. Esses três fenômenos giram em torno da Visão Correta. São eles: Visão Correta, Diligência Correta e Atenção Plena Correta.

No exemplo seguinte, a Visão Correta vem primeiro. Por que a Visão Correta vem primeiro? Quando há pensamento errado e a pessoa sabe que aquele pensamento está errado, isso já é Visão Correta. Quando há Pensamento Correto e a pessoa sabe que aquele é um Pensamento Correto, isso já é Visão Correta. O que é pensamento errado? É o pensamento que leva ao desejo, ao ódio e à injúria.

O que é Pensamento Correto? *Bhikkhus*, há dois tipos de Pensamento Correto. Há o Pensamento Correto onde nem todas as distrações foram interrompidas; que produz mérito mas ainda resulta em apego. E há um Pensamento Correto que é nobre, onde as distrações foram interrompidas; e que é supramundano e um elemento do Caminho. O que é o Pensamento Correto no qual nem todas as distrações foram interrompidas? É o pensamento que abandona o desejo, o ódio e a injúria. Este é o Pensamento Correto em que nem todas as distrações foram interrompidas; que produz mérito mas ainda resulta em apego.

Qual é o Pensamento Correto que é nobre, no qual as distrações foram interrompidas, que é supramundano e um elemento do Caminho? É o raciocínio lógico, reflexão inicial, pensamento, aplicação da mente, implantação na mente e formação da fala em alguém cuja mente é nobre, cuja mente não possui distrações, que foi provida com o Nobre Caminho e está praticando o Nobre Caminho. Este, *bhikkhus*, é o Pensamento Correto que é nobre, sem distrações, supramundano e um elemento do Caminho.

Aquele que se empenha em abandonar o pensamento errado e que assume o Pensamento Correto possui Diligência Correta. Aquele que, através da atenção plena, abandona o pensamento errado e permanece assumindo o Pensamento Correto tem Atenção Plena Correta. Estes três fenômenos giram em torno do Pensamento Correto. São eles: Visão Correta, Diligência Correta e Atenção Plena Correta.

No exemplo seguinte, a Visão Correta vem primeiro. Por que a Visão Correta vem primeiro? Quando há fala errada e a pessoa sabe que é uma fala errada, isso já é Visão Correta. Quando há Fala Correta e a pessoa sabe que é Fala Correta, isso também é Visão Correta. O que é fala errada? É mentir, caluniar, são palavras grosseiras e conversa fútil.

O que é Fala Correta? *Bhikkhus*, há dois tipos de Fala Correta. A Fala Correta na qual nem todas as distrações foram interrompidas, e a Fala Correta que é nobre, na qual as distrações já se interromperam. O que é Fala Correta onde nem todas as distrações foram interrompidas? É a abstenção da mentira, da calúnia, da palavra grosseira e conversa fútil.

O que é a Fala Correta em que as distrações foram interrompidas? É o deter-se, desistir, resistir e abster-se dos quatro tipos de fala errada em alguém cuja mente é nobre, cuja mente não possui distrações, e que foi provido com o Nobre Caminho e que está praticando o Nobre Caminho.

No exemplo seguinte, a Visão Correta vem primeiro. Por que a Visão Correta vem primeiro? Quando há ação errada e a pessoa sabe que a ação está errada, isso já é Visão Correta. Quando há Ação Correta e a pessoa sabe que aquela ação é correta, isso já é Visão Correta. O que é visão errada? É a destruição da vida, pegar aquilo que não foi dado e má conduta sexual.

O que significa Ação Correta? *Bhikkhus*, existem dois tipos de Ação Correta: a Ação Correta na qual nem todas as distrações foram interrompidas, e a Ação Correta que é nobre, em que as distrações foram interrompidas. O que é Ação Correta em que nem todas as distrações foram interrompidas? É abster-se de destruir vidas, de não pegar o que não foi dado e abster-se da má conduta sexual.

O que significa a Ação Correta em que as distrações foram interrompidas? Significa deter-se, resistir, desistir e abster-se das três ações corporais erradas em alguém cuja mente é nobre, em cuja mente não há distrações, que foi provida com o Nobre Caminho e que está praticando o Nobre Caminho.

Aquele que se empenha em abandonar a ação errada e que adota a Ação Correta possui Diligência Correta. Aquele que através da atenção plena abandona a ação errada e continua adotando a Ação Correta tem Atenção Plena Correta. Estes três fenômenos giram em torno da Ação Correta. São eles: Visão Correta, Diligência Correta e Atenção Plena Correta.

No exemplo seguinte, a Visão Correta vem primeiro. Por que a Visão Correta vem primeiro? Quando o sustento errado existe e a pessoa sabe que é um meio de vida errado, isso já é Visão Correta. Quando o Sustento Correto existe e a pessoa sabe que aquele sustento é correto, isso também é Visão Correta. O que significa sustento errado? Significa hipocrisia, fala indistinta, adivinhação da sorte, malandragem e cobiça, e querer tirar lucro em cima de lucro.

O que significa o Sustento Correto? *Bhikkhus*, existem dois tipos de Sustento Correto: o Sustento Correto onde nem todas as distrações foram interrompidas, e o Sustento Correto que é nobre, em que as distrações foram interrompidas. O que é o Sustento

Correto onde nem todas as distrações foram interrompidas? É quando o nobre discípulo abandona o sustento errado e ganha a vida através do Sustento Correto.

O que significa o Sustento Correto em que as distrações foram interrompidas? Significa deter-se, desistir, resistir e abster-se de um meio de vida errado em alguém cuja mente é nobre, em cuja mente não há distrações, que foi provido com o Nobre Caminho e que está praticando o Nobre Caminho.

Aquele que se empenha em abandonar o meio de vida errado e que adota o Sustento Correto possui Diligência Correta. Aquele que através da atenção plena abandona o meio de vida errado e continua adotando o Sustento Correto tem Atenção Plena Correta. Esses três fenômenos giram em torno do Sustento Correto. São eles: Visão Correta, Diligência Correta e Atenção Plena Correta.

No exemplo seguinte, a Visão Correta vem primeiro. Por que a Visão Correta vem primeiro? O Pensamento Correto surge em alguém que tem Visão Correta. A Fala Correta surge em alguém que adota o Pensamento Correto. A Ação Correta surge em alguém que adota a Fala Correta. O Sustento Correto surge em alguém que adota a Ação Correta. Diligência Correta surge em alguém que adota o Sustento Correto. A Atenção Plena Correta surge em alguém que tem Diligência Correta. A Concentração Correta surge em alguém que tem Atenção Plena Correta. A Compreensão Correta surge em alguém que tem Concentração Correta. E a Libertação Correta surge em alguém que tem a Compreensão Correta. Portanto, *bhikkhus*, o treinamento do Caminho do praticante possui oito fatores, e o Caminho do praticante que é um *arhat* possui dez fatores.

No exemplo seguinte, a Visão Correta vem primeiro. Por que a Visão Correta vem primeiro? A visão errada está superada em alguém que possui Visão Correta. E todos os outros estados equivocados e prejudiciais dependentes da visão errada também são superados.

Todos os outros estados benéficos que surgem dependentes da Visão Correta são praticados até serem realizados.

O pensamento errado é superado naquele que adota o Pensamento Correto etc.

A fala errada é superada naquele que adota a Fala Correta etc.

A ação errada é superada naquele que adota a Ação Correta etc.

O sustento errado é superado naquele que adota o Sustento Correto etc.

A diligência errada é superada naquele que adota a Diligência Correta etc.

A atenção errada é superada naquele que adota a Atenção Correta etc.

A concentração errada é superada naquele que adota a Concentração Correta etc.

A compreensão errada é superada em alguém que adota a Compreensão Correta etc.

A libertação errada é superada em alguém que adota a Correta Libertação etc.

Portanto, *bhikkhus*, existem vinte fatores apoiando o que é benéfico e vinte fatores apoiando o que é prejudicial. Este ensinamento do Darma sobre o Grande Quarenta foi posto em movimento e não pode ser girado de volta por nenhum monge, brâmane, deus, mara, brama ou qualquer pessoa do mundo".

Majjhima Nikaya 117.

31
Discurso sobre a Visão Correta

Sammaditthi Sutta

Foi assim que eu ouvi. Uma vez, o Senhor estava hospedado próximo a Savatthi, em Jeta Grove, no Parque de Anathapindika. Naquela ocasião, o Venerável Sariputta se dirigiu aos *bhikkhus*.

"Amigo" – os *bhikkhus* responderam respeitosamente.

O Venerável Sariputta disse: "Como um nobre discípulo pratica a Visão Correta, uma visão que é justa? Como ele ou ela adquire uma confiança inabalável no Darma? Como ele ou ela podem chegar ao verdadeiro Darma?"

"Amigo Sariputta, nós fizemos uma longa viagem para estarmos em sua presença e estamos felizes em aprender o significado dessas palavras. Por favor, explique suas afirmações, e depois de termos ouvido seus ensinamentos, vamos guardá-los na memória."

"Por favor, escutem, amigos, e deem total atenção ao que digo. Amigos, quando um nobre discípulo compreende o que é prejudicial e as raízes do que é prejudicial e também compreende o que é benéfico e as raízes do que é benéfico, então aquele discípulo tem Visão Correta, uma visão que é justa. Ele ou ela está dotado(a) de uma confiança inabalável no Darma. Amigos, destruir a vida, pegar o que não é dado e má conduta sexual são prejudiciais. Mentira, calúnia, palavras grosseiras e conversas fúteis são prejudiciais. As raízes do que é prejudicial são ganância, ódio e delusão.

Abster-se de destruir vidas, de tomar o que não é dado, e da má conduta sexual; abster-se de mentir, caluniar, de falar palavras grosseiras, de ter conversas fúteis; não cobiçando, não guardando inimizade e praticando a Visão Correta, tudo isso é benéfico. As raízes do que é benéfico são a ausência de ganância, ódio e delusão.

Quando um discípulo compreende o que é prejudicial e suas raízes e o que é benéfico e suas raízes, ele ou ela transforma totalmente a tendência à ganância, remove a tendência ao ódio e suspende a tendência em relação à visão do 'Eu sou'. Ele ou ela transforma a delusão, faz surgir a compreensão e agora mesmo nesta vida põe fim ao sofrimento."

"Bem explicado, amigo", disseram os *bhikkhus*, com muita satisfação, e perguntaram: "Ainda há algum outro ensinamento sobre como um discípulo pratica a Visão Correta?"

"Amigos, quando um nobre discípulo compreende o ato de alimentar, a fabricação dos alimentos e a cessação do ato de alimentar, e o Caminho que leva à cessação do ato de alimentar, aquele discípulo pratica a Visão Correta. Amigos, há quatro tipos de alimentos que sustentam os seres que já passaram a existir e os que estão buscando uma nova existência. São eles: alimento comestível, rústico ou refinado; o alimento das impressões sensoriais; o alimento da intenção; o alimento da consciência. A nutrição se origina onde a ganância se origina e a nutrição cessa quando a ganância cessa. O caminho que leva à cessação da nutrição é o Nobre Caminho Óctuplo. Quando um discípulo compreende isso, transforma inteiramente essas tendências.

Entretanto, um outro ensinamento sobre Visão Correta diz que quando um nobre discípulo compreende o sofrimento, a fabricação do sofrimento, a cessação do sofrimento e o caminho que leva à cessação do sofrimento, ele ou ela possui Visão Correta. Nascimento, envelhecimento, doença, morte, luto, pranto, dor, desgosto e agitação são sofrimento. Não ter o que você quer é sofrimento. Em suma, agarrar-se aos cinco *skandhas* é sofrimento. A criação do sofrimento é a sede de nascer de novo, que está associada ao deleite e apego por vários prazeres encontrados aqui e ali. É a sede pelo reino dos desejos, o reino da existência e o reino da inexistência. O fim do sofrimento é o desaparecimento do desejo, o fim das ideias, o render-se, deixar pra lá, libertar-se de, recusar-se a dar importância ao objeto do desejo. O caminho que leva à cessação do sofrimento é o Nobre Caminho Óctuplo.

Outro ensinamento sobre Visão Correta é que, quando um nobre discípulo compreende a velhice e a morte, o processo de criação da velhice e da morte, a cessação da velhice e da morte e o caminho que leva à cessação da velhice e da morte, ele ou ela tem Visão Correta. A velhice é a decrepitude da existência em vários mundos dos seres vivos. A velhice inclui ter dentes quebrados, cabelos grisalhos, pele enrugada, diminuição da força vital e o enfraquecimento dos órgãos dos sentidos. A morte é a passagem dos seres vivos dos vários mundos dos seres vivos, e suas transformações para outras existências é a decomposição, o desaparecimento e morte, a conclusão do tempo deles, a disjunção dos *skandhas* e o abandono do corpo. Velhice e morte se originam onde o nascimento se origina. A cessação do nascimento é a cessação da velhice e da morte. O caminho que leva à cessação da velhice e da morte é o Nobre Caminho Óctuplo.

Outro ensinamento sobre Visão Correta é que, quando um nobre discípulo compreende o nascimento, a fabricação do nascimento... tem Visão Correta. Nascimento é o surgimento dos seres em vários mundos da existência, o aparecimento, renascimento, manifestação dos *skandhas* e aquisição dos órgãos dos sentidos e objetos dos sentidos. O nascimento se origina onde o vir a ser se origina. A cessação do vir a ser é a cessação do nascimento. O caminho que leva à cessação do nascimento é o Nobre Caminho Óctuplo.

Outro ensinamento sobre a Visão Correta é que, quando um nobre discípulo compreende o vir a ser... tem Visão Correta. Existem três tipos de vir a ser: o vir a ser no mundo do desejo, o vir a ser no mundo da matéria refinada e o vir a ser no mundo imaterial. O vir a ser se origina onde a avidez se origina, e cessa onde a avidez cessa...

Outro ensinamento diz que, quando um nobre discípulo compreende a avidez... tem Visão Correta. Há quatro tipos de avidez: o apego ao desejo sensual, pontos de vista, regras e rituais, e uma crença em um eu separado. A avidez se origina onde a sede se origina. A avidez cessa quando a sede cessa, e o Nobre Caminho Óctuplo...

Outro ensinamento sobre a Visão Correta diz que, quando um nobre discípulo compreende a sede... tem Visão Correta. Existem seis espécies de sede: sede de formas, sons, cheiros, sabores, toque e objetos mentais. A sede se origina quando os sentimentos se originam e a sede cessa quando os sentimentos cessam.

Outro ensinamento sobre Visão Correta diz que, quando um nobre discípulo compreende sentimentos... tem Visão Correta. Há seis classes de sentimentos. Há sentimentos que surgem do contato ocular, do contato auditivo, do contato olfativo, do contato corporal e do contato mental... Os sentimentos se originam onde o contato se origina e cessa onde o contato cessa...

Outro ensinamento sobre Visão Correta diz que, quando um nobre discípulo compreende o contato... tem Visão Correta. Há seis espécies de contato: contato ocular, contato auditivo, olfativo, gustativo, corporal e mental... Contato se origina onde os seis órgãos e os seis objetos dos sentidos se originam...

Outro ensinamento sobre Visão Correta diz que, quando um nobre discípulo compreende as seis portas do sentido... tem Visão Correta. As seis portas do sentido são as portas dos olhos, a porta dos ouvidos... As seis portas dos sentidos se originam onde mente/corpo se originam...

Outro ensinamento sobre Visão Correta diz que, quando um nobre discípulo compreende mente/corpo... tem Visão Correta. O elemento mental consiste dos sentimentos, percepções, volições, contato e atenção mental. O elemento corporal consiste dos Quatro Grandes Elementos e a forma que resulta destes Quatro Grandes Elementos. Mente/corpo se originam onde a consciência se origina...

Outro ensinamento sobre Visão Correta diz que, quando um nobre discípulo compreende a consciência... tem Visão Correta. Há seis tipos de consciência: consciência ocular, consciência auditiva... a Consciência se origina onde os impulsos se originam.

Outro ensinamento sobre Visão Correta diz que, quando um nobre discípulo compreende os impulsos... tem Visão Correta. Há três tipos de impulsos: impulsos corporais, impulsos verbais e impulsos mentais. Os impulsos se originam onde a ignorância se origina...

Outro ensinamento sobre Visão Correta diz que, quando um nobre discípulo compreende a ignorância... tem Visão Correta. A ignorância significa a incapacidade de reconhecer o sofrimento, a fabricação do sofrimento, a cessação do sofrimento e o caminho que leva à cessação do sofrimento. A ignorância se origina onde as distrações se originam.

Outro ensinamento sobre Visão Correta diz que, quando um nobre discípulo compreende as distrações... tem Visão Correta. Existem três distrações: a distração do desejo sensorial, a distração do ser e a distração da ignorância. As três distrações se originam onde a ignorância se origina..."

Majjhima, Nikanpa, 9

*Índice**

Abhidharma (Psicologia budista) 254n.
  sobre atenção 76
  sobre formações mentais 84
  sobre os Elos dos Surgimentos Interdependentes 253s.
Acalmando 34s., 78, 236
  práticas de meditação 89s.
  cf. tb. Parar
Ação
  compreensão e 96s.
  da inação 50, 140, 180, 216
  enquanto medida de realização 114
  O que estou fazendo?, prática 73s.
  para fora do sofrimento 99s.
  por meio da vontade (cf. Formações)
Ação Correta (*samyak karmanta*) 109-114
  Atenção Plena Correta e 109, 112-114
  Concentração Correta e 122
  e Sustento Correto 113
  Pensamento Correto e 74
Aceitação
  em acalmar 34
Ações volitivas; cf. Formações
  Aflições (*kleshas*) 87
  enquanto causas de sofrimento 30s.

---

* Os números das páginas em itálico indicam as ilustrações. Os números das páginas seguidos por "n." indicam notas de rodapé.

enquanto fonte de percepções 66, 202s.
sementes de 232-234, 235
Agarrar-se, fixação, apego (*upadana*) 255-257, 259, 261s., 271
Agitação 87s.
   parar e acalmar 32-35
Agregados; cf. Os Cinco Agregados
Alayavijñana; cf. Consciência armazenadora
Álcool
   não consumir 111s.
Alegria
   enquanto autoprazer 181
   e sofrimento 27s., 248s.
   mudita/priti 91, 191, 195s.
   praticar com 52s., 117-120, 140, 214-216
   verdadeira alegria 53, 141, 146
   cf. tb. Corpo da bem-aventurança; Felicidade
Amados
   prestar atenção para 77s.
Amor (*maitri*) 191-194
   e compreensão 79, 193, 239
   mente de 74, 271
   possessivo 197
   praticando 192-194, 247, 279
   verdadeiro 192, 196-198
Ananda
   e Buda 61, 91, 187, 215, 253
   sobre os fenômenos 90s.
   realização de 244
Anapanasati Sutta (*Discurso sobre a Consciência Plena da Respiração*) 80
Anatman; cf. Nenhum eu
Andar em meditação 106, 169
Animitta; cf. Ausência de sinais (*anitya*); Impermanência
Anseio (*kama/trisha*) 92s., 256, 259
   enquanto causa do sofrimento 30s.
   liberdade do 92
Ansiedade (*domanassa*) 91, 176
Apego/anseio (*upadana*) 256
Apranihita (aimlessness) 174
Apreciação; cf. Reverência pela vida
Arya ashtangika marga; cf. Nobre Caminho Óctuplo
As Cinco Faculdades (*indriyani*) 209-211

As Cinco Lembranças 142
Ashrava (retrocesso) 39, 87
Atenção (*manaskara*) 76
   nutrindo o objeto da 77
Atenção Plena (*smriti*) 76-78, 210, 212, 237, 242
   aliviando o sofrimento dos outros 78
   ao beber 111-113
   ao comer 41, 111, 168
   ao ouvir/escutar 20s., 100-104, 223
   causas da 242
   como um fator do despertar 242
   da mente 86-89
   da respiração; cf. Respiração consciente de Buda 90n.
   discurso sobre 80s.
   do corpo 81-83
   do fenômeno 89-95
   dos sentimentos 84-86
   e bem-estar 51
   e concentração 210, 212
   efeitos da 94s., 237
   e impressões sensoriais 42s.
   enquanto generosidade 110s.
   enquanto reverência pela vida 109
   e Pensamento Correto 71-73
   identificando sementes da consciência 63-65
   meditação e 209
   no ato de consumir 111s., 223
   no comportamento sexual 111s.
   no local de trabalho 134
   nutrindo o objeto da atenção 77
   parar de criar sofrimento 47s.
   parar e acalmar a agitação 32-34
   prática coletiva da 43, 189, 205, 223
   praticando 42s., 67s., 79-99, 101-104, 109-114, 134-136, 223
   responsabilidade das pessoas praticando 176s., 279
   retornando ao momento presente 76
   sementes da 235, 236
   Sete Milagres da Atenção Plena 79s.
   sustentáculos da (objetos) 79-95
   tornando o outro presente 77
   transformando o sofrimento 80
   treinamentos; cf. Os Cinco Treinamentos da Atenção Plena
   usando a ajuda de terceiros 39, 47
   cf. tb. Olhar/contemplar/examinar profundamente; Atenção Plena Correta

Atenção Plena Correta (*samyak smriti*) 69, 76-97, 135s.
 como uma mãe 85
 e Ação Correta 109, 113s.
 efeitos 76, 92s., 100s.
 Sustento Correto como 135
Ausência
 de objetivos (*apranihita*) 174-176
 de sinais (*animitta*) 124s., 169-174
Autossatisfação/autoprazer 181
Avalokiteshvara (Kwan Yin) 101s., 195
 cf. tb. *Sutra do Coração*
Avatamsaka Sutra
 sobre sendo nós mesmos 174s.
 sobre os darmas 147
Avidya; cf. Ignorância
Ayatanas; cf. Órgãos dos sentidos e seus objetos

Balani (Os Cinco Poderes) 209-216
Base do ser; cf. Nirvana
Beber conscientemente 111s.
Bem-aventurança
 o corpo da 180-182
 cf. tb. Alegria, *mudita/priti*
Bem-estar
 enquanto cessação do sofrimento 51, 56s.
 praticar o 117, 244s.
 realizando 51-57, 146
Bhava; cf. Vir a ser
Bijas; cf. Sementes, da consciência
Bodhichitta; cf. Mente de amor/despertar
Bodhidharma
 e Imperador Wu 73
Bodhisattva(s) 267, 273
 menosprezar jamais 213
 olho de Buda nas mãos de 96
 sentimentos de 270, 273
Bodhyanga; cf. Sete Fatores do Despertar
"Borboletas sobre os campos de mostarda douradas" (poema de Nhat Hanh) 161
Brahamaviharas; cf. Quatro Mentes Imensuráveis

Buda
- Amida 90n.
- e Ananda 61, 91, 187, 215, 253
- contemplação
- contato com os objetos dos sentidos 268
- enquanto Nirmanakaya 182
- enquanto o Dharmakaya 178-180, 182
- enquanto o Tathagata 180n.
- enquanto Sambhogakaya 180-182
- enquanto Vairochana 180
- enquanto verdade e mentira 188
- ensinamentos; cf. Ensinamentos de Buda
- entrando no coração de 11-13, 147, 278-282
- e o monge doente 187
- e Shariputra 224-227
- e Subhadda 61
- e Vatsigotra 26
- humanidade de 11, 148
- iluminação 241
- interexistir com Darma e Sanga 188
- língua nativa 24
- Maitrreya 189, 194
- não enquanto um filósofo 258
- os três corpos de 178-182
- prática da Atenção Plena do 90n.
- prática e iluminação 14, 52
- praticando com 127s.
- recitar o nome de 28, 90
- relutância para ensinar 226
- significado da palavra 212, 241
- sofrimento de 231
- sorrir 195
- tomar refúgio em 183-186
- vivendo em nós 184s.

Buddhaghosa
- condições do Surgimento Interdependente 249

Budismo
- enquanto prática 68s.
- escolas 21-25
- Mahayana 21, 24s.
- originário 21, 25s.

Caminho
- de nenhum conceito 68
- do Meio 16
  - diligência 117
- Óctuplo Ignóbil *40*, 56s.

Capacidade; cf. Inclusão
Carma
  do sustento 131-133
  cf. tb. Ação
Causa e efeito
  vs. Surgimento Simultâneo Interdependente 248
Causas
  da Atenção Plena 242
  do sofrimento 31, 41-48, 206
  do Surgimento Simultâneo Interdependente 250s.
Certo (*samyak/samma*)
  vs. errado 18n.
Cessação da ignorância 125
Cessação do sofrimento (*nirodha*) 18, *19*
  enquanto bem-estar 51, 56s.
  enquanto nenhuma cessação 140
  realizando a 53
  reconhecendo a 51s.
Chitta; cf. Mente
Chitta samskara; cf. Formações mentais
Coisas/fenômenos
  da forma como são 31, 55
  inanimados 145, 173s.
  marcas de todas as coisas/todos os fenômenos; cf. Três Selos do Darma
Comer conscientemente 41, 113, 168
Comida
  enquanto alimento 39s.
  outros alimentos enquanto 39-47
Compaixão (*karuna*) 191, 194s.
  ao escrever 105s.
  ao ouvir 100-104
Compreensão
  concentração e 210
  e ação 96s.
  e amor 79, 193s., 229
  em acalmar 35
  e raiva 229-231
  fenômenos/coisas tal como são 54s.
  fonte de 135
  ignorância e 264s.
  injustiça 229-231
  insight/discernimento/sabedoria (prajña) 203, 210

milagre da Atenção Plena da 78-80
oferecer 222
os ensinamentos de Buda 20-26, 162-166, 253
palestras do Darma e sutras enquanto apresentações de 25
prajña paramita 69, 237
Quatro Sabedorias 127, 267
sabedoria discriminativa *vs.* 166
Visão Correta enquanto 67, 135
cf. tb. Realização; Visão Correta
Conceitos; cf. Ideias
Concentração (*samadhi*) 121, 123, 210, 245
Atenção Plena e 210-212
Ativa 121s.
Correta (*samyak samadhi*) 121-129, 135s.
  e Ação Correta 122
  e discernimento 210
  errada 245
  na ausência de objetivo/nenhum eu 127, 174-176
  na ausência de sinais/impermanência 127, 169-172
  na vacuidade/Nirvana 127, 168s.
  práticas 123, 127s., 167-177
  seletiva 121s.
  sem forma 123-127
  shamatha enquanto 236
  tipos 121s.
  cf. tb. Meditação; Concentração Correta
Condições do Surgimento Simultâneo Interdependente 249-253
Condições em desenvolvimento
  e Surgimento Simultâneo Interdependente 251s.
Confianças
  em nós mesmos 184s.
  Quatro Confianças 164-166
Confúcio 107
  sobre a alegria de praticar 279
  sobre o silêncio 107
  sobre sua própria maturação 48
Conhecimento; cf. Compreensão, *insight*/discernimento/sabedoria (prajña)
Consciência (*vijñana*) 36, 204, 267
  aspectos 20n., 126s., 235
  coletiva e individual 88, 205
  enquanto nutriente 45s.
  enquanto sabedoria discriminativa 166
  enquanto um objeto de concentração 124
  enquanto um instrumento de transformação 268

309

mental (*manovijñana*) 20n., 87-89, 126, 211, *235*
transformando a 205, 267
cf. tb. Mente; Consciência mental; Consciência armazenadora;
    Pensamento
Consciência armazenadora (*alayavijñana*) 20n., 88s., 126, 204, 211, *235*
    enquanto fonte de percepção 65s.
    transformação da 267
    cf. tb. Sementes, da consciência
Consumo consciente 111s., 223
Contato
    com objetos dos sentidos (*sparsha*) 41-43, 86, 268
    com um Buda 271
    toque seletivo 64s.
Contemplações sobre interdependência, impermanência e compaixão 93
Continuidade
    e Surgimento Simultâneo Interdependente 252
Corpo (forma) (*rupa*) 199
    acalmando 34
    Atenção Plena do 80-84, 199s., 247
    da bem-aventurança (*Sambhogakaya*) 180-182
    de transformação (*Nirmanakaya*) 178, 182
    do Darma; cf. *Dharmakaya*
    examinando em profundidade para o 200
    nama rupa (mente/corpo) 269
    repousar 35s.
    transformação do 126
Criação do sofrimento; cf. Surgimento, criação do sofrimento
Crianças
    ensinar e ajudar 172, 244, 281
Cura (*shamatha*) 78, 245
    ensinamento enquanto 164
    pré-condições 32-36
Curvando-se de mãos postas para cumprimentar/reverenciar 64

Dana; cf. Dar
Dar
    generosidade (*dana*) 110s., 219-222
Darma 186
    corpo do; cf. Dharmakaya
    enquanto um barco 156
    existindo dentro de nós 185
    interexistir/interser com Buda e Sanga 188

questionando sobre 61
tomar refúgio no 178, 183-186
Três Selos do Darma 29s., 150-166
verdadeiro e falso 188
cf. tb. Sutras (discursos); Ensinamentos de Buda; *Discurso sobre o Girar da Roda do Darma*
Deixar ir 44, 92
   praticando 92, 245, 247
Descartes, René
   sobre a existência 71
Desejo
   reino do 93
   cf. tb. Anseio
Desenvolvimento do pensamento (*vichara*) 72
Deslembrança
   interromper 32s.
Despertar; cf. Libertação; Mente de amor/despertar
Destemor (sem medo)
   realizando 174, 201-204, 239
Dez elos do Surgimento Interdependente 264-275, *276, 277*
Dezoito Elementos (*dhatus*) 90s.
Dharmakaya (corpo do Darma) 178-180, 182, 269
Dharma-pravichaya (investigação dos fenômenos) 90, 243
Dharmas; cf. Fenômenos
Dhatus (Dezoito Elementos) 90s.
Dhyana; cf. Meditação
Diligência
   errada 115
   esforço/energia (*virya*) 209, 218, 232-234, 243-245
   fontes 116-120, 243s.
Diligência Correta
   esforço (*samyak pradhana*) 115-120, 136
   gatha/poema 119
   Pensamento Correto e 75
   práticas associadas com 116
   Quádrupla 116
Discurso
   em 8 mil versos 237
   sobre a Consciência Plena da Respiração 80
   sobre a Melhor Forma de Viver Só 80
   sobre a Visão Correta 297-301
      texto 297-301

sobre o Girar da Roda do Darma 15s., 30, 37, 140
    texto 285-289
  sobre o Grande Quarenta
    texto 290-296
  sobre os Quatro Sustentáculos da Atenção Plena 80s., 243
  sobre os vários reinos 90
Doan Van Kham
  poema 173
Doença (enfermidade, indisposição)
  cura 245
  do nosso tempo 92, 176
  viver em paz com 231
  cf. tb. Ausência de sinais; Sabedoria da Equanimidade
Dois
  níveis de causa e efeito 256
  reinos 93
Doze Elos do Surgimento Interdependente 255-275
Drishta dharma sukha viharin 31, 196
Duas
  relevâncias 162, 166
  duas verdades 139-149, 166
Dukkha; cf. Sofrimento

Ecologia profunda 145
Educação para crianças
  reforma da 172, 281
Elementos
  Dezoito Elementos (*dhatus*) 90s.
  Quatro Grandes Elementos 91
  reconhecendo os elementos no corpo 82s., 247
  Seis Elementos 91
Emoções; cf. Sentimentos
Encorajamento de nós mesmos no girar da roda do Darma 38, 40, 48, 52s.
Engajamento no mundo 16
Ensinamentos de Buda
  compreender os 20-26, 162-166, 253s.
  consertando os 26
  correntes de transmissão 21-24
  distorções dos 21s.
  orientações para 162-166
  praticando os 161-163
  renovando os 25

sobre as Quatro Mentes Imensuráveis 191s.
sobre fenômenos 90-94
sobre girar a roda do Darma 15s., 30, 37, 140, 285-289
sobre ignorância e compreensão 264-267
sobre inclusão 223
sobre os seus próprios ensinamentos 11
sobre o Surgimento Simultâneo Interdependente 248, 253s., 260
sobre percepções 65s.
sobre reprimir a mente 22
sobre tomar refúgio nos 178, 185
três cestas 254n.
cf. tb. Sutras (discursos)
Envolvendo/acolhendo
acalmando 34s., 85
o corpo 199s.
cf. tb. Inclusão
Equanimidade (*upeksha*) 191, 196-198, 246, 271
na qualidade de deixar ir 44, 91
Escola
da Juventude pelo Serviço Social (Vietnã) 228
Mahasanghika 21
Sarvastivada 21, 24
Condições do Surgimento Simultâneo Interdependente 249-253
cf. tb. *Abhidharma*
Sthaviravada 21
Tamrashatiya 21, 24
Theravada 249
condições do Surgimento Interdependente 249
Vibhajyavada 21
Vijñanavada 250
condições do Surgimento Interdependente 249-253
sobre formações mentais 87
Escolas
da transformação 172, 280s.
do budismo 21-25
Escrever
enquanto Fala Correta 105s.
Escuta consciente 20s., 100-104, 107s., 223
Escutar; cf. Escuta consciente
Esforço; cf. Diligência
Espaço
criar para a prática 280
enquanto objeto de concentração 124s.
oferecendo 220s.

313

Estabilidade
 oferecer 220
Exploração
 impedir 109s., 222
Extinção; cf. Nirvana

Fala
 amorosa 98, 101, 104
 sobre matar 109
 sobre o sofrimento 99-101
 Fala Correta (*samyak vac*) 98-108
 como forma de amar 98, 101, 104
 dizendo a verdade 98s., 104
 escutar com atenção e 100-104
 Pensamento Correto e 99
 silêncio e 107
Fé (*shraddha*) 183s., 187, 209
Fé/crença(s)
 preservando nossa própria 192
Felicidade (*sukha*) 17, 91
 "aceitar com alegria as coisas como elas são" 31
 capacidade para a 213-216
 Concentração Correta e 122
 dos bodhisattvas 273
 e sofrimento 11s., 53, 91s.
 ideias de 66
 liberdade e 92
 praticando 52s., 214-216
 realizando 53, 216, 278
 reconhecendo 51s.
 sem retrocessos 39
 superando os obstáculos para a 44, 90
 transformando o sofrimento em 53s.
 vs. alegria 196, 245
 cf. tb. Alegria
Fenômenos (*dharmas*) 89, 94, 147
 Atenção Plena dos 89-95
 coisas como são 31, 55
 enquanto nós não separados 66s., 93s., 152-156
 investigação de 90, 243
 cf. tb. Sinais, imagens
Filmes
 enquanto alimento 11s., 42

Forma
   Reino da 93
   cf. tb. Corpo
Formações
   ação volitiva (*samskara*) 86, 145, 203, 258
Formações mentais (*chitta samskara*) 84, 86-89, 203s.
   examinando em profundidade 88s., 203s.
   trocar a cavilha 234
Frescor
   oferecendo 220
Fumar
   parar de 79s.

Gavampati
   sobre Quatro Nobres Verdades 55s.
Girar a roda do Darma 37-50, *40*, 52-54
   Buda fala sobre 15s., 30, 37, 140
   discurso sobre, texto 285-289
Guerra do Vietnã 13, 228-231
Guishan, Mestre
   sobre diligência 118s.

"Habitar alegremente nos fenômenos como eles são" 31, 196
Hábito
   energias do (*vasana*); prática do "Olá, energia habitual" 74
   parar/interromper o 32-34, 79s.
   reconhecendo 33, 216
Huong Hai, Mestre
   poema sobre a concentração 121

Ideias (conceitos/noções)
   enquanto chaves 160
   nenhuma ideia 68
   Oito Conceitos 159
   transcendendo 148s., 156s., 159
   cf. tb. Sinais, imagens (*lakshana*)
Ignóbil Caminho Óctuplo *40*, 57
Ignorância (*avidya*) 91, 261
   cessação da 125
   e compreensão 264-266
   enquanto causa primeira 260s.

315

Igualdade
  sabedoria da 126, 197, 268
Iluminação; cf. Libertação
Impermanência (*anitya*) 29s., 150-153, 155-157, 159-161
  concentração na impermanência 127
  e nenhum eu 151
  e nirvana 156
  no Surgimento Simultâneo Interdependente 253
  valor da 152
Impressões sensoriais
  enquanto nutrientes 41-43, 112
Inclusão (*kshanti*) 213-216, 218, 223-225
  desenvolvendo 232
Indriyani (As Cinco Faculdades) 209-211
Injustiça (compreensão) 229-231
Insight; cf. Discernimento, *insight*/discernimento/sabedoria (prajña)
Intenção; cf. Vontade/volição
Interdependência
  contemplação sobre 93s.
Interesse
  praticar com 118
Interexistir/interser
  com os outros 144s., 155
  da causa e efeito 248s.
  das Oito Práticas Corretas 62, 70, 70, 136
  das Quatro Mentes Imensuráveis 198
  das Quatro Nobres Verdades 54-56, 146
  de Buda, do Darma e da Sanga 188
  dos Cinco Agregados 205s.
  dos Cinco Treinamentos e das Oito Práticas Corretas 112s., 135
  dos Doze Elos do Surgimento Simultâneo Interdependente 256, 261
  dos Seis Paramitas 228, 239
  e clonagem 205s.
  enquanto sujeito e objeto 66, 93s.
  enquanto Surgimento Simultâneo Interdependente 253
  realização da 169
Intoxicantes
  não consumir 111-113
Investigação dos fenômenos (*dharma-pravichaya*) 89s., 243

Jaramarana (velhice e morte) 256
Jati (nascimento) 255

Justiça social 110
   inclusive injustiça 229-231

Kaccanagotta Sutta 255
Kakacupama Sutta
   sobre equanimidade 246s.
Kama; cf. Anseio
Karuna; cf. Compaixão
Kashyapa
   e Ananda 244
Katyayanagotra Sutra 23, 255, 259, 277
Kayagatasati Sutta 81
Kleshas; cf. Aflições
Koan
   prática 55
Kondañña 15
Kshanti; cf. Inclusão
Kshitigarbha (bodhisattva) 213s.
Kung-an
   prática 55
Kwan Yin; cf. Avalokiteshvara

Lakshana; cf. Sinais, imagens
Lavoisier, Antoine
   sobre nascer e morrer 158
Legisladores
   eleger 281
Leitura
   consciente 20s.
   enquanto consumo 41s., 111
Liberdade 220
   base da 271
   e felicidade 92
   enquanto nenhum propósito 174-176
   para longe do anseio 92s.
   praticando 220
   realizando 201, 204
   cf. tb. Libertação
Libertação (despertar/iluminação) 143
   de Buda 241
   fatores da 90n., 117, 241-247

sofrimento enquanto meio da 11, 13, 48, 52, 56
tempo requerido para 242
Três Portas da Libertação 166-177
cf. tb. Liberdade; Realização
Livros
   enquanto alimentos 41s., 111
   escritos 106

Mãe de Todos os Budas (*prajña paramita*) 69, 237, 239
Mahabhuta (Os Quatro Grandes Elementos) 91
Maitri; cf. Amor
Mal-estar; cf. Sofrimento
Manas consciência 125s., 268
Manaskara; cf. Atenção
Manovijñana; cf. Consciência mental
Mara 15n.
Marga; cf. Nobre Caminho Óctuplo
Matar
   ao ganhar o sustento 132s.
   em pensamento ou fala 108
   na vida cotidiana 109
McNamara, Robert
   Nhat Hanh e 230
Meditação
   andar/andando em 106, 169
   aspectos 32, 236s.
   concentração meditativa (*dhyana*) 72, 236
   diligência errada em 116
   e atenção plena 210
   gatha do telefone 107
   meditação sentada 68, 115s., 216
   níveis de 122-127
   práticas coletivas 189
   práticas para acalmar 90
   Quatro Dhyanas 123s.
   sem praticar os preceitos 96
   cf. tb. Olhar/contemplar/examinar profundamente; Parar
Mente (*chitta*)
   acalmando 34s.
   de amor/despertar (*bodhichitta*) 74, 271
   formações mentais 84, 86-88
   nama rupa, mind/body 269, 277

objetos da; cf. Fenômenos
repousando 35s.
suprimindo 22
cf. tb. Consciência; Quatro Mentes Imensuráveis
Mero reconhecimento 81, 87
Metáfora da onda-água 143s., 146, 156, 160, 238
Mídia
   impactos da 41-43, 45s.
Milagres
   fonte de 269
Morrer
   auxiliando os outros a 78, 80
Morte
   velhice e morte 255
   cf. tb. Nascimento e morte
Mudita; cf. Alegria
Muitas escolas de budismo 21-26
Mundo
   engajamento no 16
   salvando 97, 145s., 176

Nagarjuna
   sobre o terceiro Selo do Darma 30
   sobre Surgimento Simultâneo Interdependente 253
Nama rupa (mente/corpo) 269, 277
Nascimento (*jati*) 256
Nascimento e morte
   enquanto continuação 272s.
   o lugar além 273
   realização do 142, 144-146, 152, 156-160, 172s., 272
Natureza Búdica (*Buddhata*)
   a semente da budeidade 64, 69, 212
Nenhum apego/desapego; cf. Equanimidade
Nenhum conceito
   caminho de 68s.
Nenhum eu (*anatman*) 29s., 151, 153-156
   concentração em 127
   e impermanência 151
   e nirvana 156
   enquanto *self* 145
   vendo, compreendendo 171
   cf. tb. Vacuidade; Interexistir/interser

Nenhum medo/destemor; cf. Destemor
Nenhum pensamento (nenhuma ideia) 68, 75
  nada a fazer (ausência de objetivo) 174-176
Nenhuma ação
  ação da 49s., 140, 179, 216
  ausência de objetivo 174-176
Nenhuma injúria/ausência de injúria (*ahimsa*) 92
  não matar 109
Nguyen Du
  sobre discernimento/*insight* 125
Nhat Dinh, Mestre
  liberdade do 50
Nhat Hanh, Thich
  e a reportagem do comício de paz 67
  e Nhât Tri 228-231
  enquanto um jovem noviço 118
  e Robert McNamara 230
  juventude 13, 208
  no Pico dos Abutres 278
  poemas 12s., 20, 83s., 160s.
Nirmanakaya (corpo de transformação) 178, 182
Nirodha; cf. Cessação do sofrimento
Nirvana 30, 150, 156-160, 272s.
  concentração no nirvana 127
  enquanto ausência de objetivo 174
  e sofrimento 140
  e vacuidade 238
  nesta própria vida 160
Nobre Caminho Óctuplo 18, 18n., 56s., 61-136
  praticando 53-55, 57, 135s.
  realizando 54
  reconhecendo 53
  cf. tb. Oito Práticas Corretas
Nutrientes da felicidade/sofrimento 39-49

Objeto
  condições e Surgimento Simultâneo Interdependente 253
  sujeito e 65s., 93s.
Objetos mentais; cf. Fenômenos
Obscurecimentos; cf. Aflições
Obstáculos ao desenvolvimento 251s.
Oferenda; cf. Dar

O Grande Discurso sobre o Exemplo das Pegadas do Elefante sobre
equanimidade 247
O Grande Espelho de Sabedoria 126, 268s.
O nada
   enquanto objeto de concentração 124
   cf. tb. Vacuidade
"O fruto da consciência está maduro" (poema de Nhat Hanh) 12s.
Oito Conceitos 159
Oito Práticas Corretas 18, 61-136
   do interexistir 63, 69, 70, 136
   e a interexistência dos Cinco Treinamentos 112s., 136
   cf. tb. Nobre Caminho Óctuplo
Olhar/contemplar/examinar profundamente (*vipashyana*) 142, 231, 237s.
   a impermanência/nenhum eu 151s.
   as formações mentais 203s.
   as percepções 66-69, 202
   o ato de parar 32s.
   o corpo 200
   o milagre da Atenção Plena 78s.
   o nascimento e morte 158
   os Cinco Agregados 206
   os sentimentos 201s.
   os fenômenos 94s.
   o sofrimento 38-40, 46-48, 55s., 146s., 279s.
   o surgimento (criação) do sofrimento 46-48
   para acalmar 34s.
   cf. tb. Compreensão, *insight*/discernimento/sabedoria (prajña)
Órgãos dos sentidos e seus objetos (*ayatanas*) 268
   contato entre 41-43, 111
Órgãos dos sentidos 31
   função transformadora 268
Os Cinco Agregados (*skandhas*) 31n., 185n., 199-207, 269s.
   examinar profundamente os 205
   interexistência dos 205
   cf. tb. Corpo; Consciência; Sentimentos; Formações mentais; Percepções
Os Cinco Poderes (*balani*) 208-211
Os Cinco Treinamentos da Atenção Plena 109-114, 135s., 222s.
   prática coletiva dos 43, 223
   Quarto 98, 102, 104, 222
   cf. tb. Atenção Plena Correta
Os Oito Nãos do Caminho do Meio 159

Outros
  aliviar o sofrimento causado pelos 220s.
  aliviar o sofrimento de 78s., 213
  assistindo na hora da morte 78, 80
  interexistir/interser com 144s.
  tornar os outros presentes 77
  usar a ajuda de 39, 45

Paciência; cf. Inclusão
Palestras do Darma 25
  abrindo-se para 20s.
Paraíso
  criando 273
Paramitas; cf. Perfeições
Parar (*shamatha*) 32s., 78, 236
  usar Atenção Plena 47
Paz
  capacidade para a 213s.
  oferecer a 111
  reconhecer a 51s.
Pensamento 71
  aspectos (partes) 72
  inicial (*vitarka*) 72
  interromper/parar o 32s.
  nenhum pensamento 75
  reprimir/suprimir 22s.
  transformar 75
Pensamento Correto (*samyak samkalpa*) 71-75, 135
  e Diligência Correta 75
  e Fala Correta/Ação 98s.
  e Visão Correta 71, 75
  práticas relacionadas ao 72-75
  respiração consciente e 71s.
Percepção(ões)
  aflições enquanto fontes de 65s., 203
  a prática de "Tenho certeza?" 73, 202
  discriminativa (*vikalpa*) 153
  equivocadas 65
  examinando em profundidade as 66-69, 202s.
  objetos das; cf. Fenômenos
  reconhecendo 125
  samjña 65-68, 89, 202

Perfeições
  interexistência das 228, 239
  paramitas 217-240, *218*
  cf. tb. Diligência, esforço; Dar, generosidade; Inclusão; Meditação; Preceitos; Compreensão, *insight*/discernimento/sabedoria (*prajña*)
Pessoas
  ensinamento
    como algo relevante para 162-164
    e ajuda aos jovens 172, 244, 281
  indivíduos 173
  jovens
    ensinar e ajudar 171s., 244, 281
  responsabilidade dos praticantes da Atenção Plena 176s., 279
  cf. tb. Seres humanos; Outros
Pico dos Abutres
  Nhat Hnh sobre 278
Plum Village 68, 81, 118, 233
Poderes
  Cinco Poderes 208-211
Prajña paramita 69, 237
  cf. tb. Compreensão, *insight*/discernimento/sabedoria
Prasenajit, Rei 187
Prashrabdhih; cf. Bem-estar
Prática/praticar
  acalmando corpo e mente 32s., 90
  agora mesmo 240
  amor e compreensão 192-194, 247, 279
  ao telefone 106s., 134
  As Cinco Lembranças 142
  as Seis Paramitas 217-240
  coletiva 43, 189, 205, 223, 273
  com alegria 53, 117s., 120, 139-142, 213-215
  com bem-estar 117, 244
  com Buda 128s.
  com kung-an 55
  concentração 122-127, 129
  continuidade na 252
  criando espaços para 280
  deixar ir 91s., 245, 247
  Diligência Correta 116s., 119s.
  fatores do despertar da 117
  felicidade 52s., 214-216
  liberdade 220
  não provar coisa alguma 31

Nobre Caminho Óctuplo 54, 56, 135s.
o caminho óctuplo ignóbil 56
Os Cinco Poderes 211
os ensinamentos de Buda 161s.
os preceitos 96
para psicoterapeutas 51, 101-103
Pensamento Correto 73-75
Quatro Nobres Verdades 37-50, *40*, 52-54, 135, 146, 260
repousando enquanto 35s.
retrocessos na 39, 87
sem inteligência 28
sofrimento e 53-55, 119, 147

Praticar ao telefone 106s., 134

Preceitos (*shila*)
praticar 96, 221s.
cf. tb. Os Cinco Treinamentos da Atenção Plena

Presença
oferecer 220
cf. Atenção Plena

Presente momento
enquanto o momento de felicidade 175s.
habitar no 196
retornando ao 77

Primeira Nobre Verdade 17, 27s.
O girar da roda da 37, *40*, 135
cf. tb. Sofrimento

Primeiro Treinamento para uma Atenção Plena 109, 222

Priti; cf. Alegria

Programas de televisão
dizendo a verdade 99s., 104
enquanto alimento 41s., 46

Psicologia budista; cf. *Abhidharma*

Psicoterapeutas
práticas para 51, 101, 103

Quang Duc, Thich
autoimolação 95, 216

Quarta Nobre Verdade 18, 53, 57, 146
girando a roda da *40*, 53s.
cf. tb. Nobre Caminho Óctuplo

Quarto Treinamento da Atenção Plena 98, 102, 104, 222

Quatro
   Confianças 164-166
   Dhyanas 123s.
   Grandes Elementos (*mahabhuta*) 91
   Mentes Imensuráveis 45, 161-198, 225n., 232n., 271
     cf. tb. Compaixão; Equanimidade; Alegria; Amor
   Modelos de Verdade 163
   Nobres Verdades 15-18, *19*, 55-57
     girando a roda das 37-50, *40*, 52-54, 135s., 147
     interexistência das 55, 147
     valor 16
   Sabedorias 126s., 267
   Sustentáculos da Atenção Plena 80-95, 243
   Treinamentos para uma Atenção Plena 111s., 222s.

Rahula (filho de Buda)
   as instruções de Buda para 224

Raiva (*vyapada*) 92s., 211
   acolhendo 34, 85-87, 221, 229-231

Realidade 168
   entrar em contato com 67, 146, 155, 160, 170
   cf. tb. Nirvana; Verdade

Realização
   ação enquanto medida da 114
   de Ananda 244
   do girar a roda do Darma 39, *40*, 49, 53s.
   cf. tb. Libertação; Compreensão

Realizando/percebendo
   bem-estar 51-57, 146
   cessação do sofrimento 53s.
   criação do sofrimento 48-50
   interser 170
   liberdade 201, 204
   Nobre Caminho Óctuplo 54
   sofrimento 39s.
   Surgimento Simultâneo Interdependente 169

Recitar os nomes de Buda 28, 90n.

Reconhecer
   cessação do sofrimento 51-53
   energias do hábito 33, 216
   formações mentais 87s.
   Nobre Caminho Óctuplo 54
   o corpo 80-82
   os elementos do corpo 81-83, 247

percepções 124s.
sentimentos 84s.
sofrimento 38, 46s.
surgimento (criação) (do sofrimento) 39-48
Reconhecimento
    do acalmar 34s.
    do girar da roda do Darma 37-40, *40*, 51-53
    mero reconhecimento 81s., 87
Refúgio; cf. Tomar refúgio
Regando as flores 232-235
Reino(s) 91-93
    condicionado 93
    incondicional 93
    sem forma 18n., 93, 124-127
    cf. tb. Elementos
Relacionamento professor-aluno 165
    autenticidade do 161-164, 188
    crianças/filhos 172s., 244, 281
    ensinamento imagem *vs.* ensinamento substância 68
    padrões de verdade 163s.
    relevância do 162s.
Relevância
    da Essência 162s.
    das Circunstâncias 162s.
Repousar 35s., 78, 245
Respiração
    contagem 84
Respiração consciente 83s.
    discurso sobre a 80
    efeitos 83, 85
    e ouvir 102s.
    e Pensamento Correto 71-73
    e raiva 85
    verso 83s.
Respirar conscientemente; cf. Atenção Plena
Responsabilidade
    dos praticantes da Atenção Plena 176, 279
    enquanto corresponsabilidade 171, 279
    sexual 110s., 222
Retrocessos na prática (*ashrava*) 39, 87
Reverência pela vida 109
    impermanência e 151-153
Rupa; cf. Corpo

Sabedoria
  da Equanimidade 126, 196-198, 268
  da Maravilhosa Observação 126, 268s.
  da Realização Maravilhosa 126, 268
  discriminativa vs. não discriminativa 166
  do Grande Espelho 126, 267-269
  cf. tb. Compreensão, insight/discernimento/sabedoria

Saddharma Pundarik Sutra; cf. Sutra do Lótus

Salvando o mundo 97, 145, 176

Samadhi; cf. Concentração

Samatha
  como concentração 237
  milagres da Atenção Plena 78s.
  parar/acalmar/repousar/curar 32-36, 236s.

Sambhogakaya (corpo de êxtase, felicidade) 181s.

Samiddhi Sutra
  sobre a prática da felicidade 216

Samjña; cf. Percepções

Samskara; cf. Formações

Samudaya; cf. Surgimento, criação do sofrimento

Samyak (certo)
  vs. errado 18n.
  cf. tb. Oito Práticas Corretas

Samyutta Nikaya 255

Sanga 186s.
  existindo dentro de nós 185
  falsa e verdadeira 188
  interexistindo com Buda e Darma 188
  tomando refúgio na 183-187

Segunda Nobre Verdade 17s., 56
  girando a roda da 39, *40*, 41-50, 135
  cf. tb. Surgimento, criação do sofrimento

Seis
  elementos 91
  órgãos dos sentidos; cf. Órgãos dos sentidos
  paramitas; cf. Perfeições
  reinos 91s.

Self 145, 173
  cf. tb. Nenhum eu

Selos do Darma; cf. Três Selos do Darma

Sementes
 benéficas/prejudiciais 63s., 87-89, 116, 211, 232-234, *235*
 causas e condições 250-252
 condições para o surgimento 250-252
 da budeidade 64, 69, 211
 da consciência (*bijas*) 20n., 45, 63s., 88s., 204s., 211s.
 da Visão Correta 66s., 69
 do alcoolismo 112
 identificando 63s.
 regando/irrigando 63-65, 67, 116s., 205, 211, 215, 232-235
Sentar em meditação 68, 115s.
 simplesmente sentar 216
Sentimentos
 Atenção Plena dos 84-86, 200-202
 dos bodhisattvas 270-273
 emoções (*vedana*) 84, 256
 observação profunda dos 201
 parar e acalmar 32-35
 sofrimento enquanto sofrimento 161
Ser
 Maravilhoso 273
 nós mesmos 174
 cf. tb. Vir a ser
Seres
 humanos 145, 148, 173
  protegendo 109, 145, 168, 222
 inanimados 145, 173s.
 vivos
  natureza búdica dos 211s.
  vs. seres inanimados 145, 173s.
  protegendo 109, 145, 168, 222
Sete
 Fatores do Despertar (*sapta-bodhyanga*) 90n., 117, 241-247
 Milagres da Atenção Plena 77-80
Shakyamuni; cf. Buda
Shariputra
 Lion's Roar 224-227
 sobre compreender as causas do sofrimento 48
 sobre Visão Correta 63
Shraddha (fé) 183s., 187, 209
Shunyata; cf. Vacuidade
Silêncio
 e Fala Correta 107
 total 142

Sinais
   avanço 124s., 169-173
   imagens (*lakshana*) 89, 169
   tipos 173s.
Skhandas; cf. Cinco Agregados
Smriti; cf. Atenção Plena
Sofrimento (*dukkha*) 17, *19*, 47s., 91, 161
   aliviar o sofrimento causado pelos outros 220-222
   causas (raízes) 30s., 39-48, 206
   cessação/fim do; cf. Cessação do sofrimento
   de Buda 231
   e alegria 27, 139s.
   e felicidade 11s., 53, 91
   e nirvana 140
   enquanto
      algo relativo 141
      meios de libertação 11, 13, 48, 52, 56
      nenhum/ausência de sofrimento 140
      Ser Maravilhoso 273
   entrar em contato com 37-39
   e prática 54s., 119, 147
   examinando/olhando/contemplando profundamente o 38-40, 47, 56
   falar/agir a partir do 99s.
   impermanência e 151-153
   nutrientes do 39-48
   percebendo/realizando o 39
   reconhecendo o 38, 47
   surgimento do; cf. Surgimento, criação do sofrimento
   teoria dos Três Tipos de Sofrimento 27-30
   transformar 53-55, 80, 95-97, 120, 139s., 182, 268-277
   tudo enquanto 27-31
   vivendo em paz com 230
Som Maravilhoso (bodhisattva) 104
Sons
   escutar os 107s., 188
Sorrir 83, 119
Sorriso de Buda 195
Sparsha; cf. Contato
Subhadda
   Buda e 61
Sujeito
   e objeto 65, 94
Suprimir/reprimir a nós mesmos 23, 119, 228

Surgimento
  cessação do; cf. Cessação do sofrimento
  enquanto nenhum surgimento 140
  examinando em profundidade 47
  formação do sofrimento (*samudaya*) 18
  realizando 48s.
  reconhecendo 39-47
Surgimento Simultâneo Interdependente (*pratitya samutpada*) 248-277
  aspectos condicionados; mente verdadeira *vs.* mente
    deludida 272, 276, 277
  causas e condições 249-253
  enquanto interexistência 253
  impermanência do 253
  interromper 48, 61
  os Dez Elos 264-272
  os Doze Elos 255-274
  realizando o 248
  vacuidade do 254
  vs. causa e efeito 248
Sustento
  carma do 131-134
  errado 130s., 134
  cf. tb. Sustento Correto
Sustento Correto (*samyak ajiva*) 130-136
  Ação Correta e 113
  enquanto Atenção Plena Correta 133-135
Sutra
  do Coração 237
    ensinamentos 140-142, 154-157, 175, 207, 262
  do Diamante 145, 237
    dialética 148
    percepções 203
    seres humanos 168
    sinais, imagens 169-173
  do Girar a Roda
    sobre os Cinco Agregados 206
  do Lótus
    sobre Avalokiteshvara 93n., 195
    sobre o Som Maravilhoso 104
  dos Quarenta e Dois Capítulos 161
  Ratnakuta
    sobre os Cinco Agregados 206s.
  Satipatthana (Discurso sobre os Quatro Sustentáculos da Atenção
    Plena) 80s., 243

Sukhavati
   sobre o som 107
Sutras (discursos) 24
   abrindo-se para 21
   cf. tb. Ensinamentos de Buda

Tai Xu, Mestre
   sobre entrar em contato com a realidade 68
Tang Hôi, Mestre 80n.
Tathagata 180n.
Tathagatagarbha 180
"Telefone cuco" (poema) (Nhat Hanh) 20n.
Teoria dos Três Tipos de Sofrimento 256
Terceira Nobre Verdade 18, 56s., 146
   girando a roda da 39, 51-53
   cf. tb. Cessação do sofrimento
Terceiro Treinamento da Atenção Plena 110s., 222
Terra Pura 217, 273
Thiên Hôi, Mestre
   sobre o local de nenhum nascimento e nenhuma morte 160
Tocar/entrar em contato
   com o Buda interno 11-13, 147, 278-282
   impermanência 152
   o que proporciona paz e alegria 52s.
   realidade 67s., 145, 155, 160, 169-171
   sofrimento 37-50
   toque seletivo 65
Tolerância
   vs. inclusão 223s.
Tolstoy, Leo
   a história sobre dois inimigos 154
Tomar refúgio 178, 183-188
   versos 183, 185, 189s.
Tran Thai Tong
   sobre dar passos conscientemente 49
Transformação
   do corpo 180-182
   milagre da consciência plena da 79s.
Transformar
   consciência 204s., 267s.
   o ciclo dos Doze Elos do Surgimento Interdependente 274-277

o sofrimento 52-55, 79s., 95-97, 139s., 268-277
o pensamento 74s.
Treinamento Triplo 96
Treinamentos da Atenção Plena; cf. Os Cinco Treinamentos da Atenção Plena
Três
   cestas (*tripitaka*) 254n.
   Concentrações; cf. Três Portas da Libertação
   corpos de Buda 179-182
   Joias 183-190
   Portas da Libertação 166-177
      cf. tb. Ausência de objetivos; Vacuidade; Ausência de sinais
   Selos do Darma 29s., 150-166
      destruição enquanto conceitos 159
      cf. tb. Impermanência; Nirvana; Nenhum eu
Trishna; cf. Anseio
Trocar a cavilha 234
Tue Trung, Mestre
   sobre os Oito Conceitos 159

Upadana (agarrar-se/apego) 255-257, 259, 261s., 271

Vacuidade (*shunyata*) 167-169
   no Surgimento Simultâneo Interdependente 254
   cf. tb. Interexistir/interser; Nenhum eu
Vacuidade 67-69, 170s.
   e nirvana 238
Vairochana 180
Varredura do corpo 81s., 199
Vasana (energias do hábito)
   parar 32s.
Vatsigotra
   Buda e 26
Velhice
   algo bom 144
   e morte (*jaramarana*) 256
Verdade
   dizer a verdade 98-100, 104
   Quatro Modelos de Verdade 163
   relativa *vs*. absoluta 139-149, 164-166
      cf. tb. Quatro Nobres Verdades
Verdades Sagradas; cf. Quatro Nobres Verdades

Vichara (pensamento em desenvolvimento) 72
Vício de trabalhar ('trabalhoolismo") 74
Vida
    ajudando os jovens a encontrarem significado na 172, 244, 280
    buscando significado para 280
    duração da 146, 173s.
    não desperdiçando a 119s.
    nirvana existe nesta 160
    reverência pela 109, 152
Vijñana; cf. Consciência; Sabedoria discriminativa
Vikalpa (percepção discriminativa) 153
Vimalakirti
    sobre doença e sofrimento 11
Violência
    transformando 172s., 280
Vipashyana; cf. Olhar/contemplar/examinar profundamente
Vir a ser (existir/tornar-se) (*bhava*) 256
    e inexistência 272
Vir ya; cf. Diligência
Visão Correta (*samyak drishti*) 63-70, 120, 135, 237
    como o inexplicável 66
    discurso sobre texto 297-301
    enquanto *insight* 66, 135s.
    e Pensamento Correto 71, 75
Visões
    todas como erradas 69
    cf. tb. Visão Correta
Vitarka (pensamento inicial) 72
Vô Ngôn Thông
    sobre o silêncio 107
Vontade/volição
    enquanto um nutriente 43-45
    cf. tb. Encorajamento

Yoga da boca 83

Plum Village é uma comunidade de retiros no sudoeste da França, onde monges, monjas, mulheres e homens laicos praticam a arte do viver consciente. Os visitantes são convidados a participar das práticas por uma semana no mínimo. Para obter mais informações, por favor, escreva para:

Plum Village
13 Martineau
33580 Dieulivol
France

Conecte-se conosco:

f facebook.com/editoravozes

◉ @editoravozes

𝕏 @editora_vozes

▶ youtube.com/editoravozes

✆ +55 24 2233-9033

www.vozes.com.br

Conheça nossas lojas:

www.livrariavozes.com.br

Belo Horizonte – Brasília – Campinas – Cuiabá – Curitiba
Fortaleza – Juiz de Fora – Petrópolis – Recife – São Paulo

EDITORA VOZES LTDA.
Rua Frei Luís, 100 – Centro – Cep 25689-900 – Petrópolis, RJ
Tel.: (24) 2233-9000 – E-mail: vendas@vozes.com.br